OS HOMENS SÃO NECESSÁRIOS?

OS HOMENS SÃO NECESSÁRIOS?

QUANDO OS SEXOS ENTRAM EM CHOQUE

MAUREEN DOWD
Colunista do THE NEW YORK TIMES e vencedora do Prêmio Pulitzer

Tradução
Luciana Persice Nogueira

EDITORA
NOVA
FRONTEIRA

Título original: ARE MEN NECESSARY?

Copyright © by Maureen Dowd. Publicado por acordo com G.P. Putnam's Sons, membro do Penguin Group (USA) Inc.

Direitos de edição da obra em língua portuguesa no Brasil adquiridos pela EDITORA NOVA FRONTEIRA S.A. Todos os direitos reservados. Nenhuma parte desta obra pode ser apropriada e estocada em sistema de banco de dados ou processo similar, em qualquer forma ou meio, seja eletrônico, de fotocópia, gravação etc., sem a permissão do detentor do copirraite.

EDITORA NOVA FRONTEIRA S.A.
Rua Bambina, 25 – Botafogo – 22251-050
Rio de Janeiro – RJ – Brasil
Tel.: (21) 2131-1111 – Fax: (21) 2286-6755
http://www.novafronteira.com.br
e-mail: sac@novafronteira.com.br

CIP-Brasil. Catalogação-na-fonte
Sindicato Nacional dos Editores de Livros, RJ.

D776h   Dowd, Maureen
        Os homens são necessários? : quando os sexos entram em choque / Maureen Dowd ; tradução Luciana Persice Nogueira. - Rio de Janeiro : Nova Fronteira, 2006

        Tradução de: Are men necessary? : when sexes collide
        ISBN 85-209-1936-7

        1. Papel sexual - Estados Unidos. 2. Relações homem-mulher - Estados Unidos. 3. Feminismo - Estados Unidos. 4. Mulheres - Estados Unidos. 5. Homens - Estados Unidos. 6. Estados Unidos - Condições sociais - Século XXI. I. Título.

CDD 305.3
CDU 316.346.2

Para os homens
Amigos ou mais, passado, presente e futuro.
Vocês se reconhecerão.

Agradecimentos

Primeiramente, quero agradecer a minha mãe, *mo cuishle* — "Meu amor e meu sangue" em gaélico, expressão usada no filme *Menina de ouro*, de Clint Eastwood. Ela me ensinou que a verdadeira beleza é alcançada ao se ajudar os menos afortunados, e, anos atrás, disse-me que, quando estivesse me sentindo triste ou insegura com relação aos homens, a melhor coisa a fazer era sair e comprar um batom ou um vestido vermelho.

"Será o seu símbolo de coragem", disse.

Peggy Dowd era uma mulher e tanto, uma supermãe, cheia de vitalidade, que morreu aos 97 anos, justamente quando acabei este livro, depois de viver e atravessar a história entre o naufrágio do Titanic, em 1912, e a destruição das Torres Gêmeas, em 2001.

Sou grata a três das mais formidáveis mulheres que já conheci: minha irmã Peggy e minhas sobrinhas Jennifer e Dana.

Devo agradecimentos ao resto da minha família: Michael, Martin, Kevin, Brendan, Patrick, Brian, Michael Francis, Tara, Ellen, Jone, Judy e Kathleen, cujos amor e sensibilidade me ajudaram a suportar as duas semanas mais difíceis de minha vida.

Quero agradecer igualmente a Hope Smith, ao dr. Barry Simon, ao monsenhor Thomas Duffy e a Jeff Rose, pela assistência prestada a minha mãe.

Sou agradecida a Arthur Gelb e a Leon Wieseltier, os homens mais necessários e fascinantes. (E, obrigada, Leon, pela semana inesquecível de discussões e revisões.)

Julie e Janice Bosman foram formidáveis ao compartilhar comigo os Princípios Bosman. Como todas as outras louras de Hitchcock, a minha bela cúmplice de crime, Julie, foi fria e serena, nunca perdendo as estribeiras nos meus momentos de vertigem e caos.

Sou a mulher mais sortuda do mundo, no que se refere a amigos infinitamente criativos e generosos, que me ajudaram a decifrar a inescrutável mente Y, sem os quais este livro não teria sido possível: Carl Hulse, Bill Carter, Adam Nagourney, Aaron Sorkin, Adam Clymer, Frank Bruni, Nick Wade, Don Van Natta, Tom Friedman, Joe Lelyveld, Ray Hernandez, Evan Thomas, Michael Kinsley, Steve Weisman, David Geffen, Sean Daniel, Craig Bierko, Howard Schultz, Bill Schmidt, Bill Safire, Alec Baldwin, Gerry Rafshoon, Frank Rich, Todd Purdum, Phil Taubman, Rick Berke, Michael Beschloss, Campbell Robertson, Reihan Salam, Aaron Sterling, Paul Costello, Craig Ferguson, Bill Maher, e os queridinhos de minha mãe, Tim Russert, Mike Isikoff, Frank Clines, Marc Santora, Don Imus, Chris Matthews, James Carville e George Stephanopoulos.

E o que seria de mim sem o meu arquivo X de garotas sensacionais, que facilmente dominariam o mundo caso os homens desaparecessem? Minhas amigas Alessandra Stanley, Michi Kakutani, Jill Abramson, Jane Mayer, Dana Calvo, Rebecca Liss, Robin Toner, Gioia Diliberto, Dorothy Samuels, Rita Beamish, Barbara Gelb, Nora Ephron, Anna Quindlen, Sarah Lyall, Julia Baird, Lizette Alvarez, Betsy Kolbert, Zenia Mucha, Lynette Clemetson, Sally Quinn, Marie Sigismondi, Alex Kuczynski, Tina Alster, Eden Rafshoon, Barbara Howar e Pat Wexler.

Quero agradecer aos meus generosos patrões, Arthur Sulzberger Jr. e seu adorável pai, senhor Arthur, Bill Keller, Gail Collins e Andy Rosenthal; aos meus amigos do décimo andar, Linda Lake, Marion Greene e Johanna Jainchill; e aos meus colegas da Putman, meu editor, Neil Nyren, além de Marilyn Ducksworth e Tony Davis; e Esther Newberg, da editora ICM. Uma atenção toda especial vai para os meus excelentes revisores do *The Times*: Karen Freeman, Sue Kirby e Bob Rudinger.

Sumário

Introdução 13

Um   Como colocar a sua armadilha de urso no setor de
       casacos de *vison*? 23

Dois   Por que a caixa de Pandora é uma armadilha nada
       delicada 73

Três   Arrancando as calças das mulheres que as usam 81

Quatro Por que o Y bem-dotado murcha, enquanto o X
       desabrocha 115

Cinco Gatinhas, telefonemas eróticos, "carne de estrada"
       e barangas da sorte 139

Seis	O atraso de vida entre homens	157
Sete	Cadê as rugas?	173
Oito	Como é verde o meu vale das bonecas	209
Nove	Como Hillary espezinhou boazudas e estropiou o feminismo	219

Introdução

Eu não consigo entender os homens.

Eu não consigo sequer entender o que eu não entendo sobre os homens.

Eles são mesmo uns sujeitos indecifráveis.

Tive um momento de estonteante clareza aos 27 anos, uma certeza precipitada de ter decifrado o código. Mas isso foi, infelizmente, mera ilusão.

Acho que compliquei demais a simplicidade deles. Ou simplifiquei demais sua simplicidade. Será que eles têm a complexidade de uma pilha de tábuas de madeira? Ou a simplicidade de uma lula?

Eu resistia a aceitar a premissa do ator Jerry Seinfeld, que diz que "os homens não passam de cães extremamente adiantados", que desejam de suas mulheres o mesmo que querem de suas cuecas: "Um pouco de apoio e uma certa dose de liberdade."

Preferia aderir à tese de James Thurber e de E.B. White, no seu tratado fundador, *Para que serve o sexo?*, de 1929, segundo o qual o homem americano era o menos compreendido dos animais machos, e que mais atenção devia ser dada à sua complexidade — "a importância do que ele está pensando, do que ele pretende fazer ou, pelo menos, do que ele gostaria de fazer..."

"Com que freqüência ouve-se dizer que é preciso satisfazer ou mesmo dar ouvidos aos caprichos e desejos de um homem? Ninguém fala nisso, nunca. Diz-se, porém, que o 'caminho para o coração de um homem passa pelo estômago'. Essas coisas endurecem um homem. Ele até pode comer o seu espinafre sem quaisquer comentários, mas ele endurece mesmo assim."

Thurber e White não remontam o início dos problemas entre homens e mulheres à malvada Eva. Eles afirmam que as coisas degringolaram nos anos 1920, quando as mulheres, "face a face com o desejo simples do macho de sentar-se ao seu lado e tomá-la nos braços" ("o ataque do macho") combateram-no com Subterfúgios de Distração — como a Preparação de Calda de Chocolate e os Jogos em Grupo — com o objetivo de isolar os homens e colocá-los em seu devido lugar.

"O horror do homem americano aos jogos de adivinhação é somente igualado, talvez, ao seu horror à falta do que fazer, e remonta a essa época", explicam os autores.

Sei que as mulheres também desorientam os homens.

No seu ensaio *The New Yorker, os anos com Ross*, Thurber conta essa história, do começo dos anos 1930, sobre Ross, um editor de jornal, e sua reação lendária ao nascimento da filha:

"Certa manhã, encontrei Ross preocupado e cabisbaixo, andando para cima e para baixo no corredor, brincando nervosamente com as moedas no seu bolso. Ele disse logo, com aquela ansiedade costumeira: 'Caramba, não consigo imaginar um *homem* tendo uma menina. Penso nos homens tendo meninos, e nas mulheres tendo meninas.'

"'Eu tenho uma menina', disse, 'e eu queria uma menina'.

"'Isso não é natural, é?', perguntou. 'Nunca ouvi falar de um homem que não quisesse um menino. Você conseguiria me dar um exemplo de, quer dizer, puxa, um homem incrivelmente masculino com filhas?'

"Um sorriso resplandecente iluminou o seu rosto, sol e lua a uma só vez, quando lembrei que o lutador de boxe 'Jack Dempsey teve duas meninas'. Salvei-o do desespero total, mas ele ainda conseguiu encerrar o assunto com um tom de amargura: 'Caramba, odeio a idéia de ter tantos hormônios femininos assim tão perto.'"

Em sua análise final, Thurber e White concluíram que os problemas surgiram completamente durante a Era do Jazz, quando as melindrosas começaram a imitar os homens, fumando, bebendo, querendo ganhar dinheiro ("não muito, mas algum"), pensando ter "o direito de serem sexuais". Todas essas tentativas forçadas de igualdade, segundo eles, destruíram o mistério e a sexualidade do tango, ou do *charleston*, como queiram.

Esse desejo de independência intempestiva diminuiu e, durante as décadas seguintes, as mulheres se reacomodaram à vida doméstica e à submissão, até que os seus únicos modelos fossem as mães perfeitas, que usavam, invariavelmente, vestidos bufantes com babados.

Então houve a Revolução Sexual. Quando entrei para a faculdade, em 1969, as mulheres estavam arrebentando os casulos dos anos 1950. O espírito da Era do Jazz reacendeu com a Era de Aquário. As mulheres voltaram a imitar os homens e a agir de maneira independente: fumavam, bebiam, queriam ganhar dinheiro (não tanto quanto os homens, mas algum) e pensavam que a pílula dera-lhes "o direito de serem sexuais".

Eu não combinava muito com aquele novo mundo desenfreado das feministas agressivas. Era mais uma admiradora do prazer (talvez até casto) estilo Carrie Bradshaw, de *Sex and the City*, gênero que só entraria na moda muitas décadas depois.

Eu detestava os jeans sujos e unissex, o visual cara lavada, as drogas que nos deixavam completamente doidões e não conseguia entender o interesse por danças que não envolviam tocar o parceiro.

No universo de Eros, eu sonhava com estilo e audácia. Adorava o encanto *art déco* dos filmes dos anos 1930. Queria dançar como Fred e Ginger em suítes de hotel branquíssimas, beber martínis e viver a vida de uma heroína excêntrica, como Katharine Hepburn, usando um vestido de lamê dourado com fenda lateral, saltitando pelas ruas com Cary Grant, caminhando na Quinta Avenida com o meu leopardo de estimação.

Minha mãe apenas balançava a cabeça, dizendo que a minha imagem dos anos 1930 era extremamente romanceada. "Éramos pobres", dizia. "Não ficávamos dançando em suítes de hotel branquíssimas."

Eu partia do princípio de que o idealismo e a paixão dos anos 1960 eram uma realidade para todos, acreditando, simplesmente, que estávamos navegando rumo à igualdade perfeita com os homens, um mundo utópico em casa e no trabalho.

Não dei ouvidos a minha mãe quando ela me aconselhou a comprar uma mala com rodinhas antes da minha primeira viagem à Europa. Não lhe dei ouvidos antes de dar a minha primeira recepção, quando ela me disse que os homens prefeririam bolinhos caseiros recheados de peru e de presunto a patê de foie gras comprado em uma delicatessen cara e salgadinhos de queijo exótico. "A simplicidade sempre compensa", disse ela orgulhosa, quando todos avançaram em cima dos seus sanduíches.

E eu não lhe dei ouvidos quando ela me alertou sobre a ilusão da igualdade.

Quando fiz 31 anos, ela depositou na minha conta um modesto pé-de-meia que havia reservado para mim. "Sempre achei que as meninas da família deveriam receber um pouco mais do que os meninos, mesmo que eles sejam amados da mesma maneira", escreveu ela numa carta. "Elas precisam de um apoio a mais, que as reconforte. As mulheres podem subir no Empire State Building e gritar aos quatro ventos que elas estão em pé de igualdade com os homens e são liberadas, mas, enquanto não tiverem a mesma anatomia, é tudo mentira. O mundo continua pertencendo aos homens. Eles podem desfrutar tudo."

Pensei que ela só estivesse sendo antiquada, como a minha coroa favorita, a poeta Dorothy Parker, ao escrever:

Quando estiver em seus braços,
Trêmula, ofegante,
e ele jurar imortais laços
E infinita paixão —

Minha filha, atenção:
Um de vocês está mentindo.

Pensei que a luta pelo igualitarismo fosse fácil, então, deixei-a a cargo de minhas dedicadas irmãs de golas rulês pretas e sandálias Birkenstock. Imaginei que teria tempo suficiente para levar as coisas mais a sério depois; que os Estados Unidos teriam sempre grandes debates apaixonados, em alto e bom som, sobre assuntos importantes — questões sociais, igualdade dos sexos, direitos do cidadão, e não briguinhas entre a esquerda e a direita sobre alimentação e garotas terrivelmente conservadoras, louras, de pernas compridas, usando minissaias, que vão a programas de tevê ridicularizar as mulheres e os seus direitos.

Eu não seria nunca uma Cassandra, profetizando desgraças.

Não percebi que a Revolução Sexual teria como conseqüência inesperada o aumento da confusão entre os sexos, deixando as mulheres divididas entre dependência e independência às portas do século XXI. Quanto menos barragens, mais turvas ficam as águas. Nunca me ocorrera que, quanto mais as mulheres imitassem os homens, das roupas aos orgasmos, mais nós nos daríamos conta de quão permanentemente diferentes são os sexos.

Ou, mais curioso ainda, que as mulheres deixariam de brincar com Barbies, passando a denunciá-las, para, finalmente, transformarem-se em Barbies.

Talvez devêssemos ter previsto que a história do progresso das mulheres seria mais um ziguezague do que uma auto-estrada perfeitamente reta, que o triunfo do feminismo duraria um milésimo de segundo, enquanto a reação a ele levaria quarenta anos.

E que todos os momentos triunfais do feminismo — da pioneira candidatura de Geraldine Ferraro à vice-presidência dos Estados Unidos à audiência de Anita Hill, a professora negra que acusou o juiz Clarence Thomas de assédio sexual em 1991, e até a co-presidência pague-um-leve-dois da primeira-dama Hillary Clinton — desencadeariam reações negativas contra as mulheres.

Apesar de todos os esforços de filósofos, políticos, historiadores, romancistas, roteiristas, lingüistas, terapeutas, antropólogos e professores, homens e mulheres continuam enredados e engalfinhados na sala de aula, na sala de reuniões e na sala de estar.

Correndo o risco de suscitar a questão "sou necessária?", admito não ter respostas. Mas, por décadas a fio, tenho adorado fazer perguntas. Esse livro não pretende ser uma pesquisa sistemática, nem um guia prático de soluções prontas para os problemas da mulher moderna. Não possuo nenhum tipo de sabedoria extraordinária que seja remédio para os males relativos ao sexo e ao amor. Não estou defendendo qualquer teoria, *slogan* ou política. Sinto-me tão desnorteada quanto as outras mulheres.

Como quando Dinah Brand, a personagem durona e mercenária do romance de Dashiell Hammett, *Seara vermelha*, de 1929, lamentava: "Eu pensava que entendia os homens, mas que nada! São todos uns lunáticos."

Compreendo perfeitamente que alguns homens prefiram imaginar-se como sendo indivíduos e que optem por ignorar as generalizações exageradas de uma mulher igualando-se a eles.

Este livro oferece apenas as empenhadas anotações — feitas no trabalho ou não — de uma observadora fascinada pelas perplexidades do nosso sexo.

E que espetáculo estonteante o dos sexos!

Há três tipos de complicação entre homens e mulheres: tragédias, comédias e tragicomédias. Ultraje e bobagem alternam-se com regularidade. Ilusões costumam ser mais interessantes do que realidades. Causas e desejos são comumente confundidos. Haverá paz algum dia? Duvido. Mas deveria haver sempre humor.

Minha mãe, uma mulher delicada que amava os homens, sugeriu que eu mudasse o título do livro para *Por que os homens são necessários?* "Os homens *são* necessários para procriar e para carregar peso", disse, maliciosa.

Por mais difícil que possa parecer, temos que encarar as questões que incomodam. Enquanto espécie, é possível que os homens continuem vivendo no século passado. Será que eles ainda são necessários para a procriação? Será que eles provaram ser emocionalmente incapazes de governar o país, porque são eles, na realidade, aqueles que dão piti e têm desequilíbrios hormonais? Será que o seu cromossomo

Y, que saqueia, destrói, guerreia e constrói impérios, está derretendo mais rápido do que a Bruxa Má do Oeste? Será que chegou a hora de dispensar aqueles homens que quase perdem o fôlego ao jorrarem opiniões nos jornais, nos programas de TV e nos blogs, assim como aqueles apresentadores de telejornais com cara de clone gerado por computador?

E o que dizer sobre as mulheres? Estaríamos regredindo? Ou seguindo adiante pela estrada tortuosa da vida de uma maneira que não havíamos previsto? Fico continuamente estarrecida, irritada e arrasada com a trajetória estranha e surpreendente que homens e mulheres têm realizado, da explosão da Revolução Sexual aos seios enormes da Revolução Plástica.

A idéia do amor livre, de que o sexo poderia ser casual, seguro e destemido era, em retrospectiva, desmiolada. Como observou o meu amigo Leon Wieseltier, editor literário do *The New Republic*: "O sexo é uma obrigação espiritual. Ele compensa a pobreza da experiência burguesa. É tarde demais para fazermos uma Guerra Civil Espanhola. Perdemos o desembarque na Normandia. Mas ainda precisamos saber do que somos capazes. É, portanto, no seio da vida privada que temos que nos arriscar, nos abrir, nos vingar; e quanto mais privado for, mais iluminada será a experiência. O nosso teatro da autodescoberta é menor. E nesse benfazejo, mas reduzido, teatro, o quarto de dormir resplandece enormemente. É a linha de frente e a trincheira.

"É no quarto que as pessoas que levam vidas seguras podem descobrir o quão covardes ou corajosas elas são, quais são os seus desejos mais profundos e perigosos, se podem assumir a irracionalidade que as habita — e aprender com ela. Tolstoi disse que a tragédia moderna devia ser ambientada no quarto."

Se a feminista Gloria Steinem tivesse visto em uma bola de cristal que, em 2006, as mulheres brigariam e "armariam" para laçarem homens e arrancarem o cobiçado título de Senhora Fulana de Tal, que usariam cosméticos para ficarem parecidas com beldades da revista *Playboy*, vestindo roupas de "putas", será que ela teria se dado ao trabalho de liderar a fogueira de sutiãs?

Acho que não.

É incontestável que o feminismo foi vencido nos dias de hoje pelo narcisismo, independentemente do feminismo vir a ser, ou não, derrotado pelo conservadorismo.

Nos tempos de hoje, o ideal feminino não é Gloria Steinem, uma garota séria, mas qualquer garota loura, linda, com um corpo escultural. A refilmagem de *Mulheres perfeitas* incomoda porque já não é mais sátira, e sim documentário. No filme, a personagem de Nicole Kidman é uma executiva bem-sucedida que, ao perder o emprego, vai descansar numa cidade do interior onde todas as mulheres são esposas dedicadas e obedientes, como nos anos 1950.

Tive que passar pela Era da Discoteca, das blusas de lurex que espetavam a pele, da idéia de que a ambição é uma coisa boa, pela década do eu e meu umbigo, pelo consumismo *yuppie* e os bares reservados ao fumo do charuto — fazendo um círculo completo partindo dos sapatos plataforma e o vestido-envelope da designer de moda Diane Von Furstenberg, e retornando aos sapatos plataforma e ao vestido-envelope de Diane Von Furstenberg — quando tive um acesso de nostalgia por haver perdido a primeira oportunidade de usar este visual nos tempos de faculdade.

Nunca mais ficaríamos tão obcecados por mudar o mundo. Quanto mais o tempo passa, mais as pessoas se concentram, simplesmente, em mudar a si próprias. Tornamo-nos uma civilização de Frankensteins, e o monstro somos nós mesmos. Com todo o mundo se esforçando tanto por alterar as suas aparências, já não fazemos mais uma seleção natural. Fazemos uma seleção artificial.

No romance *Emma*, Emma Woodhouse sofreu, mas aprendeu que as manipulações são perigosas. Ela tentou transformar sua amiga simples, Harriet Smith, em uma jovem com ambições e aspirações. Tarde demais, a heroína da escritora Jane Austen percebeu que ela havia mudado Harriet para pior: antes humilde, tornara-se vazia. A literatura está cheia de exemplos de personagens que advertem contra as experiências com a identidade — de Dorian Gray ao *grande* Jay Gatsby, passando *pelo talentoso* Tom Ripley, cuja máxima assassina era: "É preferível ser um alguém falso do que um ninguém verdadeiro."

O nosso carnaval de transferências de valores contemporâneos não inclui, porém, virtudes, somente vaidade. Tornamo-nos superficiais até em relação às superfícies. Todo mundo parece ter abraçado o ensinamento de Oscar Wilde, segundo o qual "apenas as pessoas superficiais não julgam pela aparência". A obsessão pela aparência é a crônica de uma doença social saída diretamente de um livro de ficção científica de Philip K. Dick.

Tivemos a Belle Époque. Agora temos a Época Botox, permeada de emoções plásticas advindas dos antidepressivos e de revestimentos plásticos, devidos ao colágeno, ao silicone, à cirurgia plástica e ao próprio Botox. Liberdade é isso?

Cresci em meio a diversas instituições masculinas: meu pai era detetive de polícia, eu freqüentava a Igreja Católica e tinha três irmãos homens. Vivíamos na capital dos Estados Unidos, que é salpicada de estátuas que homenageiam homens. Quando comecei no jornalismo, cobria esportes, depois política, num tempo em que essas eram áreas ainda mais dominadas pelos homens do que o são hoje.

No meio do caminho, adquiri o hábito de cutucar o opressor com vara curta. Achava que as mulheres estariam eternamente destinadas a uma vida de dissidência.

Embora a ciência tenha para mim um interesse sobretudo metafórico — uma fascinante parábola biológica —, a recente pesquisa sobre os cromossomos sexuais sugere que toda aquela demonstração de virilidade belicosa, ao longo dos séculos, terminou por esmaecer o Y. Os geneticistas dizem que, hoje, os homens são o sexo frágil e poderiam vir a desaparecer por completo — levando embora consigo a Loucura de Março (campeonato de basquete universitário) e a pizza fria saboreada pela manhã.

Daqui a mais uns cem mil anos — ou dez milhões, se você acreditar nos otimistas do Y —, o cromossomo masculino irá para o espaço. Portanto, queridos leitores do futuramente extinto sexo, vocês estão avisados. No ano 102.005 ou 10.002.005, no máximo, nós finalmente teremos a nossa dose de apresentadores de telejornal, padres mulheres, colunistas mulheres, juízas da Suprema Corte, altas executivas corruptas e presidentes rabos-de-saia.

E nós governaremos o mundo.

De uma maneira bem masculina, claro.

Um

Como colocar a sua armadilha de urso no setor de casacos de *vison*?

Minha mãe, que considerava os homens realmente necessários, me deu três livros essenciais sobre o assunto. O primeiro, quando eu tinha 13 anos, *Tornando-se mulher*. O segundo, quando fiz 21, *365 maneiras de preparar um hambúrguer e outras receitas com carne*. O terceiro, quando eu completei 25, *Como agarrar e manter um homem*.

Como ganhei o último numa época em que entrávamos na Era da Igualdade, deixei-o de lado, achando-o anacrônico. Afinal de contas, em algum momento da década de 1960, paquerar saiu de moda, assim como tábuas de passar, maquiagem e a idéia de que se precisava "agarrar" ou "manter" um homem.

A maneira de abordar um homem, pensávamos, devia ser direta, sem jogos, artifícios ou subterfúgios. Infelizmente, a história provou que essa era uma noção equivocada.

Soube disso antes mesmo da publicação de *As 35 regras para conquistar o homem perfeito*, em 1996, a bíblia de uma época, que encorajava a mulher a voltar aos jogos do pré-feminismo, bancando a difícil ("Limite o tempo das ligações telefônicas a dez minutos; mesmo que você seja a diretora de sua empresa, quando estiver com o homem que ama, seja discreta e misteriosa, aja como uma dama, cruze as pernas e sorria; use meias-calças pretas e suspenda ligeiramente a saia para atiçar o sexo oposto!").

Soube disso antes que as revistas de moda ficassem repletas de anáguas, guirlandas, frufrus, echarpes de oncinha, vestidos de festa tipo anos 1950, aventaizinhos provocantes e outros recursos de sedução da mesma linha, e artigos como "O retorno da garota difícil" ("Acho muito importante que paremos de nos atirar mutuamente essas pérolas do feminismo, e que abandonemos frases como 'Mas, então, por que não liga para ele?'", escreveu uma colunista em *Mademoiselle*. "Certos homens precisam do frisson da caça.")

Soube que as coisas estavam mudando porque várias amigas solteiras me ligaram, parecendo carneirinhos, pedindo que eu emprestasse o meu exemplar do esgotado *Como agarrar e manter um homem*.

Com uma séria e ascendente falta de machos no mercado, um fato desagradável brilhou como um farol na década de 1980: as mulheres teriam que voltar a ser gentis com os homens.

Décadas depois do movimento feminista haver prometido um mundo idílico de irmandade e igualdade com os homens, tornou-se cada vez mais óbvio que muitas mulheres teriam que espanar a poeira dos velhos manuais de truques e artimanhas. Nunca chegamos a esquecer completamente como ser encantadoramente enganosas, nem como arrancar os olhos umas das outras na luta pelos homens. Como observou Oscar Wilde, "em assuntos de importância capital, estilo, e não sinceridade, é essencial".

A leitura obrigatória incluía o avassalador livro de Zsa Zsa Gabor, *Como agarrar um homem, como manter um homem, como se livrar de um homem* ("A melhor maneira de atacar um homem imediatamente é ter peitos grandes e cérebro pequeno e deixar ambos bem à mostra."). E o guia da Zsa Zsa de hoje, Paris Hilton: "Tudo se resume a bancar a difícil. Ninguém gostaria de caviar se ele fosse barato."

É possível aprender com os grandes flertes da literatura.

Scarlett O'Hara, de *E o vento levou...* por exemplo: "Fiquei acordada a noite toda tentando resolver qual de vocês é o mais bonito."

E Becky Sharp, de *Feira das vaidades*: "Mas que criatura esquisita! Como se eu ligasse para você."

E Gwendolyn Fairfax, de *A importância de ser prudente*: "Que olhos maravilhosamente azuis você tem! Espero que você olhe para mim assim, sempre, sobretudo quando outras pessoas estiverem por perto."

Ou, simplesmente, sigam o conselho que Alfred Hitchcock deu a Eva Marie Saint antes de ela filmar as cenas quentes no trem, em *Intriga internacional*: "Fale baixo. Não mexa as mãos. E olhe o tempo todo bem nos olhos de Cary Grant."

As sedutoras dos tempos modernos teriam que resgatar técnicas básicas: um risinho absurdamente adorável, uma mexida estratégica da cabeça, um ar maroto de triunfo, olhos lânguidos e um sólido conhecimento de música, desenho, caligrafia e geografia.

Seria, mais uma vez, considerado sedutor sentar-se numa *chaise longue*, passar um lenço rendado sobre os olhos e reclamar de uma crise de vertigem primaveril.

Muitas profissionais com importantes carreiras estão, secretamente, entusiasmadas com o retorno da Era dos Estratagemas Amorosos. Por mais baixo que você fale, é difícil seduzir quando se está discutindo a cotação do dólar, as taxas de juros e as flutuações do NASDAQ.

Miados calorosos como os proferidos por Marilyn Monroe — "Isso soa delicioso" e "Você é tããão engraçado" — voltaram a ser réplicas perfeitas para recepções sociais.

A título de serviço de utilidade pública, vou revelar seis axiomas-chaves de *Como agarrar e manter um homem*, para mulheres que gostariam de se tornar esposas:

- Não faça gestos abruptos.
- Os homens são fascinados por objetos brilhantes e luminosos, muitos cachos, muito cabelo (na cabeça), arquinhos, laços, rendas e cores vivas.

- Se ele tiver uma namorada, torne-se amiga dela.
- O sarcasmo é perigoso. Evite-o por completo. Ele destrói a aura de doçura, feminilidade e gentileza que você deveria estar tentando cultivar ao redor de si.
- Evite dizer logo um não. Em vez disso, procure posicionar-se em lugares de difícil acesso para ele. Sente-se em uma cadeira sem braços e estreita, ou mantenha um cigarro aceso entre vocês.
- Pense sempre em si mesma como num gato suave e misterioso. Para obter o "jeitinho felino", você tem que "ficar relaxada, dobrar levemente os joelhos, apertar o bumbum, encolher a barriga e soltar os ombros. Para a posição em pé, assuma a postura descrita acima, coloque um pé à frente e apóie o resto do seu peso sobre o outro pé. Quando começar a ficar cansada, troque a posição dos pés, mantendo o peso, sempre, sobre o pé de trás".

O capítulo nove de *Como agarrar e manter um homem*, "Como usar o telefone", é fundamental: "Quando você estiver prestes a atender ao telefone, prenda a respiração e, então, solte-a lentamente, enquanto começar a falar. Sorria. Fale relativamente baixo, bem perto do aparelho. Soe sempre encantada quando um homem ligar (o que o encorajará a ligar mais vezes), e nunca discuta com ele, nem o recrimine ao telefone. Um truque interessante é parecer o mais sexy possível, já que ele não está por perto e você não tem que se defender contra os seus avanços. Ele terá a impressão de que, sob a sua aparente frieza, há uma alma ardente e delicada, que ele poderá trazer à tona se souber usar a estratégia certa, e então passará boa parte de seu tempo tentando descobrir qual é a estratégia certa."

Essa abordagem revista do romance pode ser difícil, a princípio, para mulheres que pensavam que ter o seu próprio cartão de crédito significava jamais precisar fingir interesse.

Mas, com alguma prática, e uma echarpe com estampa de oncinha, qualquer mulher pode ser tão felina quanto um gato. E evite por completo o sarcasmo.

* * *

Os filmes dos anos 1940 e 1950 eram cheios de técnicas inteligentes para agarrar homens.

Em *Como agarrar um milionário*, de 1953, Lauren Bacall, Marilyn Monroe e Betty Grable colocaram uma "armadilha de urso" no setor de casacos de *vison* da Bergdorf's, a loja de departamentos mais chique do mundo. "Você só precisa de um, bem grande e gordo", murmurou a senhorita Bacall.

Em *A fonte dos desejos*, de 1954, a personagem de Maggie McNamara agarra um príncipe italiano depois de se informar sobre as suas preferências, do vinho ao flautim, e fingindo possuir os mesmo gostos.

Em *O que elas querem é casar*, de 1959, Shirley MacLaine seduz Gig Young depois de roubar o seu caderninho preto, passando a imitar as suas namoradas preferidas. Ele gostava dos cabelos ruivos de uma. Ela tinge o cabelo de vermelho. Ele gostava do perfume de outra. Ela toma banhos do tal perfume.

Em *Quero este homem*, de 1948, a vendedora Betsy Drake tenta laçar o pediatra Cary Grant com O Plano. Ela descobre detalhes sobre ele, conversando com o seu barbeiro, o seu treinador, o dono da tabacaria, o massagista, o florista, o tintureiro, as antigas namoradas, além do velho livro do coral da faculdade. Dando um novo significado à expressão "pesquisa sociocientífica", ela fica sabendo que ele gosta de sopa de tartaruga, filé com *champignon*, batatas à lionesa, aspargos com molho holandês, martínis com azeitonas pequenas, champanhe Piper-Heidsieck safra 1933 e torta de banana com creme.

"Ora, se você não usar a imaginação, vai acabar casando com um coroa qualquer", diz ela a uma amiga, defendendo a sua estratégia. "É como se você falasse para o peixe tomar cuidado com o anzol."

Monica Lewinsky, que saiu na revista *Vanity Fair* fazendo poses de *pin-up* dos anos 1950, como Jane Russel e Marilyn Monroe, adaptou os métodos de sedução dessa época para pescar um presidente.

Há uma tênue — por vezes imperceptível — linha de demarcação entre seduzir e ser traiçoeira.

A estagiária da Casa Branca seguiu à risca a velha lei, segundo a qual homens (e peixes) são atraídos por objetos brilhantes e luminosos. Ela se postou, usando vestidos chamativos e o seu fatídico boné preto, à beira dos cordões de isolamento e no caminho dos cortejos presidenciais. Ela estudou as preferências de sua presa em livros e outros documentos, chegando mesmo a ligar para uma livraria especializada em livros antigos onde o presidente estivera. Queria saber se ele havia se interessado por algo em especial. Informada de que ele gostara de um livro sobre presidentes americanos, ela o comprou para ele. Tendo notado o seu gosto europeu, meio duvidoso, por roupas — aqueles ternos de corte cruzado sobre o peito e ombros largos —, ela comprou para ele uma gravata Ermenegildo Zegna.

Nos filmes antigos, as garotas tinham que gastar a sola do sapato se quisessem bancar detetives românticas. Hoje, elas podem simplesmente navegar e investigar pela internet. Então, num encontro, a "navegante" poderá fingir se interessar pelas mesmas coisas que ela já sabe que agradam ao "navegado".

O flerte virtual pode ser tão perigoso quanto o envio de mensagens de mau gosto, claro.

Pesquisando através do site de busca, você corre o risco de se deparar com uma história, um blog ou uma imagem que pode dar uma impressão negativa ou imprecisa — ou negativa e precisa. Ou você pode simplesmente acessar a pessoa errada. Outro dia, estava procurando o número de telefone de um médico, e a primeira referência que apareceu, ao acaso, foi "Homem com pau enorme, pornografia XXX".

Alguns solteiros reclamam que o Google acelera demais o processo de sedução. "É mais romântico descobrir as coisas de maneira natural", disse um jovem e inteligente repórter do *The Times*. "Aí você pode usar o Google para checar se a pessoa estava falando a verdade."

Craig Bierko, ator que interpretou um dos namorados de Sarah Jessica Parker em *Sex and the City*, concordou que navegar na *net* para descobrir coisas sobre uma garota antes de um encontro é meio estranho. "Porém", diz ele, "acho também que, se a Internet tornou possível que eu saiba tudo sobre um desastre de avião do outro lado do mundo, apenas três segundos depois de ter acontecido, então, por que eu não poderia usá-la para evitar outro desastre, do outro lado da mesa, antes de desembolsar trezentos dólares? E também, dependendo do tipo de passado da pessoa em questão, às vezes você pode ver no Google fotos dela pelada. Foi o que me contaram."

Muitos tentam driblar o Google para esconder coisas desagradáveis a seu respeito, criando seus próprios sites, home pages ou blogs que poderiam fazer a balança pesar favoravelmente para o seu lado, ou, até mesmo, aparecer antes das outras referências nas listas de consulta.

Vários ex, rancorosos, podem sucumbir à vingança via *web*. Como confessou uma escritora feminista na *New Yorker*, ela ficou "meio maluca" depois que um namorado a deixou: "Fiquei como o Javert, de *Os miseráveis*, perseguindo o cara pelos esgotos do ciberespaço, indo de *link* em *link*, no escuro, como o Homem-Aranha, balançando na ponta de uma teia por sobre os abismos obscuros entre os telhados."

Ora, para uma vingança ainda mais demorada, pode-se usar o Google para atacar um ex, da mesma maneira que os democratas atacam o presidente Bush, de forma que, ao digitar a palavra "fracasso", você se conecta à biografia oficial do presidente da Casa Branca. Não há, nem mesmo no inferno, fúria gigabyte igualável à da mulher que ataca o seu antigo amor através do Google, ligando o seu nome a uma palavra como, por exemplo, "impotente".

Quando as mulheres se deram conta de que os homens estavam evoluindo lentamente, se é que evoluíam, elas voltaram a caçá-los pessoalmente ou virtualmente, por meio de estratégias elaboradas, com o objetivo de levar essas criaturas iludidas a pensarem serem elas as caçadoras.

"Os homens gostam de caçar, e não devíamos privá-los da oportunidade de realizar os seus rituais de caça e de acasalamento", diz Julie Bosman, uma amiga de 28 anos, repórter do *New York Times*. "Como diz a minha mãe, os homens não gostam de ser caçados."

Ou, como cantavam as Marvelettes, "o caçador se deixa aprisionar pela caça".

Minha mãe sempre me disse isso também. Em 1982, depois de eu ter rompido um namoro longo, ela me escreveu uma carta de dez páginas, cheia de estratégia e compaixão.

Coloque todas as fotos dele em locais onde você não as veja, de preferência, no lixo. A palavra de ordem agora é indiferença. A glória do homem está na caça, não na conquista. Isso tem acontecido com todas as minhas amigas, e comigo também. Quando estava terminando o secundário e ele acabara de se formar na Universidade, houve um grande fogo que, logo depois, se apagou. Mas, durante o fogo, ele tentou me fazer cruzar a linha sagrada... Foi quando eu descobri que ele gostava, de verdade, de uma menina linda, mais velha que eu, e pensei que tivessem ficado noivos. Ela casou com outro, e ele arrumou outra garota (com toda a certeza não era nada sério), ela engravidou e eles tiveram que se casar. Muitos meses depois de ele ter me dado o fora, eu ainda vivia um verdadeiro inferno. Todos os rostos da cidade pareciam com o dele. Cada telefonema poderia ser dele. Certa vez, eu o vi com outra garota, risonho e feliz, e eu fiquei louca.

Anos mais tarde, ele trabalhou com o meu irmão, e perguntava sempre por mim. Perdeu uma perna e, então, faleceu. Eu não desejei isso para ele, mas ele também sofreu.

Numa coincidência estranha, aquele meu antigo namorado veio trabalhar no escritório ao lado, como o mais recente colunista do *New York Times*. Moral da história: trate de continuar amiga dos seus ex. E não jogue *todas* as fotos deles no lixo. Guarde algumas engraçadas e incriminadoras.

A chave para ficar fria durante os rituais da corte amorosa é parecer ocupada e importante. "Já que você está mesmo esperando que aquele e-mail surja na sua caixa", disse Carrie Foster, uma agente publicitária da capital, "aproveite para fazer aquele monte de coisas que você tem que fazer de qualquer jeito".

Se um cara rejeitar você, ou demonstrar que é a própria encarnação do demônio, você pode passar para o estágio de Não Pode Ser Incomodada.

Na Era Digital Informação Demais, há infinitas maneiras de paquerar. Antes do primeiro encontro ou de enviar mensagens pela rede, existe a etapa da "interação"— flertes via MSN e *e-mails*. As revistas vêm dando dicas para o envio de mensagens, incluindo frases como "Encontrei minha antiga roupa de líder de torcida. Ainda cabe" e "Não malhe d+ na academia... guarde forças para + tarde".

A doutora Helen Fisher, antropóloga da Universidade Rutgers, de Nova Jérsei, concorda com Julie e com a minha mãe: "O que nossas avós nos disseram sobre bancarmos a difícil é verdade. O objetivo do jogo é impressionar e capturar. Esse não é um jogo de honestidade. Homens e mulheres, ao praticarem o jogo da paquera, enganam para ganhar. Novidade, excitação e perigo levam dopamina para o cérebro. E ambos os sexos adoram falar nesse assunto."

As mulheres vão usar sutiã com enchimento, pintar o cabelo, colocar maquiagem e ficar horas escolhendo um vestido que marque bem a cintura, enquanto os homens vão dirigir um carrão ou usar uma roupa elegante que os faça parecer mais ricos.

Minha amiga Julie recebe de sua mãe alguns princípios básicos, muito mais espontâneos do que os que são apresentados no livro *As regras do casamento*, que aconselhava a tratar os maridos como "clientes" que se quer manter felizes.

(Em 2004, *As regras do casamento* ficou fora de moda de repente, com o divórcio de uma das autoras, Ellen Fein. Ela culpou seu dentista pela separação, pois ele teria feito uma barbeiragem, tornando os seus dentes gigantescos e causando-lhe muita dor no maxilar.)

Os princípios de Julie referem-se ao mesmo tipo de ritual arquetípico de que trata o livro de Natalie Angier, *Mulher: uma geografia íntima*, na sua descrição mítica do acasalamento.

"A noção é antiga, pré-hominídea", escreveu Angier. "O sexo é perigoso. Sempre foi, para todas as espécies que o praticam. Animais que se cortejam e copulam são animais que se expõem, e estão mais sujeitos ao predador do que os animais que ficam castamente adormecidos em suas tocas. Os animais que se acasalam não apenas realizam os seus rituais ao ar livre, mas, igualmente, concentram toda a sua atenção nos detalhes da cópula, a ponto de não perceberem a sombra de uma mandíbula prestes a fechar-se sobre eles ou o bater das asas de um predador. O ímpeto sexual é aleatório, mas o sexo não é nada, se não for intenso. Não nos esqueçamos disso. Não nos deixemos intimidar pelo excesso de trabalho ou pela familiaridade, nem pelas trimetilaminas, a ponto de esquecer o momento sublime da fome sexual."

Julie também pensa que o ímpeto sexual é tudo. "Para mim, o namoro é uma interação entre duas pessoas inteligentes, encantadoras, sagazes, que deveria ser rápida, leve e divertida", filosofa. "Não tem nada a ver com quem está sendo masculino ou feminino. Tem a ver com tocar-se, apertar-se e apartar-se, enquanto se brinca de correr por entre as árvores. Para as mulheres, não se trata de sentar e esperar que algo aconteça. Os rituais de acasalamento envolvem o que há de melhor em nós, o que temos de mais engraçado, encantador e inteligente, com nossos nervos à flor da pele."

Ela reconhece que, para as mulheres, significa ficar à espera e fora de alcance, porém, sabendo quando se tornar acessível, para voltar a retirar-se de cena outra vez.

"Você aprecia mais uma coisa que está ligeiramente fora de seu alcance e que se torna atraente e misteriosa", diz ela. (Assim como Oscar Wilde, que, ao provar sorvete pela primeira vez, parece ter dito: "Pena que não é pecado.")

Barbara Stanwick usou a mesma técnica da atração-repulsão com Henry Fonda na clássica comédia de Preston Sturges, *As três noites de Eva*, de 1941.

"Você tem a mania irritante de brincar com os homens, jogá-los para baixo e depois para cima", murmura o desnorteado Fonda.

"E depois para baixo de novo", Stanwick concorda, maliciosa.

Muitos homens que conheço dizem que procuraram casar com mulheres que os impediriam de se perder nas profundezas do mar. Assim, ao dirigirem a etapa da corte amorosa, elas poderiam mostrar os seus talentos de navegação.

Julie considera que a sua abordagem é a melhor maneira de evitar os narcisistas e os idiotas. Se o seu cavalheiro não está disposto a investir no jogo da sedução, ela acha que ele é um bom candidato a uma relação durável. De acordo com um estudo da Universidade de Londres, os homens têm a sua própria maneira de filtrar as narcisistas e as interesseiras. Pesquisadores usaram uma fórmula matemática para provar que há uma lógica evolucionária em oferecer presentes caros às mulheres, pois esse gesto indica intenções sérias. Eles calcularam, porém, que os homens deveriam investir em jantares mais do que em diamantes, porque assim não teriam despesas caso o seu convite fosse recusado.)

Se você não tiver paciência para isso, aplique o Teste Cervantes no sujeito, como costumava fazer a minha amiga Dana Calvo: "Eu dizia, no meio da conversa, o título de um livro de Cervantes que havia inventado, e começava a delirar em cima desse texto imaginário, para ver se o cara mordia a isca. Se ele fosse honesto e dissesse nunca ter ouvido falar no tal livro, ele passava no Teste Cervantes."

Um amigo gay, que mora em Manhattan, tem o seu próprio código para namorar:

1 — A clareza é melhor do que a ambigüidade. Se você não tiver certeza de ter manifestado o seu interesse, deixe a timidez de lado. Se não estiver seguro de que seu interesse é bem recebido, pergunte. Senão, você pode perder um tempo precioso antes da necessidade de reposição hormonal, e do uso do Viagra, com elucubrações inúteis, se entupindo de sorvete.

2 — Não ponha obstáculos no que diz respeito ao sexo. Assim, mesmo que o resto do relacionamento dê errado, você terá tido ao menos alguns minutos — ou, se tiver sorte, algumas horas — de prazer. Mas pule o cigarrinho depois da transa. Fumar cria ruguinhas ao redor da boca.

3 — Se a outra pessoa parecer hesitante, enrolada e amargurada, e, ao mesmo tempo, parecer valer a pena, a outra pessoa *é* hesitante, enrolada e amargurada, e por isso NÃO vale a pena. A junção de paradoxos só funciona na literatura.

4 — O álcool é seu amigo. Alguém tem que combater todas as culpas e inibições causadas por pais severos, por freiras assustadoras e por evangélicos radicais. O poder pode estar em uma dose de vodca?

Se você aderir à técnica da Julie, vai precisar de uma atitude mais zen, da habilidade de ser romanticamente ascética e mentalmente pacífica enquanto espera.

Um colunista do *New York Times* concorda que os homens vivem os rituais da corte amorosa como uma evolução contínua. Para resumir a dança entre machos e fêmeas, ele citou um trecho de *O bico do tentilhão*, livro sobre a seleção natural e sexual entre os tentilhões das ilhas Galápagos, no capítulo sobre os gupis de Trinidad:

O gupi macho tem que fazer muito mais do que simplesmente sobreviver. Ele também precisa se acasalar. A fim de sobreviver, ele tem que se esconder em meio às pedras coloridas do fundo de seu riacho, entre os outros de sua espécie, no seu bando. Mas para acasalar, ele precisa sobressair nas pedras coloridas e entre aqueles de sua espécie. Tem que escapar ao peixe ciclídeo e ao lagostim, mas atrair o gupi fêmea... quanto menos colorido ele for, menos chance ele terá de chamar a atenção de uma fêmea. Por outro lado, é provável que ele tenha mais tempo para tentar fazê-lo, porque, quanto menos ele sobressai no seu bando, menos ele aparece para os inimigos.

Há muitos anos, Hollywood vinha tentando, sem sucesso, criar um *Sex and the City* masculino, que pudesse mostrar como os homens falam entre si sobre as mulheres. Finalmente, Doug Ellin lançou o seriado *Entourage*, na HBO, sobre um jovem ator de Hollywood chamado Vinnie Chase e seu bando de amigos do Queens, que vivem correndo atrás de mulheres e se estapeando mutuamente.

Liguei para ele em Los Angeles para perguntar o que as mulheres podem aprender com *Entourage*.

"Os homens são uns animais que se satisfazem rapidamente", disse ele. "Somos como animais, sim, muito mais instintivos do que as mulheres, menos pensativos. Vejo esse traço comum em todos os meus amigos, inteligentes ou burros. Eles querem o que eles querem. Acho que as mulheres pensam que há muitas outras coisas rolando.

"Os homens são levados pelo lance do caçador-coletor. Todos os caras que eu conheço saem e tentam encontrar uma mulher, e resistem o máximo de tempo possível a serem capturados, por mais triste que isso possa parecer. E as mulheres bem-sucedidas são as que agem como se não quisessem ser capturadas — no início.

"As mulheres têm que saber quando fazer pressão, talvez, depois de os caras fazerem 35 anos e começarem a pensar na possibilidade da morte, a acordar horrorizados por estarem sozinhos e a caçar garotas de 21 anos pelos bares. Os sujeitos casados que eu conheço foram todos pressionados. Isso não quer dizer que eles não amem as suas mulheres ou que não estejam felizes agora. Mas tiveram que ouvir da mulher, 'tá na hora'. Uma boa mulher ajuda e vai guiá-lo até um porto de segurança e de conforto."

Uma amiga minha concorda: "É como na pescaria. Você só gosta mesmo quando tem certeza de que pegou alguma coisa, e não quando sente apenas umas fisgadinhas na linha. Você tem que ter certeza de que o peixe pegou o anzol."

Neurocientistas produziram imagens escaneadas do cérebro de alguém apaixonado, pela primeira vez, em 2005. Essas imagens confirmaram a idéia de que você tem que usar os recursos da área primitiva, precognitiva, para ter sucesso num romance.

"Um novo amor pode parecer, para todo o mundo, com uma doença mental, uma mistura de loucura, demência e obsessão, que afasta as pessoas dos amigos e da família e as leva a adotar comportamentos fora do comum — telefonemas compulsivos, serenatas, declarações feitas de cima de telhados — que quase poderiam ser confundidos com doença mental", escreveu Benedict Carey na seção de ciência do *New York Times*.

Claro, desde Platão tem-se escrito que o amor beira à loucura, mas acho que não chega a ser oficial até que um cientista com uma bolsa do governo o diga.

Uma análise da *Revista de Neurofisiologia* confirmou o que já se sabe há séculos — que o amor dos versos e requebros do Elvis era literal e que a paixão esquenta áreas profundas do cérebro primitivo, afetando as relações duráveis, e atiça a atividade neural do sistema de compensação e aversão do cérebro, assim como as necessidades de comida, calor e drogas.

"Quando você está sofrendo por esse amor romântico, a perda do controle é esmagadora, você fica irracional, vai para a ginástica às seis da manhã todos os dias. Por quê? Porque ela está lá", diz a dra. Fisher, da Universidade Rutgers, que ajudou a escrever a análise.

"E, quando rejeitadas, certas pessoas pensam em perseguir, matar, morrer. O apelo do amor romântico pode ser mais forte do que a vontade de viver."

"A região do cérebro ligada à paixão fica localizada do lado oposto da que registra a atração física", escreveu Carey, "e parece estar relacionada com a vontade de estar perto, com o desejo e com a atração inexplicável que uma pessoa sente por outra — uma, entre vários parceiros atraentes possíveis."

A dra. Lucy Brown, da Faculdade de Medicina Albert Einstein e co-autora do estudo, sustenta que essa diferença entre achar uma pessoa atraente e desejá-la, entre gostar e querer, "acontece na área do cérebro do mamífero que é responsável pelas funções mais básicas, como comer, beber, movimentar os olhos — todas em um nível inconsciente. Creio que ninguém pensasse que essa parte do cérebro fosse tão especializada".

Julie e suas amigas agora se divertem, dizendo que gostariam que houvesse uma maneira de fazer todos os paqueras passarem por uma ultra-sonografia do cérebro, para descobrir quem está verdadeiramente apaixonado e quem só está atraído de forma efêmera (o que lembra um cara que conheci, que achava que as mulheres deveriam ter sinais luminosos na cabeça que acendessem na hora do orgasmo para que os homens tivessem certeza).

A dra. Fisher me disse que há, também, uma diferença entre luxúria e amor, e que o impulso do amor é mais forte que o da luxúria, e pode fazer uma pessoa de qualquer idade se sentir como um adolescente.

Uma das descobertas mais intrigantes do estudo está relacionada com o que leva cada sexo a se apaixonar.

O cérebro dos homens se acende quando eles vêem; o cérebro das mulheres se ilumina a partir das lembranças (os homens sabem perfeitamente que as mulheres não esquecem nunca).

"Os homens precisam distinguir sinais de juventude, saúde e vitalidade, coisas que indicam que ela pode lhes dar bebês saudáveis", disse a dra. Fisher. "As mulheres ficam horas ao telefone com as amigas, falando o que ele fez ou não fez, ou se ele lembrou de um aniversário ou de outra data importante — sinais de que ele seria um marido e pai amoroso e confiável."

Os homens continuam procurando os mesmos indícios de saúde e vitalidade, disse ela, mesmo que não estejam planejando conscientemente ter filhos. E acrescentou: "As preferências não mudam com a idade."

Minha reação favorita ao calor da paixão no cérebro foi uma carta endereçada ao editor do *Times*.

O amor seria uma espécie de doença? Nós respeitamos a pesquisa contemporânea, mas os elisabetanos já tinham pensado nisso há tempos. Eles sabiam que era.

Em Romeu e Julieta, *o pobre Romeu fala de seu amor fútil como se fosse "a fumaça de um suspiro em chama". A teoria era a seguinte: estar no êxtase (do grego "arrebatamento, perturbação") do amor faz o sangue ferver, subir e afetar o cérebro, levando-o à loucura.*

O amor recusado (de onde viriam os tais suspiros) causava melancolia. A insanidade do amor também era muito complexa. É uma "loucura muito discreta", conclui Romeu.

E em Hamlet, *Polônio conhece perfeitamente bem o "problema de Hamlet", pois ele havia percebido o "amor quente" entre Hamlet e Ofélia. Proibir Ofélia de ver Hamlet, porém, confinou Hamlet à "loucura que o faz delirar".*

Quanto à histeria de Ofélia — mas, agora, chega!

* * *

Nos velhos, aliás, antiqüíssimos, tempos do feminismo, falava-se de salário igual por trabalho igual. Agora, fala-se de "dinheiro de mulher".

Uma amiga minha, de mais de trinta anos, disse que essa era uma expressão que havia sido banida do universo dos encontros amorosos em Nova York. Ela notou, igualmente, uma mudança no tipo de presente oferecido nos chás-de-panela da cidade, uma volta aos objetos estilo anos 1950: escumadeiras e aventaizinhos chiques e de marca eram desempacotados junto com camisolas transparentes e sutiãs com bojo.

"O que acho mais desconcertante nesse retorno aos anos 1950 e no retrocesso na vida das mulheres é que os níveis profissional e social da cultura foram atingidos, e isso pode causar um estrago considerável", reclamou. "Homens que, de forma geral, são inteligentes, e sabem que as mulheres ainda ganham menos do que eles, via de regra, dizem coisas do tipo: 'Deixa que eu pago. Você só tem dinheiro para os alfinetes.'"

Durante as longas e tenebrosas eras de indiscutível patriarcado, as mulheres aceitavam, tacitamente, trocar beleza e sexo por posição e *status*. No primeiro arroubo do feminismo, as mulheres se propunham a pagar metade da conta com o dinheiro dos alfinetes para mostrar que esses cálculos crassos — o valor de uma mulher na sociedade sendo determinado pela sua aparência, o que a reduzia a mero ornamento à venda para quem oferecesse o maior lance — não eram mais válidos.

Eu sempre detestei rachar a conta; prefiro revezar na hora de pagar. Mas se eu não propusesse o revezamento no primeiro encontro, o homem insistiria em pagar tudo sempre, como se eu estivesse sendo grosseira.

As regras de etiqueta atuais para os encontros amorosos mudaram completamente. As jovens de hoje já não usam mais o talão de cheques para afirmar sua igualdade. Usam-no para acessar a sua sexualidade.

Rachar a conta é uma relíquia feminista arcaica, que as jovens nem acreditam já ter existido. Elas falam nisso com incredulidade e desprezo.

"É maluquice dos anos 1970, como os sapatos plataforma para homens", disse uma jovem.

"As feministas dos anos 1970 passaram dos limites", concordou Anne Schroeder, editora de uma revista, de 26 anos. "Pagar a conta é como abrir a porta do carro. É gentil. Eu aprecio. Mas ele não é obrigado a fazer isso."

A não ser que ele queira um outro encontro.

As mulheres na faixa dos vinte anos pensam que as feministas da velha-guarda buscavam igualdade nos lugares errados, e que, ao invés de lutarem por pagar ou não a conta do restaurante, ou por usarem sutiã com bojo, elas deveriam ter se concentrado nas grandes questões econômicas.

Depois de dar buscas no Google e fazer yoga até pouco antes do primeiro jantar a dois, a jovem de hoje vai terminar a noite com "A Oferta" — tentativa pouco sincera de ajudar a pagar a conta.

"Elas fazem que vão pegar a bolsa depois do jantar, mas é fingimento", disse Marc Santora, um repórter de trinta anos do *New York Times*. "Elas sabem que você vai dizer 'de jeito nenhum' antes que o cartão de crédito saia da carteira. Se você não o fizer, elas reclamam depois."

Uma de minhas amigas, produtora de televisão em Nova York, concordou: "Se você propuser, e ele aceitar, então, é o fim".

Outra jovem, que trabalha na organização de corridas de automóveis, engrossou o coro: "Fingi que ia abrir a bolsa para pagar a noitada, sabendo, perfeitamente, que eu só tinha seis dólares. Queremos aparentar ter tido uma boa educação, mas cairíamos das nuvens e da cadeira se ele aceitasse."

Uma bela produtora de telejornal de Los Angeles atacou: "Se ele não tiver perguntado nada sobre mim até que tenham servido a entrada, eu nem me dou ao trabalho de agradecer quando ele pagar a conta."

A nova lenda urbana fala de um jovem que perde a garota ao pedir-lhe para rachar as despesas.

Marc diz que isso aconteceu com um amigo seu de Nova York: "Ele pensou que tivera um ótimo encontro, com sinais claros de que um romance ia começar. Eles trocaram os números de telefone, e tudo o mais. Quando a conta chegou, ela não se manifestou, e ele perguntou se ela queria rachar. Ela rachou, mas nunca mais ligou para ele, nem respondeu às suas chamadas. Pode ter havido outras razões para a rejeição, mas ele continua culpando a impressão de pão-duro que deve ter dado."

Feministas jurássicas estremecem diante das implicações retrógradas dessas reações indigestas. Não importa se a mulher ganha menos ou mais do que o homem, ela espera que ele pague a conta, tanto para provar quão desejável ela é, quanto para indicar um início de romance — o que é mais confuso em uma cultura de encontros rápidos e casuais e atividades em grupo. (Uma vez passada a fase inicial de teste, e estabelecido um relacionamento, ela pode abrir um pouco mais a mão.)

"Ter um encontro, no sentido romântico da expressão, tem se tornado, infelizmente, cada vez menos comum, e vem sendo confundido, excessivamente, com 'azarar', explicou Marc. 'Azaração' pode dar em namoro, mas tenho notado vários amigos, homens e mulheres, procurando entender e seguir certas regras básicas para os seus encontros. O que torna ainda mais importante que um encontro de verdade funcione de maneira clássica — com o homem pagando."

Uma amiga de Marc, Lindsay Faber, repórter de 29 anos do *Newsday*, concorda que se trata, para as mulheres, de um jeito de saber se um encontro é ou não amoroso. "Dá a impressão de algo romântico e cortês, como se você estivesse sendo objeto de uma atenção especial", disse ela. "Caso contrário, é como se você estivesse saindo com um coleguinha."

Ela reconhece que a situação é ambígua. "As mulheres querem ser tratadas de igual para igual em um relacionamento, mas, no início, elas continuam querendo que os homens desembolsem a grana", disse. "Não creio que os homens necessariamente esperem alguma coisa quando pagam, mas acho que eles gostariam que algo acontecesse."

Certos homens estão desgostosos com a situação. "Antes era uma questão de cavalheirismo, mas agora as mulheres são pães-duros", disse Brian, um jornalista em Paris. "O feminismo permitiu que mulheres ficassem ambiciosas, o que é um progresso, não é?"

Rick, que se descreve como um "agente contábil gordo", confessou que teve que gastar dez mil dólares em jantares para conquistar sua esposa.

Meu amigo Mike, repórter em Washington, que costumava ter encontros amorosos nos anos 1970, quando era solteiro, e que, trinta anos depois, marca encontros na condição de pai divorciado, tem sentimentos opostos: "É uma evolução muito ruim, porque tenho que gastar mais dinheiro mas talvez valha a pena, porque não tenho mais que aturar toda aquela atitude antiquada. As mulheres nos anos 1970 eram mais firmes e não queriam condescendência. Hoje, elas aceitam perfeitamente a condescendência, sobretudo no que se refere a assuntos financeiros."

Marc afirma que, no final das contas, é justo, porque "as mulheres têm que gastar uma fortuna se arrumando para um encontro. Elas têm que ficar bonitas e cheirosas". E um amigo solteiro, de Manhattan, juntou-se a ele em coro: "Os homens podem ser uns cachorros e enrolar uma mulher um tempão sem assumir o tão temido 'compromisso'. Não acho que as mulheres devessem ficar, ao mesmo tempo, falidas e abandonadas."

Há quem diga que é tudo uma questão econômica — eles gastam no jantar e elas gastam mais para ficarem arrumadas — mas é mais uma questão de ritual.

"Tenho diversas maneiras de saber se ele vai me ver como uma pessoa igual a ele, sem perturbar o ritual do encontro amoroso", disse uma jovem. "Perturbar o ritual do encontro amoroso leva ao caos. Todo mundo sabe disso."

Carrie, uma agente publicitária de quase trinta anos, contou que não se incomodava em abrir a sua bolsa de grife. "Ele se encarrega das jóias, dos jantares, dos sapatos e das viagens", disse ela. "Eu pago o táxi."

Muitas jovens esperam ser totalmente bancadas durante os eventos românticos. Quando perguntei a um rapaz da minha academia de ginástica como ele e a namorada advogada iriam dividir as despesas de uma viagem que fariam à Califórnia, ele olhou de lado e respondeu: "Ela nunca se dispõe a contribuir. E eu gosto de pagar para ela."

Como diz um rapaz que eu conheço: "Essa é uma das poucas formas que nos restam de demonstrar nossa masculinidade."

Um namorado meu explicou a situação da seguinte forma: "Eu sei que você tem um bom salário, mas gosto da sensação de poder te oferecer um jantar, ou passagens de avião na primeira classe com o meu cartão American Express, e imaginar que você vai ficar animada."

A necessidade feminina não muda com o casamento. Muitas mulheres que trabalham ainda querem que seus maridos paguem a conta do restaurante e a hipoteca da casa, e cheguem cedo do trabalho para ajudar com as tarefas domésticas e com as crianças.

Elizabeth Marquardt, co-autora de um relatório sobre encontros e programas entre jovens, concordou que os rituais da corte amorosa estão confusos: "Uma garota da Universidade de Yale descreveu as situações mais ridículas que podem ser criadas por causa da confusão sobre quem vai pagar o quê e o que é um encontro de fato. Ela se viu, certa vez, discutindo com um cara, em plena calçada, sobre quem ia pagar o picolé. Um rapaz convida uma menina para ir ao cinema, e ela pensa que eles só estão saindo juntos como amigos. Então, ele se oferece para pagar, e de repente a situação fica séria, um encontro surpresa."

Os meus amigos gays parecem igualmente estarrecidos com a etiqueta a seguir em um encontro moderno. Um deles disse: "O que vale para vocês, vale para nós: o que acontece quando a tão desejada igualdade entre os sexos realmente acontece? Quer saber? Um horror. Você fica lá, sentado, pensando: se eu me precipitar para pagar a conta, quer dizer que estou querendo assumir uma posição dominante, do tipo pai agressivo? E se eu ficar sentado passivamente, será que vou transmitir a mensagem: paga para mim e aí me pega?"

As mulheres dizem querer cavalheirismo, embora as relações sexuais casuais sejam cada vez mais comuns principalmente entre os jovens universitários.

Uma amiga minha, que é professora universitária, me falou da confusão geral causada pela mistura difícil entre atitudes antiquadas, no que diz respeito ao namoro, e a liberdade sexual moderna.

"As garotas são extremamente poderosas e superam, de longe, a atuação dos rapazes. São comunicativas, interessadas e inteligentes. Agora, principalmente à noite, elas adoram usar o mínimo de roupa possível, não ligam nem para o frio. São umas blusinhas curtas e apertadas, que ressaltam os mamilos, e umas minissaias que mostram as calcinhas, se estiverem usando uma, umas batas supertransparentes que elas usam sem sutiã, e calças jeans arrochadas.

"Essas garotas tiram dez nas provas, são representantes de turma, parecem futuras líderes, mas de noite elas enchem a cara com os amigos porque, na verdade, têm medo de se lançar no mercado sexual.

"No início da noite, elas têm o poder, andando pelas boates com os peitos empinados. Os garotos ficam malucos, paralisados e nervosos, diante da beleza dessas jovens de 19 anos, vestidas como prostitutas.

"Só que, de repente, lá pela meia-noite ou uma da manhã, o poder se transfere para os rapazes. Elas perdem a cabeça e ficam zonzas, e eles, agora, assumem o comando: passam a mão aqui, pegam ali, se esfregam, tentam transar, e elas, pateticamente, acabam fazendo sexo oral com eles. Elas nem mesmo têm orgasmos. Apenas lhes dão prazer num canto escuro qualquer.

"E quando elas me falam sobre isso depois, seus olhos inteligentes ficam opacos, e elas dizem que, às vezes, nem se lembram do que aconteceu. E não sabem como fazer de maneira diferente. Sua reação, quase sempre, é considerar que 'os garotos são uns porcos, poucos valem a pena, e eles parecem fazer questão disso'."

As meninas estão fazendo tudo ao mesmo tempo, pré-feminismo e pós-feminismo numa tacada só. Não é de admirar que ninguém mais saiba como agir.

* * *

Durante a festa de estréia da peça *Doce aroma do sucesso* na Broadway, um importante produtor de Nova York me deu uma verdadeira aula sobre o preço que as mulheres têm que pagar pelo sucesso — e esse valor é bem salgado.

Ele confessou que havia tido vontade de me convidar para sair quando eu estava solteira, entre dois casamentos, mas que tinha desistido da idéia porque o meu trabalho de colunista do *Times* me tornava intimidadora demais.

Os homens, ele explicou, preferem mulheres que parecem ser maleáveis e impressionáveis. Ele previu que eu jamais encontraria alguém, pois, se há uma coisa que os homens temem, é a mulher que põe em prática o espírito crítico. Ela será crítica em relação a tudo, inclusive à sua masculinidade?

Ele acertou em cheio quanto ao medo primário das profissionais solteiras e bem-sucedidas: o aroma da potência masculina é um afrodisíaco para as mulheres, mas o perfume do poder feminino afasta os homens.

É o que resume aquele famoso lamento de Holly Hunter, no filme *Nos bastidores da notícia*, de 1987. Ela faz uma produtora de telejornal diante do clássico conflito carreira *versus* homens: "Estou começando a afastar as pessoas que estou tentando seduzir", grita, desesperada.

As mulheres levaram décadas para perceber que tudo o que estavam fazendo para progredir na sala de reunião poderia estar sabotando as suas chances no quarto.

A evolução está atrasada no que diz respeito à igualdade. Por isso, as mulheres continuam programadas para procurar homens mais velhos com recursos, enquanto os homens continuam programados para procurar mulheres mais jovens com olhares de admiração.

Quando Paul Rudnick escreveu o roteiro da refilmagem de *Mulheres perfeitas*, que trata do mais terrível pesadelo feminista — homens que preferem zumbis a mulheres profissionais e complicadas —, ele me contou que sentira que a "biologia subjacente" das fantasias românticas não havia mudado: "Os homens só evoluem com uma arma apontada para as suas cabeças. Eles querem uma garota, e não ligam se ela tem poder ou não. As mulheres querem um poeta ou um músico viril, com um jatinho particular."

A boa situação financeira de uma mulher tem pouca importância aos olhos de um homem que está interessado nela, podendo até causar o efeito oposto e afugentá-lo. "Ainda há uma pressão social, todo o mundo olha para o cara cuja mulher ganha mais do que ele, e pensa que 'ele é que é a mulher'", afirmou. Mulheres que ocupam altos cargos, sobretudo as que têm filhos simplesmente dedicam menos tempo a admirar seus homens.

Alguns anos atrás, durante um jantar oferecido à imprensa na Casa Branca, conheci uma linda atriz. Em poucos minutos, ela veio com essa: "Não consigo acreditar que estou com 46 anos e ainda não consegui casar. Os homens só querem se casar com suas assistentes ou secretárias."

Eu já havia notado uma tendência nessa direção, na medida em que homens poderosos se juntavam a mulheres mais jovens, cujo trabalho consiste em cuidar deles, em alimentá-los, de uma forma ou de outra: suas secretárias, assistentes, babás, garçonetes, aeromoças, pesquisadoras e contadoras.

O romance de Steve Martin, *A garota da vitrine*, adaptado para o cinema, é sobre o caso entre um homem mais velho e importante, e uma jovem que lhe vende luvas numa loja de departamentos, em Beverly Hills: "Ray já tivera, antes, experiências com mulheres voluntariosas, extrovertidas, enérgicas e ambiciosas que, quando descontentes, atacam. A inércia apagada de Mirabelle o traz para uma realidade mais aprazível, uma espécie de almofada macia de calma e aceitação."

Numa equipe, as assistentes atuam como sereias, como definiu um sujeito que conheço. E elas olham para os homens com quem trabalham como se eles fossem "a lua, o sol e as estrelas". Tudo se resume a orbitar, servir e "contemplar" esse Deus Sol.

Em todos aqueles filmes de há mais de meio século com a dupla Katharine Hepburn e Spencer Tracy, o que havia de eletrizante era o estalar e crepitar de um romance entre iguais. Isso ainda acontece, ocasionalmente, nos filmes de hoje: a química incendiária entre Brad Pitt e Angelina Jolie em *Sr. e Sra. Smith*, em que ambos interpretam um casal de assassinos, cujos objetivos são a destruição e os orgasmos mutuamente propiciados. Curiosamente, esse filme foi descrito como antiquado, devido às tiradas temperadas entre os dois amantes apimentados.

A indústria cinematográfica dos dias de hoje está mais interessada em explorar a "almofada macia" dos romances entre desiguais.

Um homem famoso que conheço, que primeiro foi casado com uma mulher que não trabalhava e depois com outra que trabalhava para ele, disse, de forma memorável: "Bem lá no fundo, todos os homens querem a mesma coisa: uma virgem num vestido que parece um *baby-doll*." (Em *Abaixo o amor*, de 2003, a personagem de Renée Zellweger teve que ser remodelada. Na concepção original da autora feminista, ela aconselhava as mulheres a privilegiarem a carreira ao casamento, o sexo ao amor, mas ela acabou sendo transformada em uma golpista traiçoeira e enfadonha, que tenta agarrar um cara legal à custa de cílios postiços e shortinhos quadriculados bem curtos.)

Costumávamos pensar que as mulheres estavam aprisionadas no mito da Cinderela, mas, talvez, os homens também estejam. Será que eles querem salvar as mulheres, tanto quanto elas querem ser salvas?

No filme de James Brook, *Espanglês*, Adam Sandler interpreta um mestre-cuca sensível que mora em Los Angeles e se apaixona pela bela empregada mexicana. O mesmo acontece em *Encontro de amor*, em que Ralph Fiennes faz um político sensível que fica caidinho por uma atraente camareira de hotel porto-riquenha, interpretada por Jennifer Lopez.

A empregada de Sandler, que faz a faxina sem saber bulhufas de inglês, é apresentada como a mulher ideal, na aparência e no caráter. Tea Leoni, que faz o papel de sua esposa, é repulsiva: um monstro espalhafatoso, tagarela, vil, que faz sucesso demais, ginástica demais, e engana o marido. Ela acabou de perder o emprego numa firma de *design* comercial e teme ter perdido sua identidade.

Quando o personagem de Sandler recebe uma crítica elogiosa no *New York Times*, a esposa monstruosa pula em cima dele, tem um orgasmo sem nem mesmo esperar que ele fique excitado, e começa a chorar pela própria carreira perdida. "O que é que vou fazer *comigo*?", lamenta entre soluços, enquanto sai de cima do marido.

Sobre a atração entre desiguais, tivemos, em 2003, *Moça do brinco de pérola*, no qual Colin Firth, no papel de Vermeer, pinta eroticamente Scarlett Johansson, na pele de uma empregada holandesa, e *Simplesmente amor*, de Richard Curtis. Neste o espirituoso e sofisticado primeiro-ministro britânico, interpretado por Hugh Grant, se apaixona pela gorducha que lhe leva chá com biscoitos no seu escritório. Um homem de negócios casado com a imponente Emma Thompson, irmã do primeiro-ministro, se apaixona pela *sexy* secretária. E um romancista, interpretado por Colin Firth, se apaixona pela empregada, que só sabe falar português.

A arte está imitando a vida, transformando mulheres que buscam igualdade em narcisistas egoístas, objetos de rejeição e não de afeição.

Uma das mais sensacionais histórias envolvendo celebridades em 2005 foi o romance barato e tumultuado entre Jude Law, e a babá de seu filho. Daisy Wright vendeu a história de seu caso tórrido com o ator ao tablóide londrino *Mirror*. Ela tomava conta de seu filho enquanto ele filmava *A grande ilusão*. Sua maravilhosa noiva de 23 anos, Sienna Miller, estava em Londres, estrelando a peça *As You Like It*.

"Eu tinha dito para o Jude que não entendia por que ele não conseguia encontrar uma esposa que não quisesse seguir uma carreira e que partilhasse a vida dele", lembrou a babá. "Ele me disse que era muito difícil encontrar uma mulher assim, e que essa era a coisa que ele mais queria no mundo, mas que não havia mulheres assim no seu meio de trabalho."

Quando Sienna e Jude se encontraram, os jornais disseram que ele a acusou de não ser suficientemente dedicada a ele. (Como ela poderia ser tão egoísta, consagrando tempo à própria carreira em plena ascensão?)

Essa é uma velha história, que pode ser vista tanto no romance *Jane Eyre* de 1847 (no qual a governanta e o patrão se apaixonam) quanto no casamento do ator Joe Piscopo, em 1997, com a babá de seu primeiro filho: a graça da mulher que cuida dos seus filhos sem as exigências irritantes de uma esposa.

Em *Anna Karenina*, quando Stepan é pego transando com a empregada, ele devaneia: "Há algo de comum, vulgar, em fazer amor com a sua governanta. Mas que governanta!"

O repórter do *New York Times*, John Schwartz, tornou a tendência oficial em 2005: "Os homens preferem casar com suas secretárias a casar com suas chefes, e a culpa pode ser da evolução."

Um estudo feito por pesquisadores da Universidade de Michigan com estudantes sugeriu que homens predispostos a relações duradouras preferiam casar com mulheres que ocupam cargos subalternos a mulheres com funções de maior prestígio.

Os homens pensam que mulheres com empregos importantes traem com mais facilidade. Lá está a resposta, bem no DNA: as mulheres são penalizadas pelos homens inseguros, porque são independentes demais.

"A hipótese", disse a dra. Stephanie Brown, principal autora do estudo, "é de que há pressões evolutivas sobre o macho, no sentido de que ele adota medidas que minimizem os riscos de vir a cuidar de crias que não sejam suas". As mulheres, por outro lado, não mostraram diferença marcante entre a atração por homens que poderiam trabalhar em funções melhores do que as suas e a atração por homens que têm cargos menos importantes do que os seus. E os homens não mostraram preferência quando se tratava de transas ocasionais.

Isso quer dizer que os homens podem dormir uma vez com mulheres que estejam por cima; eles só não querem casar com elas. Pode ser porque eles encontram supervisoras mandonas e chatas nos seus locais de trabalho ou, se você adotar a explicação darwiniana, porque eles temem que mulheres em ascensão profissional saquem mais rápido como ser enganosas e traiçoeiras.

Um relatório simultâneo de pesquisadores de quatro universidades britânicas indicou que homens astutos que trabalham muito preferem ter esposas antiquadas, como as suas mães, a ter mulheres em pé de igualdade com eles. O estudo mostrou que um QI alto atrapalha as chances das mulheres de casar, enquanto é um atrativo no caso dos homens. A possibilidade de casamento aumenta em 35% para eles, para cada aumento de 16 pontos no QI; quanto a elas, há uma queda de 40% para cada aumento de 16 pontos.

O problema é que um homem nem quer que o QI da mulher exceda a temperatura de seu corpo, nem quer que a temperatura do seu corpo exceda o seu QI. O que eles parecem não conseguir suportar é a combinação de cérebro e desejo.

Então, será que o movimento feminista foi uma espécie de fraude cruel? As mulheres ficam menos desejáveis à medida que se tornam mais bem-sucedidas? As mulheres querem relacionamentos com homens capazes de falar de maneira séria. Infelizmente, muitos desses homens querem relacionamentos com mulheres com as quais eles não têm que falar.

Como disse o ator Bill Maher, de maneira crua, mas útil, num programa de tevê: "As mulheres entram num relacionamento porque querem alguém com quem possam falar. Os homens querem mulheres que se calem."

Perguntei sobre essa tendência à atriz e escritora Carrie Fisher, que já saiu tanto com homens mais velhos quanto com mais novos, astros de cinema ou assistentes de estrelas de cinema.

"Faz milhões de anos que não saio com alguém", disse ela, secamente. "Desisti de sair com homens poderosos porque eles querem mulheres que trabalhem no setor de serviços. Aí, decidi sair com homens que trabalham no setor de serviços. Foi quando descobri que os reis querem ser tratados como reis e os plebeus também querem ser tratados como reis."

É engraçado. Venho de uma família de empregadas domésticas irlandesas — grandes e sólidas mulheres que cozinhavam, cuidavam da casa e das crianças de algumas das mais importantes famílias americanas. Eu sempre me orgulhei muito de ter conseguido chegar aonde cheguei — seguindo uma carreira que foi negada as minhas tias-avós.

É tão estranho descobrir, agora, que sendo empregada doméstica eu teria me dado melhor com os homens.

Uma empregada de primeira classe, claro.

* * *

O romance pode ser abordado de diversos ângulos.

No filme *Meias de seda,* de 1957, Fred Astaire usa a geografia. Ele cantarola para a soviética durona e de pernas grossas Cyd Charisse, dizendo que adora "o leste, o oeste, o norte e o sul de você".

Em *My Little Chickadee*, de 1940, Mae West revira os lábios e os olhos e usa a aritmética. "Um homem tem cem dólares e você o deixa com dois dólares", exemplifica numa aula para crianças. "Isso é subtração."

Tem também a física, claro. Como dizia um antigo namorado meu: "É tudo uma questão de eletromagnetismo."

E aí tem a minha abordagem favorita: a alfabética.

Certa vez, fiquei gamada por um cara que me falou estar lendo as grandes obras da literatura de A a Z, e que tinha chegado à letra K. Então, fui a uma livraria e escolhi clássicos de L a Z, e mandei para ele. Não conseguia encontrar nada com X, então, juntei uma fita do *Arquivo X*. Ele gostou do presente, mas o romance nunca foi para o leste, o oeste ou para o norte. Só para o sul.

Ainda assim, fiquei de cabelo em pé quando ouvi a história de um jornalista que deu à esposa um presente de aniversário pouco habitual: uma lista com livros de A a Z que poderiam ajudá-la a entendê-lo melhor.

Resolvi adaptar a idéia ao Dia dos Namorados, e dar para um sujeito de sorte os livros de A a Z que o ajudariam a me entender melhor. Rodei por uma grande livraria, mas, quanto mais eu procurava, mais ficava preocupada.

Eu poderia começar com o romance *A grande ilusão*, mas ficaria bastante óbvio que eu me interesso pelo vínculo entre política e desonestidade.

Adoro Shakespeare, mas, se eu incluísse *A megera domada*, será que eu estaria mandando a mensagem errada?

De repente, tudo ficou muito assustador. Que conclusões poderiam ser obtidas de *O mágico de Oz*? Ele me consideraria sufocante se eu colocasse *Ethan Frome*? Pretensiosa, se tascasse Ovídio? Desapaixonada, se escolhesse o vergonhoso *A essência da paixão*? Hostil, se incluísse *Fala sério! Você também não está a fim dele?*

Exigente, se selecionasse *Promessas vazias*, que conta as histórias de amor verdadeiras de Ann Rule, e que termina num crime horrível? Necessitada, se pegasse o livro de culinária do Deepak Chopra, que nutre o corpo e a alma, libera dimensões ocultas da vida e destaca o infinito poder da coincidência? Provocante, se adicionasse à pilha de livros volumes tipicamente masculinos, como *Febre de bola*, de Nick Hornby, e *A face da batalha*, de John Keegan? Insuportável, se colocasse no bolo pérolas da literatura feminina, como *P.S., Eu te amo*, de Cecelia Ahern, e *A cidade dos bebês*, de Jane Green?

Quanto mais pensava no assunto, mais me parecia não somente arriscado, mas o cúmulo da pretensão esperar que alguém dedicasse horas e horas imaginando a psique de outra pessoa. Que sujeito deixaria de ir à academia de ginástica para ler *Razão e sensibilidade*, ou de comer sua pizza com cerveja para devorar *O destino de um homem*?

Parece óbvio que existe, aqui, uma diferença entre os sexos. A partir de minhas próprias estatísticas nada científicas, acho que é muito mais raro que uma mulher peça a um homem que ele leia as suas coisas do que o inverso. A pobre da Condoleezza Rice não conseguiria, nunca, fazer o George W. Bush ler a apresentação que ela fez para os objetivos da política internacional dele, publicada na revista *Foreign Affairs* durante a campanha presidencial de 2000.

É raro ouvir de minhas leitoras que elas queiram que eu leia algo. Já os leitores me mandam constantemente e-mails e outras coisas para ler: artigos, ensaios, cartas ao editor, cartas a amigos, e-mails que suas esposas, namoradas ou amigos escreveram sobre mim, poemas originais, listas de CDs e de livros preferidos, manuscritos inéditos, romances, piadas, livros de dicas de marketing, peças, esboços de séries de tevê, letras de música, discursos, receitas de pão com especiarias. Um cidadão chegou a me mandar o seu *script* para um musical ironizando a política internacional do presidente George W. Bush.

Um leitor do *Times* enviou-me vários e-mails, fazendo observações críticas sobre a vida em geral e incluindo o seguinte comentário sobre as aparições esporádicas de minha mãe na coluna: "Dowd, por que você não fica em casa e deixa a sua mãe escrever a coluna?". E assinou: "Sério".

Outro leitor mandou um curta-metragem que havia feito, chamado *Esquilo branco na árvore comendo amendoim*, e mais um e-mail para conseguir um editor para o seu *Catálogo de fotos e presentes do esquilo branco*, além de uma longa lista de ponderações sobre assuntos, do tipo "certas pessoas gostam das molas Mania. Não servem para nada, mas é impossível deixar de sorrir quando se vê uma descendo a escada, toda desengonçada".

Os homens também me avisam quando vão aparecer na tevê ou fazer conferências.

Por vezes, se eu não ler ou vir o seu trabalho, nem responder seus e-mails, os autores mandam mensagens maldosas, reclamando da minha insensibilidade.

Mesmo que eu não consiga, nunca, dar para um namorado a lista de A a Z sobre mim, eu adoraria ler a lista de A a Z do cara que me escolhesse como sua leitora. Só espero que, como disse Diane Keaton para Woody Allen, em *Noivo neurótico, noiva nervosa*, nenhuma de suas escolhas tenha a palavra "morte" no título.

* * *

Dá até vontade de parar de ler revistas.

Dezesseis anos depois de a *Newsweek* publicar, em 1986, a declaração alarmante de que era mais provável que uma mulher de quarenta anos morresse num ataque terrorista do que se casasse, a revista *Time* anunciou a nova queda no número de bebês: as mulheres que se concentram demais em suas carreiras de repente se dão conta de que negligenciaram a sua fertilidade.

Constatou-se que toda aquela conversa sobre quarenta ser o novo trinta, e cinqüenta ser o novo quarenta, não se aplicava aos órgãos reprodutores.

A ciência moderna pode prolongar o tempo de aparência jovem de uma mulher, mas o seu interior continua ressecando no ritmo de sempre.

Quatro décadas depois de o feminismo ter desabrochado num turbilhão de fogueiras de sutiãs, pílulas anticoncepcionais e roupas unissex, o ideal de se ter tudo, a uma só vez, revelou ser um clichê risível.

As mulheres que sobem na vida continuam tentando casar com sujeitos de nível social superior ao seu. Os homens que sobem na vida tendem a casar com mulheres de condição social inferior. Com os sexos indo em direções opostas, desencadeou-se uma epidemia de mulheres com carreiras sólidas, sem marido e sem filhos.

Sylvia Ann Hewlett, economista e autora de *Criando uma vida: mulheres que trabalham e a indagação sobre os filhos*, de 2002, realizou uma sondagem e descobriu que 55% das mulheres de 35 anos que trabalhavam não tinham filhos. O número de mulheres de 40 a 44 anos sem filhos dobrou nos últimos vinte anos. E, entre altas executivas que ganhavam cem mil dólares ou mais ao ano, ela concluiu que 49% das mulheres não tinham filhos, número comparado a apenas 10% dos homens.

Hewlett ponderou, ainda, que os homens têm uma vantagem injusta. "Nos dias de hoje", afirmou, "a experiência prova que, quanto mais bem-sucedida for a mulher, menos chances ela terá de encontrar um marido ou ter filhos. O inverso é verdadeiro para os homens".

Em um relatório sobre o livro, um repórter conversou com duas jovens que freqüentavam a Universidade de Harvard. Elas concordaram que, embora estivessem na idade ideal para começar suas famílias, não era fácil encontrar o par certo.

Aparentemente, os homens aprendem cedo a proteger os seus egos frágeis contra mulheres de sucesso. Elas disseram que escondiam o fato de serem alunas da Harvard dos homens com quem saíam, porque seria como o beijo da morte. "A bomba H", afirmaram.

"Assim que você fala em Harvard... é o fim da conversa", contou Ani Vartanian. "Mas assim que o cara diz, 'Ah, eu estou na Universidade de Harvard', todas as garotas ficam interessadas."

O *Washington Post* relatou que, em 2003, números recordes de mulheres negras norte-americanas solteiras decidiram adotar filhos sozinhas. Na capital do país, elas tendem a ter educação e cargos melhores do que os homens de sua idade. Independência e sucesso que muitas delas disseram intimidar os homens negros norte-americanos, e reduzir suas possibilidades de encontrar um marido.

Há sondagens mais recentes que parecem mais otimistas quanto à habilidade dos homens de se adaptarem à idéia de que as mulheres possam sustentar a família. Será que os homens, preocupados com a sua viabilidade genética, estão tentando aumentar as suas chances de sobrevivência enfiando a mão nas economias das mulheres?

A economista Ann Hewlett não pensa assim. Ela acredita que o ambiente de trabalho, em 2005, está mais machista do que nunca. "Na verdade, é muito mais difícil hoje do que há dez anos ter uma carreira e uma família. A tendência geral continua sendo que mulheres com alto nível de educação, em vários países, tenham que lidar cada vez mais com essa falta de escolha insidiosa e acabam adiando encontrar um parceiro e ter filhos. Isso é válido em qualquer lugar seja na Itália, na Rússia, ou nos Estados Unidos."

Muitas mulheres continuam temendo que, quanto mais elas realizarem, mais tenham que se sacrificar. Elas receiam que os homens continuem fugindo de mulheres *desafiadoras*, por causa do desejo genético que eles têm de serem a força superior em um relacionamento.

"No que se refere a homens e mulheres, tudo se resume a questões de controle, não é?", perguntou um conhecido meu, pensando no próprio divórcio.

Ou, como me disse um amigo: "Bem lá no fundo, debaixo de todo esse estardalhaço do machismo, os homens simplesmente têm medo de dizer que estão, na verdade, procurando por uma mulher que seja uma parceira inteligente, segura e independente, com quem partilhem suas vidas, à qual eles possam se dedicar de maneira incondicional, até que ela faça quarenta anos."

Como disse Cher, ao dar um tapa em Nicolas Cage, no filme *Feitiço da lua*: "Sai dessa, cara."

A lógica masculina de sair com mulheres de condição social inferior está em baixa: mulheres que parecem te admirar no início não vão continuar te admirando quando te conhecerem melhor. Mulheres que não trabalham muito não são menos exigentes nos relacionamentos. De fato, elas podem até ser mais exigentes. Elas guardam toda a força de competitividade e o espírito crítico para quando os seus companheiros chegam em casa, à noite.

Um conhecido meu reclama que as mulheres são como um campo de força: quanto mais você as deixa entrar, mais elas querem se apoderar de você.

Os homens, porém, são um campo de força no sentido literal. Se eles desistissem de seu desejo bobo de dominar o mundo, este seria um lugar muito melhor. Pense nos talibãs. Pense no Vaticano. Pense nos bonobos.

Os bonobos, ou chimpanzés pigmeus, moram na floresta equatorial do Congo e têm uma existência perfeitamente feliz. Por quê? Porque na sociedade bonobo, as fêmeas são dominantes. Apenas um domínio leve, mais uma espécie de co-domínio ou igualdade entre os sexos.

"Eles são menos obcecados pelo poder e pelo status do que os seus primos chimpanzés, e são mais absorvidos por Eros", escreveu a brilhante jornalista do *Times*, Natalie Angier. "Os bonobos usam o sexo para apaziguar, unir, ficar de bem depois de uma briga, diminuir tensões, reforçar alianças... Os seres humanos costumam esperar até depois do jantar para fazer amor; os bonobos fazem amor antes."

Ela admira a irmandade tranqüila que existe entre as fêmeas bonobos e considera que a espécie é "campeã olímpica do sexo — machos, fêmeas, velhos, púberes, pouco importa — é sexo aqui, apalpa dali, toma lá, dá cá o dia inteiro. A maior parte dos atos sexuais não tem nada a ver com a reprodução. Eles servem de código de ética, pelo qual os bonobos sobrevivem à vida em coletividade. O sexo é a sua terapia, o seu lubrificante social e válvula pós-conflito, forma de expressar sentimentos, e, quase sempre, é rápido, a ponto de ser mecânico".

Os machos estão satisfeitos por terem aberto mão de um pouco de domínio, depois de perceberem o grande negócio que lhes estava sendo oferecido: todas aquelas primatas agressivas, após um dia de dominação na floresta, eram recompensadas por fazer sexo, e não por evitá-lo.

Não há guerra de sexos, nem recessão de bebês na bonobolândia.

O *Washington Post* publicou uma matéria sobre um menos divertido, mas, ainda assim, alegre matriarcado de cerca de quarenta mulheres no Quênia, fundado por sem-teto que haviam sido estupradas e, conseqüentemente, abandonadas pelos maridos.

A comunidade inteiramente feminina floresceu, com um centro cultural e um camping para turistas que visitam a reserva natural próxima à comunidade.

Num ataque de ressentimento, os homens de sua tribo deram início a uma aldeia rival de homens e também tentaram construir um centro de cultura e turismo, mas este não teve nenhum sucesso, e definhou rapidamente.

Os homens invejosos ameaçaram a matriarca com atos violentos. Segundo a explicação do chefe da maltrapilha aldeia masculina a uma jornalista "o homem é a cabeça. A mulher é o pescoço. Um homem não pode aceitar, vamos dizer, um conselho de seu pescoço".

Porém, uma vez definitivamente derrotados, tendo tido enormes dificuldades para encontrar outras esposas, o líder baixou o tom: "Talvez possamos aprender com os nossos pescoços. Talvez, só um pouquinho."

* * *

Escrevi um artigo na minha coluna do *Times* de maneira, confesso, interesseira. Ele instava os homens a não verem com maus olhos as mulheres de sucesso. Recebi uma avalanche de seiscentos e-mails com críticas por eu ter feito generalizações sobre os homens e cheios de fantasias sobre a sexualidade das "intelectualóides".

Afinal de contas, como escreveu D.H. Lawrence, 90% do sexo está na cabeça, o que faz dela o mais importante órgão sexual.

(Também recebi um e-mail sensacional de uma observadora dessa guerra de sexos, que assinou a sua mensagem: "Mary Ellen, sessenta anos, um rim, indecorosamente agressiva, irônica, mas alegre cavaleira lésbica, que encontrou o verdadeiro amor no sudoeste.")

Certas leitoras escreveram, igualmente, que preocupavam-se com a possibilidade de os homens estarem envolvidos numa trama sinistra semelhante à do filme *Mulheres perfeitas*, tentando livrar-se de presunçosas mulheres alfa, recusando-se a copular com elas e a transmitir os seus genes às suas filhas.

Mas recebo e-mails, sobretudo, de homens querendo defender-se contra a acusação de que seus egos frágeis fogem do desafio.

"Faz meses", escreveu um leitor, "que teimo em tentar imaginar se há mulheres cujo QI exceda, efetivamente, a sua temperatura corporal. O que eu não faria para encontrar uma mulher que tratasse a própria cabeça como algo mais valioso do que uma simples peça de decoração!".

Outro leitor escreveu: "Há muito mais chances de eu achar que vale a pena sair com uma mulher que tenha qualidades que eu admire."

E um terceiro fez uma breve "defesa das mulheres inteligentes: Logo depois de nos casarmos, minha esposa confessou, em lágrimas, que tinha um QI de 178, 45 pontos mais alto do que o meu, que foi oradora da turma na formatura da faculdade e que havia sido membro de uma prestigiosa comunidade estudantil. Fiquei chocado, mas o divórcio estava fora de cogitação. Tem sido terrivelmente difícil viver com esse fardo, mas há compensações: 1) Nossos filhos são muito mais inteligentes. 2) Ela se lembra de todos os nomes dos nossos conhecidos, dos lugares que visitamos, e aprende línguas estrangeiras com a mesma facilidade com que fico resfriado. Homens, não temam esse geniozinho adorável que vocês têm diante dos olhos".

Recebi também e-mails acabando com as profissionais com belas carreiras, chamando-as de materialistas, exigentes e egocêntricas. Como este por exemplo:

"Elas querem encontrar alguém que seja tanto quanto elas, ou MAIS: bonito, traquejado e bem de vida. O que querem os homens de sucesso? Normalmente, uma mulher bonita e gentil."

Um leitor concordou: "Acho que a maioria das mulheres bem-sucedidas tem pouco respeito pelos homens que não ganham mais do que elas. Já me fizeram sentir, em várias ocasiões, que eu era a soma total do meu currículo, o qual é constrangedoramente pequeno a seu entender."

Recebi um e-mail que censurava as profissionais de sucesso de mais de trinta anos: "Apesar de mais velhas e menos bonitas, elas continuam sendo tão seletivas quanto antes, mas, nem por isso, mais sábias... Os homens que elas rejeitaram no passado estão casados e felizes com mulheres menos exigentes. O pior de tudo é que muitos desses homens batalharam para ter carreiras prósperas e, hoje, estão à altura das exigências dessas mulheres. Só que agora é tarde demais."

Para resumir gentilmente a confusão da guerra dos sexos, um leitor brincou que "os homens sabem, intuitivamente, que mulheres que prestam atenção na própria carreira não prestam muita atenção neles".

E outro leitor confessou que embora mulheres inteligentes possam ser fascinantes, "confesso que as acho cansativas, às vezes". Ele contou que terminou um namoro, certa vez, porque "estava preocupado com a possibilidade de ela não cuidar tão bem de mim quanto eu dela".

É aquele velho ditado sobre o relacionamento amoroso, em que uma pessoa é o gramado, e a outra, o jardineiro que cuida da grama. Os homens preferem ser regados a serem regadores, em termos emocionais.

Houve um caso de um homem que já tinha sido casado com duas mulheres extremamente bem-sucedidas e pouco atenciosas, que observou, com amargura: "Eu não quero, de maneira alguma, que minha casa pareça com a lamentável situação da vida profissional nas grandes empresas da América, em que todo o mundo se acha tão inteligente, mas onde poucos fazem, realmente, alguma coisa pelos outros... Quanto menos filhos essa gente tiver, melhor!"

O meu amigo Arthur Gelb, biógrafo de Eugene O'Neill, cuja esposa é a realizada escritora Barbara Gelb, mandou, mais tarde, um e-mail: "Nada é mais excitante do que rivalizar com uma mulher que é dona de si e que nunca abaixa a crista. Quanto mais inteligente, forte e independente ela for, mais agradável a conquista. Quando eu tinha vinte anos, ficava freqüentemente abismado com alguns dos meus amigos inteligentes e bem-sucedidos, que tendiam a fugir desse tipo de mulher. Eles pareciam recear ter que ficar sempre na defensiva, precisando pensar constantemente em respostas astutas, para as intermináveis disputas verbais."

Um grande amigo chegou a confessar que mulheres fortes faziam-no sentir-se desconfortável. Quando eu perguntei por que ele parecia perfeitamente bem ao lado de homens inteligentes e talentosos, e por que travava discussões intelectuais quando saía para tomar drinques com seu pequeno bando de amigos do jornal, ele admitiu que não sabia responder.

O meu querido amigo Paul Costello deu a palavra final à discussão. Ele é o diretor de comunicações da Escola de Medicina de Stanford, e é muito bem casado com a minha extraordinária amiga Rita Beamish. "Se, por um lado, os homens dizem que gostam e aplaudem a igualdade, por outro, o preço que esta lhes custa os faz fugir de sua realidade", escreveu. "Precisamos encarar o fato de que os homens são, essencialmente, preguiçosos. Está no nosso DNA. Para resumir o problema? Os homens não são muito exigentes, mas as mulheres, sim."

*   *   *

Mas talvez não sejamos mais tão exigentes assim.

A história feminina moderna pode ser, afinal de contas, resumida em três frases:

As mulheres exigem igualdade.

As garotas só querem se divertir.

As damas tendem a aceitar qualquer coisa.

Quarenta anos de luta tiraram as mulheres do meio de campo. Quando uma rede de tevê foi inaugurada, em 2000, era cheia de programas feministas honestos, sobre a luta pelos direitos das mulheres, mas ninguém queria assistir. As mulheres já estavam cansadas demais, devido a todas as outras tarefas, para se animarem com a tevê feminista. O programa "Vai nessa, garota!" foi rebaixado para "Vai pra cama, garota!".

As mulheres preferem ver filmes de ação e também adoram séries hipnóticas e instigantes como *Lei & ordem* e as intermináveis reprises de *The Closer*, com Kyra Sedgwick interpretando uma delegada de polícia *sexy*, em Los Angeles. O lema era: Refestele-se no sofá e veja como aquelas policiais e advogadas lindas e dominadoras, com vidas pessoais deploráveis, mandam nos homens.

"Se eu gostasse de ser chamada de puta", diz Kyra Sedgwick, respondendo a um colega insolente, "eu ainda estaria casada".

Em entrevista ao *New York Times*, uma das fundadoras da rede de tevê feminista admitiu: "Quando começamos, pensávamos que as mulheres precisavam realmente da nossa ajuda. Enquetes revelaram que elas não são tão patéticas assim. Elas querem se distrair."

Tal rede de tevê mudou sua programação e passou a transmitir reprises das séries *Xena: a princesa guerreira*, *Kate & Allie*, *Cybill* e *Good Girls Don't* — esta, tratando da vida sexual triste e sórdida de duas jovens que dividem um apartamento. A emissora, porém, pode ter exagerado na dose da mudança.

Observando que *Good Girls Don't* estabeleceu um comportamento vulgar, um leitor me escreveu dizendo que o programa marcava o momento em que "virou normal ser uma vagabunda burra na televisão".

Hillary Clinton, Condoleezza Rice e Oprah continuam adeptas inflexíveis do "vai nessa, garota!".

Muitas mulheres, porém, estão tomando atitudes que não foram previstas nas cartas de tarô do movimento feminista: fazer-se de morta, celebrar o visual de dama da sociedade, permitir-se roupas antiquadas e comportamento lânguido, tudo contra o que lutou o feminismo.

No final dos anos 1980, escrevi uma coluna de conselhos sobre atitude pessoal no trabalho, dando uma lista de dicas para jovens na faixa dos vinte anos, sobre como galgar os degraus da vida profissional. Eu respondia a perguntas do tipo "Como se termina um caso de amor no escritório?", "O caso de seu chefe é da sua conta?", "Você deve falar de sua vida privada no trabalho?" e "Como combater a víbora do escritório? (com a desenvoltura de um réptil)".

Pouco mais de uma década depois, muitas das minhas dicas sobre como galgar os tais degraus já estavam perdendo interesse. Li uma crônica em uma revista sobre a "nova dona de casa" — jovens que preferem pular fora da via rápida que leva ao topo da escada, para desfilarem até o altar.

Depois de poucos meses na sua firma de investimentos financeiros, uma mulher de 33 anos tinha um novo objetivo que contou à revista: "Casar com aquele sócio bonitinho que ocupa a sala vizinha e embarcar no horário integral dos afazeres domésticos."

Uma outra revista citou uma sondagem feita por uma empresa especializada, segundo a qual 68% de três mil mulheres casadas e solteiras afirmaram que "largariam o trabalho se tivessem dinheiro suficiente". E uma pesquisa do próprio periódico com oitocentas mulheres revelou a mesma estatística estarrecedora: duas em cada três entrevistadas prefeririam "voltar para o aconchego do lar a subir a escada da vida profissional".

"Mas por que comprar lençóis e mexer panelas viraram atividades mais atraentes do que se tornar vice-presidente da empresa aos trinta?", indagavam na matéria. "Provavelmente, porque poucas profissionais conseguem um cargo de prestígio rapidamente. O trabalho é, afinal de contas, trabalho — não é tão glamouroso quanto parecia a princípio."

A editora da revista disse-me, no verão de 2005: "As mulheres de hoje querem mais liberdade. Não querem prestar contas a superiores e, talvez, queiram ser mães. Não querem ter uma vida de trabalho duro. As mães do *baby boom* fizeram o trabalho parecer algo pouco atraente."

Mulheres que costumavam ter horror à idéia de seguir a trilha da maternidade estão, agora, rezando por ela. Se as mulheres na faixa de vinte anos já estão cansadas de trabalhar, as da faixa de quarenta, então, devem estar exaustas.

É possível que as mulheres não tenham evoluído a ponto de quererem trabalhar tanto quanto os homens. Ou, talvez, não desejem ser clones deles — profissionais de empresa seguindo um caminho institucional. Quem sabe até queiram trabalhar por conta própria, em vez de lutarem por um cargo de diretora-geral. Ou, ainda, elas valorizem mais o tempo passado com os amigos e a família do que o tempo perdido com as disputas do escritório.

Cinco anos atrás, não era raro ouvir mulheres influentes fantasiarem sobre como seria ótimo usar um serviço que se chamasse Esposa, que fizesse as compras, cozinhasse, dirigisse até o escritório, para que elas pudessem se concentrar no trabalho.

Hoje, a fantasia é mais antiquada: elas, simplesmente, querem ser A Esposa.

Muitas conhecidas minhas que, no passado, desprezavam o estilo de vida de suas mães, já não vêem mais essas vidas como tediosas ou indulgentes. Agora, elas olham para trás com uma ponta de saudade. Não seria agradável ver o dia passar tranqüilamente, jogando *bridge* e tênis, almoçando com as amigas, comendo coquetéis de camarão, ficando com as crianças na casa da praia durante todo o verão e preparando drinques gelados enquanto aguarda o maridão chegar em casa?

Como lamentou a memorável personagem Charlotte às suas amigas de *Sex and the City*, depois de vários anos de caça frenética aos homens: "Francamente, tenho relacionamentos desde os 15 anos e estou exausta. Onde é que ele está?" Ela teorizou que as mulheres gostam tanto dos bombeiros porque querem, na verdade, ser salvas.

A narradora, Sarah Jessica Parker, anuncia: "Lá estava ela. Era a frase que as mulheres solteiras, independentes, de mais de trinta não deveriam jamais pensar, quanto mais pronunciar."

As mulheres já não queriam mais tornar-se os homens com quem gostariam de casar, como proclamou certa vez a feminista Gloria Steinem.

Uma jornalista do *New York Times*, fez uma matéria sobre a nova geração de mães que rejeitavam o local de trabalho: "Você está vendo todas aquelas mães tomando um cafezinho e vigiando os seus pimpolhos brincarem? Se você olhar para além das roupas de ginástica de *Lycra* e dos telefones celulares, a cena poderia se passar nos anos 1950, com exceção do fato de que o café está mais caro e de que as mães têm diplomas em marketing.

"Ficamos tão acostumadas com essa imagem, que perdemos de vista o fato de que as coisas não deveriam ser assim. As mulheres

— especificamente, as profissionais de alto nível de estudo — deveriam obter o mesmo que os homens. Uma vez vencidas as barreiras, uma vez abertas as portas do mercado de trabalho, elas deveriam marchar rumo ao futuro e tomar posse do universo, ou, ao menos, da metade que lhes cabe. O movimento das mulheres preocupou-se enormemente em pegar a sua fatia de poder — recebendo salários iguais, ocupando posições de destaque em domínios, até então, tipicamente masculinos, como os negócios, o governo e o sistema jurídico. Seria como dominar o mundo."

A jornalista entrevistou oito colegas graduadas na Universidade de Princeton que desistiram de batalhar pelo poder e decidiram que não iriam conquistar o mundo. Elas queriam ficar em casa e criar seus filhos, redefinindo as noções de trabalho e sucesso.

"A maternidade fornece uma saída de emergência que não se verifica no caso da paternidade", disse uma delas. "Ter um bebê permite uma saída graciosa e conveniente."

Perguntada sobre por que mulheres não querem governar o mundo, a entrevistada replicou: "De certa forma, é o que fazemos."

Essa, porém, é uma via perigosa. Uma repórter de Los Angeles participou, há pouco tempo, de um grupo de discussão constituído, basicamente, de mães que não trabalham fora. A mediadora da sessão deu início às atividades: "O.k., vamos dar uma volta pela sala e dizer o que os nossos maridos fazem."

Até aquele totem dos direitos das mulheres, o título "Srta.", perdeu o sentido de ser, agora que o "Sra." quer anunciar que a madame é casada. Em um mundo em que muitas mulheres se divorciam, ou nunca se casam, virou símbolo de status ostentar um sobrenome de casada.

Uma professora de economia de Harvard fez um estudo que concluiu que 44% das mulheres da turma de 1980 daquela universidade haviam conservado os seus sobrenomes depois do casamento, enquanto que na turma de 1990, apenas 32%. Em 1990, 23% das mulheres com ensino superior mantiveram os seus sobrenomes, mas, na década seguinte, o número caiu para 17%.

A revista *Time* publicou uma pesquisa informal, em 2005, através de um site com tudo para casamentos, que confirmou o estudo feito em Harvard: 81% das entrevistadas adotaram o sobrenome dos maridos, representando um aumento significativo com relação aos 71% de 2000. O uso de sobrenomes compostos caiu de 21% para 8%.

"É a volta do romance, um desejo de que o casamento dê certo", disse a professora de Harvard a um dos entrevistadores, acrescentando que as jovens poderiam pensar que não mudar os seus sobrenomes iria alinhá-las às feministas enfadonhas e antiquadas, o que seria um pouco desestimulante para elas.

A professora, que não mudou o seu sobrenome ao casar, em 1979, resolveu fazer esse estudo depois que sua sobrinha advogada mudou de nome. "Ela achava que a sua geração não tinha que fazer as mesmas coisas que a minha fizera por uma causa que já havíamos conquistado", afirmou para a *Time*.

Muitas mulheres de hoje não consideram mais a vida doméstica como um "campo de concentração confortável", como escreveu a jornalista Betty Friedan em *A mística feminina*, onde elas perdem a identidade e tornam-se "robôs anônimos e biológicos em meio a uma massa dócil".

Agora, elas querem ser a senhora Robô Anônimo Biológico em Meio a uma Massa Dócil. Sonham em ser salvas, paquerar, fazer compras, ficar em casa e a cargo dos cuidados de outros. Elas compram roupas segundo a expressão do *New York Times* — combinando o sapato, a bolsa social e o vestido de cetim anos 1950, com rendas e babados, que aparecem em anúncios publicitários de revistas de moda.

Em seu livro *Desejo materno: filhos, amor e vida íntima*, Daphne de Marneffe, psicóloga e mãe de três filhos, argumentou que é no interior da casa, cuidando deles, que uma identidade é forjada, e não escamoteada.

A inversão do lema feminista de Friedan criou uma tribo de mães de classe média alta satisfeitas — aquelas que não precisam de um segundo salário para sobreviver — e um gênero da literatura contemporânea irritante, que uma repórter do *New Yorker*, denominou de "problema de não ter problemas suficientes", repleto de dilemas surreais, do tipo "eu deveria me sentir culpada por deixar minha filha fazer depilação tipo fio dental?" e "quando o meu marido chegar em casa, devo ou não usar ligas pretas?".

"Escolher entre o trabalho e a casa só é um problema, no fim das contas, para as poucas que têm escolha", observou a repórter.

Relendo o livro de Judith Warner, *Mães que trabalham — a loucura perfeita*, que disseca a maternidade moderna, uma jornalista do jornal *New Republic*, escreveu: "As mulheres descritas em *A mística feminina* de Betty Friedan estão ocupadas com pensamentos primários sobre sua própria identidade: 'Quero status, quero respeito próprio. Quero que as pessoas achem que o que faço é importante'. As dúvidas que assolam as mães estudadas por Warner são menos impressionantes. 'Primeiro, houve toda aquela discussão sobre convidar a turma toda ou só uns poucos amiguinhos para a festa de aniversário', diz uma. 'Então, teve toda aquela discussão sobre fazer a festa em casa ou em algum lugar alugado com animação incluída. Se ficássemos em casa, teríamos mágico, palhaço, músico, cama elástica inflável... Fiquei muito preocupada, sem saber se essa seria a melhor opção.'"

"Há mais do que quarenta anos separando a crise existencial da cama elástica inflável", escreveu a jornalista. "Essa não é a crise da maternidade. É uma crise consumista."

Uma escritora disse sarcasticamente, no *New Yorker*: "Tomando as mães que eu conheço como referência, chamar essas tensões de 'preocupação' seria, realmente, dizer pouco. Ano passado, fui a um evento que angariava fundos para a escola maternal dos meus filhos. Era um jantar dançante seguido de um leilão, e os objetos a serem leiloados eram cadeiras pintadas à mão pelos integrantes de cada turma, projeto que havia sido laboriosamente criado e supervisionado por uma mãe e dona de casa excessivamente ativa e enérgica. Ela estava no palanque, toda agitada e roxa de orgulho pela mobília, cuja decoração descrevia com termos efusivos. Apoiadas contra uma coluna, ao longe, olhando-a, estavam duas de minhas amigas, copo na mão, meio sorriso irônico na cara: uma advogada e uma produtora de cinema. Corri até elas, como antes corria admirada até as meninas populares na época do ginásio. E, de repente, me senti gabaritada a me juntar a elas: meus trabalhos estavam começando a ser publicados. Nós olhamos para aquela mulher — pense em tudo o que ela havia sacrificado para ficar em casa com as crianças, pense no tempo que ela passou encharcando as mãozinhas dos nossos filhos de tinta, para que eles pudessem imprimir suas pequeninas digitais naquelas cadeiras minúsculas. Daí, alguém do grupo disse: 'Cai na real', e nós rimos, e bebemos mais um gole. E, então, viramos as costas para o leilão e falamos de trabalho."

Estamos, portanto, progredindo ou regredindo?

Depois que Jane Fonda e Hillary Clinton tiveram que lidar com a infidelidade de seus maridos, Ted Turner e Bill Clinton, uma jornalista escreveu, no *New York Observer*, que era deprimente ver aquelas mulheres tentando retomar suas carreiras ou manter um resto de dignidade, depois que seus maridos estiveram envolvidos com "mulheres mais jovens e mais dóceis".

"O feminismo não deveria significar mulheres de meia-idade com o coração partido", disse. E sobre Jane e Hillary a jornalista perguntou: "Elas não podiam ter se comportado com um pouco mais de malícia e astúcia?"

Eu havia tido a mesma impressão ao ler as autobiografias de ícones do feminismo, como Fonda e Katharine Hepburn.

Eu adorava os filmes com Hepburn e Tracy. Hoje, acho meio difícil assistir. Lá estava a atriz atlética que pressagiava um mundo eletrizante, onde as mulheres viveriam em pé de igualdade com os homens — inteligentes e rápidas e, ainda assim, sensuais e com classe —, no entanto, ela admitia ter se tornado um capacho no seu romance com "Spence".

"Nós fazíamos o que ele queria", escreveu Hepburn em *Eu: histórias de minha vida*. "Vivíamos a vida que ele queria. Lutei para mudar todas as características que eu achava que ele não gostava. Algumas, que eu considerava as minhas melhores, ele achava irritantes. Eu as sufoquei o melhor que pude."

Fonda escreveu que os seus homens sentiam-se atraídos pelo seu espírito forte e independente, mas que, aí, tentavam dobrá-lo. Viu-se obrigada a procurar outras mulheres para que seu primeiro marido tivesse o seu *ménage à trois*. Depois, ela acabou largando a carreira no cinema para ficar prostrada aos pés de Ted Turner, pois ele não suportava ficar sozinho e poderia traí-la. Ele chegou a ter um acesso de raiva quando ela quis visitar a filha que ia dar à luz.

Quando Fonda pediu à filha, uma documentarista, que a ajudasse a montar um vídeo sobre a sua vida, para "descobrir os diferentes temas", ela sugeriu, secamente, "por que você não pega um camaleão e deixa ele atravessar a tela rastejando?". Jane ponderou: "Eu talvez me torne simplesmente o que o homem com quem estou quer de mim: 'gatinha sexy', 'ativista polêmica', 'esposa-dama pendurada nos braços de um megaempresário'... Seria eu, apenas, uma camaleoa, e, se for esse o caso, como é que uma mulher aparentemente forte pode, tão completa e repetidamente, perder-se? Ou será que eu não me perdi realmente?"

É verdade que as mulheres têm cometido uns erros de cálculo crassos.

Começamos totalmente dependentes dos homens. Aí, pensamos que podíamos ser totalmente independentes deles, imitando-os. Vestindo-nos como eles, em terninhos azul-marinho, gravatas largas e sapatos confortáveis. Batalhando por aquele escritório grande e aqueles empregos estressantes.

Porém, tendo trilhado o suficiente nessa direção, bastante para saber que poderíamos alcançar o mesmo status e poder que os homens, nós nos recusamos a fazê-lo à sua maneira. Por que passar o tempo correndo numa esteira, batendo de frente com os outros, bebendo muito e tendo, sistematicamente, ataques cardíacos e casos com colegas desinteressantes?

"Não podemos ser réplicas dos homens — e quem quer ser?", pergunta a jornalista do *Times* Natalie Angier.

Nos velhos tempos o melhor caminho para ter ascensão social e filhos era encontrar um marido poderoso. "Mas agora, como os homens não ficam dando sopa por aí, o caminho do marido não é mais atraente para as mulheres", diz Angier.

Você pode argumentar que as mulheres não estão dando passos para trás. Estamos indo para a frente, em casa e no trabalho, em várias combinações possíveis entre ambos. Só que estamos caminhando de formas menos previsíveis e programadas. Podemos ser salvas ou escolher não sê-lo. Podemos ser supermães ou megaprofissionais.

As mulheres estão passando por uma nova fase, segundo Angie. "As primatas fêmeas têm dois objetivos. Querem controlar a reprodução e ter acesso às fontes de pesquisa." Ela diz que, um dia, as mulheres na faixa de vinte anos ficarão livres da data-limite biológica, podendo congelar seus óvulos para uso posterior.

Em 2005, médicos da Universidade de Nova York anunciaram haver desenvolvido uma técnica bem-sucedida de congelamento de óvulos não-fecundados — e que tinham um bebê como prova. Havia, também, notícias sobre um número cada vez maior de mulheres jovens e saudáveis que colocavam um recipiente de óvulos no congelador. A quantidade de clínicas oferecendo bancos de óvulos dobrou em 2005.

"Essa tendência tem o potencial de reescrever o *script* da vida adulta das jovens, convencendo-as a adiar, ainda mais, o casamento e a maternidade", publicou o *Los Angeles Times*. "A fertilidade feminina atinge o auge aos 27 anos, e, aos quarenta, as chances de engravidar são inferiores a 10%. Congelar os óvulos libera relativamente as mulheres do relógio biológico e do seu tiquetaque angustiante."

Infelizmente, os primatas machos têm os mesmos dois objetivos que as primatas fêmeas: também querem ter acesso às fontes de pesquisa e controlar a reprodução feminina. Há um conflito de interesses entre os sexos, e é, portanto, contraproducente para as mulheres imitar os homens.

Freud acreditava que os homens possuíam algo que as mulheres queriam. Mas não era bem aquilo em que ele pensava.

As mulheres não querem ser homens — a não ser nos fatos de que eles tornam-se mais atraentes e poderosos com a idade e são capazes de começar novos relacionamentos com mulheres mais jovens, mesmo tendo cinqüenta ou sessenta anos.

Gostaríamos de ser como os homens, à medida que eles têm o direito de mudar de aparência e continuar bonitos, enquanto as mulheres são obrigadas a, interminavelmente, ser réplicas de si mesmas aos 25 anos de idade — como a atriz Goldie Hawn — até ficarem parecendo auto-reproduções congeladas.

* * *

O modelo de mulher dos anos 1970, pelo prisma hollywoodiano, era a personagem de Jill Clayburgh em *Uma mulher descasada*: dona de casa enganada e traída pelo marido, ela vomita, sacode a poeira e arruma um emprego em uma galeria de arte. Ela dá a volta por cima, tem diversos encontros sexuais rápidos e encontra um namorado gracinha (um pintor gentil, mal-arrumado, interpretado por Alan Bates). Então, já que ela é uma mulher liberada, recusa o convite dele para passar o verão em sua casa em Vermont, enquanto ele pinta, preferindo, em vez disso, concentrar-se em si mesma.

Nos anos 1970, as jovens solteiras passavam as noites de sábado assistindo ao programa *Mary Tyler Moore*, em que ela "iluminava o mundo com o seu sorriso", como dizia a música de abertura. No início de cada episódio, a personagem jogava o seu boné para o alto, mostrando que podia ser independente e começar uma vida nova, em uma cidade nova, depois de levar um fora de seu noivo indeciso.

Dando um pulo adiante, avancemos rumo às heroínas ficcionais pós-feministas, solteironas nervosas e donas de casa desesperadas. Bridget Jones, Carrie Bradshaw (de *Sex and the City*), Ally McBeal e as vizinhas trapaceiras e briguentas de *Desperate Housewives*, retornaram ao Vale das Bonecas. Um cacarejar de mulheres neuróticas, inseguras, taradas, que abusam, invariavelmente, de coquetéis, cigarros, pílulas, sapatos, sexo fácil e maus negócios.

Bridget, Carrie e Ally são, simplesmente, versões atualizadas daquelas estudantes universitárias, personagens dos romances dos anos 1950 de Rona Jaffe e dos anos 1960 de Jacqueline Susann — autora de *O vale das bonecas*. Jovens universitárias que usavam chapéus e luvas e arranjavam empregos ruins em editoras, até que conseguissem agarrar um homem que vestisse ternos de flanela cinza e tivesse uma casa de cerquinha branca.

O *New York Times* entrevistou Jaffe em 2005, à ocasião da reedição do seu romance de 1958, *O melhor de tudo*, crônica das vidas agitadas e torturantes de cinco trabalhadoras. Ela chamou o seu livro de *Sex and the City* sem os vibradores... "Uma história muito universal sobre a diferença entre o que se quer e o que se consegue."

Já Ally McBeal era imensamente popular entre jovens solteiras — elas se reuniam em ocasiões festivas para assistir ao programa — mas a personagem principal interpretada por Calista Flockhart, foi criticada ferozmente por ser um ícone feminista ruim, uma fantasia masculina sobre as mulheres liberadas. Com saias à altura da cintura, a advogada maluquinha usava a profissão como escada para a sua vida social.

Uma matéria da revista *Time* sugeriu que Ally, que começou a ter visões de um bebê dançante durante as audiências, representava uma rejeição ao feminismo clássico, a conclusão degenerada de uma linha começada pela feminista dos anos 1850, Susan B. Anthony, e que conheceu a apoteose com Friedan e Steinem nos anos 1960 e 1970.

Para o bem ou para o mal, Ally pode ter representado uma correção de percurso necessária na trajetória feminina.

Quando debutei no jornalismo, em meados dos anos 1970, era perigoso ser uma garota. Você devia parecer um homem e agir, o máximo possível, como um. As roupas tipo "vista-se para o sucesso" — ternos azul-marinho e gravatas pequenas — estavam na moda. Qualquer demonstração de *comportamento feminino* — humor instável, tensão, choro, afetação — era censurada, assim como as conversas sobre namorados, bebês ou roupas.

Certa vez, no meu jornal, uma repórter novata caiu em desgraça por ter tagarelado demais sobre a compra de sapatos.

Em termos de sátira social, foi um progresso ver Ally subir na mesa e experimentar os novos jeans, para que as suas colegas de trabalho a ajudassem a decidir se eles eram macios o suficiente para a sua noitada.

Quando a personagem admitiu o seu medo de nunca encontrar um cara que esfregasse os seus pés frios à noite, revelou o seu aspecto mais profundo: era aceitável admitir que você precisava dos homens, que você se preocupava tanto com a sua vida pessoal quanto com a profissional, e que os homens e as mulheres são, como disse Benjamin Franklin, duas metades de uma tesoura.

As mulheres sempre tiveram uma atitude mais saudável quanto à importância relativa do trabalho e da vida pessoal. Nos primórdios do feminismo, esse fato foi obscurecido pela falsa idéia de que as mulheres eram capazes de repetir — e queriam repetir — a experiência masculina no local de trabalho, em tudo, e renunciar aos homens. "As mulheres precisam dos homens, assim como um peixe precisa de uma bicicleta", a famosa frase de Gloria Steinem.

A filosofia de Ally McBeal não era muito diferente da de Margo Channing, personagem de Bette Davis no clássico de Joseph Mankiewicz, *A malvada,* de 1950.

"A carreira de uma mulher é mesmo uma coisa engraçada", admirou-se a atriz, no papel de uma mordaz e sábia estrela da Broadway. "As coisas que deixamos para trás ao subir a escada para alcançar o topo mais rápido, são esquecidas quando voltamos a ser uma mulher. Essa é a carreira que todas as mulheres têm em comum, queiramos ou não. Mais cedo ou mais tarde, temos que pensar nisso, pouco importando quantas outras carreiras tivermos seguido ou almejado. E, em última análise, nada vale a pena, se você não puder olhar para frente, na hora do jantar, ou para o lado, na cama, e se deparar com ele. Sem isso você não é uma mulher. Você só é alguém com um escritório decorado à francesa ou com um álbum cheio de recortes de jornal a seu respeito."

Os críticos de Ally McBeal não perceberam que o grande elemento inovador do programa não era a advogada, mas o banheiro unissex, onde todos os advogados homens extravasavam suas neuroses.

Na seção de negócios do jornal, ainda se aconselha às mulheres aprender a jogar golfe, para melhorar os seus contatos profissionais. Porém, basicamente, a idéia de que elas devem imitar os homens já morreu. Agora são os homens que imitam as mulheres.

Os homens temiam que as mulheres que invadissem o ambiente de trabalho andassem pelo escritório agindo de maneira atordoada e manipuladora. Mas enquanto as mulheres evitavam servir-se das artimanhas femininas, os homens estavam começando a adotá-las. Eles logo transformaram tipos tradicionais de comportamento feminino em estratégias masculinas para progredir na vida. Enquanto as mulheres, equivocadamente, imitavam os homens, eles passaram a surripiar as táticas de competição que elas levaram séculos para afiar no recinto do lar.

Está na moda expressar sentimentos no trabalho. Vejo meus colegas fazendo chantagem emocional e dando pitis para se impor. Agora ser um pai de família sensível dá ibope no escritório: vejo colegas insistindo, cada vez mais freqüentemente, para sair cedo, a fim de passar mais tempo com os filhos. Agora fica bem compartilhar momentos importantes entre homens, não somente no esporte: vejo-os, não raro, discutindo suas vidas amorosas confusas. Agora se tornou elegante um homem confessar a sua vulnerabilidade: vejo sujeitos mudarem de lugar na sala para garantir uma intensidade de luz suficiente, a fim de evitar a depressão do inverno.

Nas conferências de diretoria do *New York Times*, os redatores partilham, afetuosamente, receitas de cozinha sofisticadas, como frango recheado com queijo, e exprimem sua proximidade fraterna aprendendo a cantar *Feliz aniversário* com verdadeira emoção, e o *Ode à alegria*, da Nona Sinfonia de Beethoven, em alemão, sob a supervisão de um maestro que é, também, especialista em auto-ajuda.

Receio que a qualquer momento os homens comecem a me pedir emprestados os meus remédios para cólica. Ah, sim, eles estão falando de compras. Até de sapatos.

Mas não só o escritório ficou afeminado.

Sinto um inegável orgulho ao dizer que as mulheres assumiram o controle de dois proeminentes setores de nossa sociedade, até então dominados pelos homens — a política e os esportes — e acabaram com eles.

Duas arenas de guerra masculina e agressiva — as campanhas presidenciais e as Olimpíadas — foram transformadas em insípidas novelas e em sagas de redenção, em vez de meras competições entre gladiadores e músculos.

Isso deve ser considerado um progresso na competição entre os sexos.

Alan Dundes, falecido especialista em folclore e professor de antropologia em Berkeley, escreveu, no seu ensaio *Do jogo à guerra*, que todas as competições esportivas baseavam-se no tema que "envolve uma reserva exclusivamente masculina, na qual um macho demonstra a sua virilidade, sua masculinidade, às custas do seu oponente macho. Prova-se a sua masculinidade ao se afeminar o oponente... Nenhum homem quer ser considerado uma 'mulherzinha'. Por isso, ele precisa evitar, de maneira agressiva, qualquer ameaça ou ataque".

Agora, para vencer, os homens têm que se feminizar. Xeque-mate.

Dois

Por que a caixa de Pandora é uma armadilha nada delicada

Há uma escola de pensamento crescente entre os que estudam o cenário político norte-americano, segundo a qual os homens podem ser biologicamente inadequados para assumir presidências e outras posições de liderança.

No passado, considerava-se que o discurso masculino estava a serviço "da ambição, dos negócios e do poder". Diferentemente do tagarelar feminino dos salões, esse discurso era tratado como impessoal, racional, direto e de bom senso.

Durante séculos, costumava-se pensar que a constituição física das mulheres as tornava emocionalmente ineptas à liderança.

Aristóteles observou que a mente das mulheres deveria ser poupada de pressões, porque "as crianças absorvem muito de suas mães quando estão em seus ventres, assim como as plantas absorvem da terra". Darwin afirmou que, enquanto as fêmeas gastavam muita energia formando os seus ovos, os machos "empenhavam sua força em competições ferozes contra rivais, em constantes deslocamentos à procura de fêmeas e fazendo esforços vocais".

Até nos distantes anos 1970, um médico que era membro oficial do Partido Democrata declarou que a sua "posição científica" era de que "as mulheres são diferentes física, fisiológica e psiquicamente".

"Se os médicos não sabem que há uma coisa chamada tensão pré-menstrual", gabou-se, "é melhor eles voltarem para a faculdade de medicina".

Ele aprendeu a lição. Quando suas palavras causaram furor entre as mulheres e ele foi obrigado a pedir demissão, comentou, amargamente: "A caixa de Pandora é uma armadilha nada delicada."

Mas em longo prazo, a situação se inverteu. Agora são o temperamento e a falta de lógica masculinos que estão nos alarmando — fazendo-nos pensar se os coitadinhos são emotivos e instáveis demais para continuarem governando o mundo.

A política é, afinal, uma disputa cheia de ataques de estrelismo, lutas na lama, fofocas, golpes felinos pelas costas, confissões lacrimosas e obsessões presidenciais. (E isso acontece pelo mundo todo: vejam só a briga de gato e rato entre os líderes europeus para decidirem quem tem os melhores encanadores da União Européia e quem teria os melhores restaurantes para a escolha do país que sediará os Jogos Olímpicos de 2012).

Os homens estão desenvolvendo comportamentos coléricos, maldosos, maliciosos, vingativos, traiçoeiros e fúteis, que não podem, de maneira alguma, ser considerados sensatos e impessoais. As mulheres são afetadas pelas fases da lua uma vez por mês; os homens têm hormônios vorazes todos os dias.

Quando concorreu à presidência, Howard Dean tinha arroubos que, fosse ele uma mulher, seriam qualificados como histéricos (histeria quer dizer útero, em grego).

Em sua campanha presidencial, Al Gore parecia passar mais tempo preocupado com os tons terra de suas roupas do que com as questões da Terra (de que fala em seu livro, *A Terra em balanço*). O senador John Kerry especializou-se em maquiagem reparadora e, ao lidar com o presidente Bush, manifestou a submissão de uma arrumadeira.

A invasão e a ocupação do Iraque pelo governo Bush eram tudo, menos impessoais. Bush Filho foi motivado, em parte, pela vingança contra Saddam, o qual tentou, segundo ele, "matar o papai". Junto com o vice-presidente Dick Cheney, ele vendeu essa idéia ao público norte-americano com avisos febris e irracionais sobre armas inexistentes e ligações fictícias entre Saddam e a Al Qaeda.

Os homens acusaram Monica Lewinsky de *erotomania* — fantasia de que um homem está apaixonado por você. Mas a *imperiomania* — fantasia de que ocupar um país é moleza — não seria uma doença ainda mais grave?

Um ator e apresentador de tevê diz que os homens mentem sobre pequenas coisas — "saí com os amigos" — e que as mulheres, sobre coisas grandes — "o filho é seu".

Mas então a família Bush contou aquela grande mentira feminina: "Você é quem se ferra se aquele maluco fizer uma enorme nuvem em forma de cogumelo."

O ataque ao Iraque desencadeou brigas de alcance internacional entre o secretário de Estado Colin Powell e o vice-presidente Dick Cheney, e entre Powell e o secretário de segurança Donald Rumsfeld.

O Pentágono bancou o tigre carnívoro que amedronta o gatinho assustado do Departamento de Estado norte-americano, obrigando Colin Powell a fornecer uma folha de parreira que escondesse as vergonhas de um projeto de guerra predeterminado, solapando as prerrogativas de Estado e achincalhando o seu meticuloso planejamento pós-guerra, sem que esses corruptos desmiolados tivessem, ao menos, um plano de ocupação coerente.

Brigas masculinas são, finalmente, bem parecidas com as femininas. Como disse Uma Thurman para John Travolta em *Pulp fiction — Tempo de violência*, quando uns vigaristas ordinários se juntam, eles são piores do que costureiras reunidas.

As penas voaram em Hollywood em uma noite de junho de 2005, quando a atriz e cantora Lindsay Lohan barrou a entrada da cantora Jessica Simpson na festa de premiação da MTV. Da mesma maneira, as penas voaram em Washington quando o secretário de segurança Donald Rumsfeld deu uma festa diplomática celebrando a tomada de

Bagdá pela "coalizão do bem" e nem se deu ao trabalho de convidar — e sequer informar — o diplomata maior, Colin Powell.

E os comentários geniais de Rumsfeld sobre a "Velha Europa"? E o seu ataque de estrelismo ao recusar-se a apertar a mão do ministro alemão das Relações Exteriores, que não apoiava a guerra contra o Iraque?

As variações hormonais do vice-presidente Cheney são tão terríveis que tudo o que dá para fazer é se jogar no chão, enquanto ele avança rumo ao seu seguro abrigo subterrâneo, onde decide quais os próximos países a invadir.

Numa única reunião, depois de um mês de mau humor e irritabilidade, ele jogou fora meio século da política internacional dos Estados Unidos. E todos aqueles lapsos de memória da menopausa, quando o vice-presidente esquecia, por completo — mesmo quando evidências provavam o contrário — que o Iraque não tinha nada a ver com o 11 de Setembro ou com a Al Qaeda?

As pessoas tendem a crer que Cheney é calmo e sensato, por causa da sua voz barítona e monótona, mas ele tem ataques o tempo todo. Ao falar com um apresentador de televisão sobre o líder democrata Howard Dean, o vice-presidente disse: "Talvez a mãe gostasse dele, mas acho que só ela."

O homem que conseguiu dirigir uma grande empresa de petróleo com uma pequena ajuda dos amigos e, então, ungiu-se vice-presidente, disse que Dean "jamais havia ganhado coisa alguma, que eu saiba". (Dean foi eleito governador de Vermont cinco vezes).

E você viu *Farenheit 11/9*? Aquele vídeo com o secretário da defesa preparando-se para uma entrevista na tevê, cuspindo no pente e, em seguida, deixando o seu assistente cuspir também para emplastrar bem o cabelo?

Não é de espantar que ele não conseguisse, nunca, lembrar quantos jovens americanos morreram no Iraque e tenha trocado as bolas ao explicar como a receita do petróleo iraquiano iria pagar a reconstrução do país. Não é de surpreender que ele e Donald Rumsfeld tenham deixado as tropas norte-americanas tão expostas e vulneráveis, que elas se viram reduzidas a usar pedaços de cartolina para proteger as sentinelas, assim como improvisar veículos militares com jipes que não haviam sido armados, o que resultou em tantas vidas e membros do corpo perdidos, e no total pandemônio em que se encontram, hoje, as condições de segurança no Iraque.

O secretário de defesa só estava envolvido demais nas práticas felinas de sua campanha para conseguir contar direito.

Pensava-se que uma mulher não poderia ser presidente, porque ela não conseguiria lidar com os militares. Só que os homens de Bush simplesmente arrasaram com os militares.

E tem também o presidente dos Estados Unidos. Você já percebeu que, como as modelos de revistas femininas, ele está sempre tentando usar roupas supersensuais no trabalho? Jeans apertadinhos e reveladores na parte da frente, ou, como naquele dia memorável em que subiu num Boeing, luzindo em um uniforme digno de *Ases indomáveis*, e com a presilha do cinto bem entre as pernas, enlouquecendo as intelectuais republicanas.

Os erros de adolescência do filme *Meninas malvadas* não tinham nada a ver com os dos políticos da equipe do presidente Bush.

As meninas malvadas tinham regras arbitrárias do tipo: o uso de cor-de-rosa nas quartas-feiras é obrigatório. Nas sextas, só jeans ou outra calça colante.

Os meninos malvados do Partido Republicano tinham regras vorazes: se você não inventar evidências contra os seus inimigos todos os dias da semana, está fora. As raposas do Comitê Nacional do partido têm sido brutais ao executar as próprias regras excessivamente rigorosas para a sua atuação política, destruindo rivais, excluindo e punindo pensadores independentes — chegando, até mesmo, a usar satélites espiões do governo para recolher informações sobre eles. A coitada da menina malvada do filme, a atriz Lindsay Lohan, não seria páreo para esses homens.

Políticos que julgaram as mulheres inadequadas para o Salão Oval, porque elas poderiam chorar, hoje enxugam as lágrimas do chão com o rodo.

Primeiro, em 2005, um senador republicano ficou com lágrimas nos olhos ao falar de assuntos diversos aos repórteres, inclusive a nomeação de John Bolton para a ONU. "As minhas emoções estão muito à flor da pele", choramingou ele.

Pouco depois, um senador democrata foi à tribuna do Senado para desculpar-se, entre lágrimas, pela sua gafe ao comparar os abusos de Guantánamo com as técnicas usadas pelos nazistas, pelos soviéticos e pelo Khmer Vermelho.

E o que dizer dos emotivos homens Bush? W., o filho, quase perdeu a compostura ao final de seu discurso feito em 2005. Nessa ocasião, ele instou os norte-americanos a continuar apoiando o buraco negro que ele criou no Iraque, que já havia custado mais de 1.800 vidas norte-americanas, duzentos bilhões de dólares, e que ainda devoraria um bilhão de dólares por semana.

Bush Pai e Bush Irmão também choram sem maiores constrangimentos. Diferentemente da granítica matriarca Barbara e da esposa-fria-como-gelo Laura, os homens Bush sentem-se à vontade para exprimir o seu lado feminino.

George W. Bush até mesmo confidenciou a um apresentador de tevê que, como Paris Hilton, ele fala que nem criancinha com o seu cachorrinho peludo.

Agora, pense só um instantinho no dinheiro. O reitor da Universidade de Harvard disse que as mulheres não eram muito boas em matemática. E, por muito tempo, pensou-se que as mulheres podiam lidar com o orçamento doméstico, mas não com o nacional.

Então, como foi que esses perdulários desmiolados acabaram no comando do orçamento federal?

As minhas finanças são um caos, mas, pelo menos, devo somente alguns milhares de dólares de cartão de crédito. George W. Bush assumiu o poder com cem bilhões de dólares, mais o superávit do Clinton. Mas, agora, o Congresso está prevendo um déficit de 1,3 trilhão de dólares para os próximos dez anos, além dos bilhões a serem desembolsados para reparar os danos causados pelo furacão Katrina. Os Estados Unidos têm um déficit comercial enorme, e países estrangeiros como o Japão, a China e a Arábia Saudita possuem trilhões dessa dívida. E se os sauditas decidissem pôr os norte-americanos contra a parede? Burca para todo mundo?

Em 1973, quando a Casa Branca estava tentando entender o mistério do Garganta Profunda e secar o vazamento de informações para os repórteres do *Washington Post*, o diretor do FBI disse ao presidente

Nixon que muitos dos pistoleiros machões do FBI eram "como as velhinhas que usam tênis. Tramam as mais terríveis vinganças".

Nada mudou. Até onde eu saiba, o FBI e a CIA, domínios tipicamente masculinos, não têm tido mais sucesso desde o 11 de Setembro, no sentido de reunir esforços para jogar limpo e cooperar entre si. Assim como não têm tido muito sucesso com o Departamento de Defesa Nacional norte-americano nem com o novo papa do serviço de informações. Quanto maior a zona de influência de cada qual em Washington, mais numerosos serão os homens a tentarem arrancar os olhos uns dos outros — pouco importando a cor do alerta de segurança que estará ativado.

As mulheres são, supostamente, o sexo avesso à tecnologia. E, no entanto, o FBI tem passado mais de uma década lutando — e falhando — para implantar um sistema informatizado que possa conectar as palavras *escola* e *pilotagem*. Se as meninas podem usar o Google, por que não os super-homens do serviço de informação?

Com um pouco de sorte, dentro de algum tempo os estereótipos semânticos vão começar a mudar. Talvez, então, as mulheres sejam decididas, e os homens, intransigentes; elas serão enérgicas, e eles, irritadiços; elas vão incentivar a livre troca de informações, e eles, a fofoca. Elas serão fortes e vigorosas, eles serão jararacas, víboras e megeras. Elas vão fazer demonstrações de poder nuclear. Serão gladiadoras e competidoras de primeira grandeza. Vão, até, assistir às brigas de galo. Eles vão brigar feio.

Precisamos, desesperadamente, de líderes que se candidatem à presidência que não sejam frívolos, perdulários e emocionalmente convincentes, que não sejam irresponsáveis com o nosso dinheiro. Precisamos de verdadeiros guerreiros, com testosterona de verdade — ou pelo menos com adesivos de testosterona.

Precisamos de mais candidatos como... Hillary Clinton e Condoleezza Rice.

Pensem bem: essas duas mulheres têm apelidos parecidos. Hillary é chamada de "A Guerreira" pela sua equipe, e Condoleezza é conhecida como "Princesa Guerreira".

Ambas podem ser de ferro durante o dia e doces à noite, em seus vestidos Oscar de la Renta. Condoleezza, inclusive, estabeleceu um novo recorde para a diplomacia mão-de-ferro feminina, quando passou as tropas norte-americanas em revista usando um sobretudo preto e botas pretas de cano e salto altos. "Fazia muito frio", disse-me ela, com um sorrisinho travesso.

Como foi dito sobre a tórrida loura interpretada por Kathleen Turner em *Corpos ardentes*, Hillary e Condoleezza partilham um mesmo talento: são infatigáveis.

Três

Arrancando as calças das mulheres que as usam

Foi em dezembro de 1995.
Eu cobria a Casa Branca sob o governo Clinton, com ele. Já tínhamos feito viagens internacionais juntos. Ele parecia engraçado, encantador e inteligente, mas eu não conseguia apagar a impressão esquisita de que havia algo errado. Minhas suspeitas eram fortíssimas. Eu tinha que saber a verdade.

Certa manhã, pedi-lhe que me concedesse uma entrevista individual na sala de imprensa da Casa Branca. Sentamo-nos em meio a um mar de cadeiras vazias sob a tribuna. Olhei para os olhos perfeitamente verdes do correspondente perfeitamente elegante e eternamente bronzeado da NBC. "Você é um andróide?", perguntei a Brian Williams.

Ele ficou surpreso, mas recuperou-se rapidamente. "Não que eu saiba", proferiu — verdadeira resposta de andróide pronunciada por uma voz perfeitamente barítona. "Eu posso negar, publicamente, a existência de uma fábrica no centro-oeste dos Estados Unidos que produz gente como eu."

Claro, ele pode ter sido programado para rebater esse tipo de perseguição com humor impassível.

Aos 36 anos, Brian já era o herdeiro natural de Tom Brokaw, da NBC, homem aclamado como "o garanhão da NBC". Ele parecia ser filho natural de Brokaw com um apresentador da rede ABC. Fiquei admirada na primeira vez em que o vi apresentando o jornal da NBC.

Aí, mudei para a CBS e vi o jovem que esta emissora estava cortejando para a função de apresentador de telejornal, John Roberts. Ele era a cara de outro apresentador, só que sem aquele olhar hipnótico de "não-pare-de-me-assistir-senão-eu-tenho-um-ataque".

Mas comecei a sentir calafrios de *Vampiros de almas*, quando percebi que o apresentador substituto do programa *Entertainment Tonight* era um clone do apresentador original — o mesmo rosto quadrado cheio de dentes. Sem sombra de dúvida, um impostor alienígena.

O que eu estou querendo ressaltar é que devíamos ter apresentadores que se parecessem mais com os Estados Unidos, à medida que nos aproximávamos do novo milênio.

Em vez da repórter agressiva que cobre a política norte-americana para a NBC, ou de outra repórter de primeira linha que, sem nenhum *glamour* e de óculos, cobre o Pentágono para a CNN, fomos soterrados por clones lustrosos de apresentadores masculinos.

Tenho uma cópia da biografia oficial do apresentador substituto do *Entertainment Tonight*, que inclui o seu signo e o número do seu sapato. Sua filosofia de vida: jamais repetir a salada de feijão antes de entrevistar Janet Jackson.

Esse não pode ser o currículo de uma pessoa de verdade.

John Roberts, atual apresentador da CNN, desconversou quando o acusei de ser uma réplica *yuppie* de outro apresentador. "Não creio que selecionem pela aparência."

Será que ele realmente acreditou que eu iria engolir essa? Ele persistiu: "Acho que eles procuram personalidades sérias, agressivas, de primeira classe."

Brian Williams foi generoso durante as viagens de ônibus que fizemos com o presidente Clinton — sempre querendo pagar as despesas para dez — e gentil com os fãs. Ele alega ter freqüentado a mesma universidade que eu. Mas será que alguém o viu no *campus*? Ele demonstrou, porém, ser muito mais humano do que Roberts.

"O meu nariz é torto por causa de um acidente durante um jogo de futebol na escola, evento que sempre utilizei para refutar a teoria do andróide", contou. "Estou perdendo o cabelo. Tenho que correr horas em cima de uma esteira para evitar que o meu peso arredonde para duzentos quilos. E passo o domingo, meu dia de repouso, como a maioria dos americanos: barba por fazer, deitado que nem uma lesma no chão da sala, assistindo à televisão e brincando com as crianças."

Um antigo presidente da CBS tentou, em vão, lutar contra a invasão dos clones na tevê. "Antigamente, os apresentadores eram recrutados no rádio. A aparência deles não tinha nenhuma importância. Mas essa fonte está secando. Agora todo o mundo cismou que um apresentador, seja homem ou mulher, tem que parecer com um deus grego."

Ele, ou outra pessoal qualquer, não poderia abandonar essa cisma?

Louco por uma idiossincrasia, ele me convidou para um dia almoçar, a fim de discutirmos se eu gostaria de trabalhar como repórter de política na tevê. "Estou cansado dessas garotas glamourosas", disse ele. Achei o elogio um tanto quanto dúbio. Disse-lhe que eu não poderia ir para a televisão porque tinha um sotaque caipira. Stringer, um galês extremamente cortês, não insistiu. Mais adiante na conversa, depois de eu repetir certas palavras da moda milhões de vezes, ele me perguntou: "De que parte da Califórnia você é?"

Sem graça, expliquei que eu era de Washington.

Ele não conseguiu fazer a televisão ter uma beleza menos homogeneizada e acabou tornando-se diretor da Sony, e dentre suas responsabilidades está a divisão de cinema, na qual transitam inúmeras beldades homogeneizadas.

Um antigo vice-presidente da NBC assegurou-me de que não estávamos sendo invadidos, de repente, por clones de apresentadores vindos do espaço.

"A clonagem é uma tradição da qual nos orgulhamos na televisão. Fórmulas de programas de sucesso são, quase sempre, copiadas. Na cabeça dos executivos da emissora, o jornal é como um seriado. Por isso, um apresentador é tratado segundo os mesmos critérios que *Beavis & Butthead*."

Eu estava prestes a ter uma síncope, quando o radialista John Tesh disse-me que estava meio cansado de ver as mesmas caras, e que gostaria que a televisão arranjasse umas "pessoas com uma aparência bem doida para apresentar os jornais — como o radialista Howard Stern".

Isso me acalmou, uma vez que Stern é uma figura realmente estranhíssima. Talvez esses clones bajuladores e sonoros não sejam assim tão maus.

* * *

Nove anos depois, foi o fim de uma era. Uma mudança grave.

Na noite de 2 de dezembro de 2004, um apresentador branco, alto e bonitão, com roupas feitas sob medida, substituiu outro apresentador branco, alto e bonitão, com roupas feitas sob medida, no jornal da NBC.

Até o apresentador Tom Brokaw ficou surpreso com a falta de emoção desse efeito de *déjà vu*. "Eu pensava, honestamente, há oito ou nove anos, que quando nós saíssemos de cena", disse ele, referindo-se a si mesmo, e a outros de sua geração "seria o fim da era do apresentador branco".

Nananinanão. É difícil livrar-se dos apresentadores brancos. Na verdade, eles estão em plena ascensão nos Estados Unidos do Alerta Vermelho.

Como disse a minha mãe, ao falar de sua crença de que uma apresentadora de um programa para donas-de-casa que já foi parar na cadeia, havia caído numa cilada armada por homens invejosos: "Se os homens descobrissem como ter filhos, eles dariam cabo de todas nós."

Nos Estados Unidos, as emissoras nem sequer fingem estar procurando mulheres ou negros para o emprego de apresentador de jornal — elas só colocam jovens clones bonitinhos na telinha. "Acho que continuamos vivendo em uma sociedade que vê os homens brancos como figuras de autoridade", admitiu o apresentador Brokaw.

E um conceituado repórter de tevê do *New York Times*, concordou: "Katie Couric pode ser uma estrela muito maior, ou até ter mais experiência do que Brian Williams. Mas, quando houver o próximo 11 de Setembro, o papel central vai para ele, e não para ela. A atitude geral parece ser, ainda, a de que 'queremos o papai nessa cadeira'."

"Você só vai saber se uma mulher atingiu a paridade com os seus colegas apresentadores, quando elas forem a peça central durante a cobertura de uma crise nacional."

O astuto diretor da Fox News diz que goza com a cara do Brian Williams por ele ter camisas demais, mas acha que ele é perfeito porque "tem aquele jeito de alguém que toda mãe quer para genro."

E tem também a biologia. Perguntado sobre a razão de não se ter uma apresentadora às portas de 2005, Brokaw, pai de três filhas bem-sucedidas, respondeu: "Sabe, sinceramente, o que acontece é que a carreira é interrompida pelo nascimento dos filhos, e outras coisas assim. Não é justo que as mulheres tenham que bancar as equilibristas com tudo isso, mas acaba sendo importante, acho."

Francamente, não entendo. Acredito que sentar numa cadeira, atrás de uma mesa grande, meia hora por dia, lendo as notícias, com montes de pessoas na sua equipe te ajudando, seria o emprego ideal para uma grávida radiante. Sobretudo se considerarmos que as notícias da noite são, atualmente, leves, versando sobre assuntos como regime, dermatologia, cirurgia plástica, ou questionando se o time feminino vencedor do campeonato de futebol deveria ter ido ao encontro com o presidente usando sandálias de dedo.

Mas, e se eu quisesse protestar contra a Nação de Homens, quem se importaria? O feminismo durou um milésimo de segundo, mas a reação a ele já perdura há quarenta anos.

Estamos na era das atraentes e inseguras *Desperate Housewives*, não das fortes e mordazes *Murphy Brown* dos anos 1980. Estamos na estação da empertigada, fique-lá-no-fundo primeira-dama *Lady* Laura Bush, não da assertiva, pague-um-leve-dois primeira-dama *Lady* Hillary. Onde é que conseguiríamos sediar um protesto feminista nos dias de hoje? "Você deveria ligar para uma rede de tevê feminina chamada também de 'rede Os Homens Não Servem Pra Nada', e protestar", brincou o presidente do canal Fox.

Sei que as mulheres deixaram os homens para trás sob diversos pontos de vista, ao abraçarem a feminilidade e a frivolidade. As apresentadoras matinais Katie Couric e Diane Sawyer, que misturam notícias e pratos, culinária e moda, são os verdadeiros arrimos dos respectivos departamentos de jornalismo, gerando mais audiência e dividendos do que os clones noturnos.

E, no entanto, para o presidente da Fox, "ser apresentador de jornalismo continua sendo o monte Olimpo."

Quando veio à tona a triste notícia de que o elegante apresentador da ABC tinha um câncer no pulmão (que lhe seria fatal), Elizabeth Vargas era um de seus dois substitutos temporários. Só que a maior parte do falatório sobre a substituição permanente concentrava-se no outro substituto temporário, Charlie Gibson. Acreditava-se que ele transmitia mais seriedade, embora de vez em quando apresentasse umas matérias sobre culinária e jardinagem no horário da manhã. Ora, se o Gibson era mesmo tão valioso para a ABC, a ponto de derrubar a experiente Katie Couric, eles poderiam ter optado por um outro jovem replicante e bonitão.

Mesmo que a audiência de Elizabeth Vargas fosse apenas ligeiramente inferior à de Gibson, os representantes da ABC empurraram-na para fora da cadeira de apresentadora e deixaram Gibson no comando, quando os terroristas atacaram Londres duas vezes, em 2005.

Perguntei a um alto executivo da ABC se Vargas tinha alguma chance, e ele disse que sim, claro. Mas assim que ele pronunciou essas palavras, começou a ficar preocupado com essa eventualidade.

"Sei que isso vai soar muito machista, mas se houvesse um outro 11 de Setembro, não creio que ela teria cacife para manter a cadeira de apresentadora por mais de dez horas, durante uma crise nacional", admitiu. "Talvez não seja nem mesmo uma questão de sexo. Pode ser a idade. Eu só acho que precisaríamos de alguém com alguns cabelos brancos."

Então eu comento que o Brian Williams só tem 45.

"Ele não tem cinqüenta?", perguntou o alto executivo. "Mas ele é meio grisalho, não é?"

Se eles estão querendo que as mulheres mostrem os seus cabelos brancos, podem esperar sentados para ter uma apresentadora.

"Talvez", disse, em tom de brincadeira, "pudéssemos deixar a Elizabeth fazer o programa de segunda a sexta, e aí outra pessoa cobriria as crises."

Ou seja, em outras palavras, uma mulher só pode ser apresentadora de um telejornal se as notícias forem boas?

Andei procurando manifestações de ultraje feminino ao meu redor, mas não encontrei nenhuma. A instituição havia, simplesmente, virado um dinossauro nesses tempos em que uma emissora se pergunta sobre a competência das mulheres como apresentadoras.

Minhas amigas achavam que, se o noticiário da noite podia ser conservador, por que não o apresentador também?

"Importar-se com o fato de ter uma mulher na telinha, como figura central, parece tão anos oitenta", comentou uma delas.

Uma amiga minha, que escreve para o *New Yorker*, diz que ela prefere devotar o "pouco que lhe resta de indignação feminista" contra o excesso de "bonequinhas" dos programas de tevê a cabo — em oposição às jornalistas que cobrem política. "Elas poderiam dar com a bolsa na cabeça de generais, se eles não respondessem às suas perguntas."

Porém, ela admite que assiste ao telejornal de Brokaw, em parte porque ele é um "colírio para os olhos", e declara que as mulheres têm culpa no cartório: "As mulheres gostam de ler livros sobre homens e ver filmes sobre homens. Mas eles não gostam de ler sobre mulheres, nem ver filmes sobre elas. A única maneira de mudar essa situação é se as mulheres se recusarem a assistir aos homens. Mas o problema é que elas gostam disso."

* * *

É engraçado que as emissoras de televisão agarrem-se à idéia de um Papai que tem que dar as notícias, mesmo admitindo que as pessoas já não acreditam mais em um Papai Sabe Tudo.

O presidente da CBS disse que, com o fim da era Tom Brokaw, os telespectadores não estariam mais interessados nos formatos "apresentador único, voz de Deus. Mas, quem poderia prever que eles prefeririam a voz melodiosa, marca registrada dos jornais noturnos".

Na queda-livre dos jornais televisivos, a tentativa da ABC de criar um sucessor para o programa *Nightline* vai ficar na história como um dos momentos mais constrangedores e hilariantes.

Um dos programas testados era ambientado numa boate, com apresentadores homens e mulheres. Na sala, havia toalhas de mesa brancas, velas, quinteto de *jazz*, o auditório distribuído por entre as mesas e — isso não é piada — fumaça de gelo seco.

Passamos do fogo da guerra ao gelo dos noticiários.

Os testes feitos na boate tinham apresentadores e convidados de trinta a quarenta anos, para debates pró ou contra Michael Jackson e as gêmeas Olsen, ao longo de bate-bocas apocalípticos.

A ABC resolveu não investir no gelo seco. Ainda assim, o apresentador do Nightime — que jurou deixar o programa antes de ser forçado a cobrir lutas de "burca molhada" — deve estar sem saber o que fazer na sua nova emissora.

Em 2004, o magnata dos tablóides Rupert Murdoch seguiu a mesma linha que a ABC, ao anunciar algumas más notícias sobre os jovens da era da internet, dos blogs e dos canais a cabo: "Eles não querem depender do jornal matinal para manter-se informados. Não querem depender de uma figura divina que lhes diga, dos céus, o que é importante para eles. Eles, definitivamente, não querem que as notícias sejam apresentadas como se fossem evangelhos."

E, em uma reunião de filiados, o presidente da CBS News disse que, quando Bob Schieffer fosse embora, o próximo apresentador deveria "descer do pedestal e sair de trás da mesa grande". "A palavra de ordem é equipe", concluiu.

É interessante o fato de que os manda-chuvas da mídia estejam se desinteressando por apresentadores provenientes de patriarcados autoritários com vozes de Deus, mesmo que outras vozes de Deus, como a Igreja Católica e certos membros do Congresso, estejam construindo patriarcados autoritários.

A fumaça branca anunciou, em 2005, que o Vaticano acreditava que, para chegar à modernidade, precisava do mais idoso pontífice desde o século XVIII (o único outro emprego para o qual esse papa estaria qualificado era o de apresentador do *60 Minutos*). O novo Santo Padre era Joseph Ratzinger, 78 anos, preconceituoso, inflexível e arquiconservador, que se ocupava da pasta que, antes, atendia pelo nome de Inquisição, e que pertenceu à Juventude Hitlerista.

Para os católicos norte-americanos, a festa acabou. O cardeal Ratzinger, cujos apelidos são "O Rottweiler de Deus" e "O Carrasco", aprovou que fosse negado o direito à comunhão de alguns políticos católicos, durante a campanha eleitoral de 2004. Ele considera que as mulheres que praticam controle da natalidade, e os homens que usam camisinha, mesmo que para proteção contra a AIDS, são pecadores. Por outro lado, o Vaticano não assumiu uma posição militante quando o presidente declarou guerra ao Iraque, ainda que tenha sido, oficialmente, contra ela.

O presidente Bush tem agido, há muito tempo, como se fosse um canal da mensagem de Deus. Além disso, outros políticos republicanos tentaram convencer os cristãos e os evangélicos da extrema direita de que Deus falava — e agia — através deles também.

A obediência mais sutil de Bush ao direito evangélico já não é mais suficiente. Alçada ao poder depois das eleições, a direita cristã quer, agora, que os políticos façam suas genuflexões abertamente.

O médico que queria ser presidente dos Estados Unidos ajoelha-se em público. Ele ficou satisfeito ao explorar a religião, ao filmar um discurso para uma emissora cristã, que mostrava os democratas que bloqueavam as nominações judiciais do presidente, como sendo "contrários às pessoas de fé".

E, claro, os democratas ficaram apopléticos. "Não consigo acreditar que Deus, com todas as preocupações que Ele, ou Ela, tem, vá se dar ao trabalho de discutir a obstrução no Paraíso", disse um senador.

Ninguém contou para ele que Deus está nas pequenas coisas?

As emissoras poderão ficar mais abertas às mulheres, à medida que pararem de brincar com formatos menos altivos de apresentadores clonados. Mas, no Vaticano e na vanguarda da direita cristã, nós podemos estar certos de que a voz de Deus não é feminina.

* * *

Dei de presente para uma amiga de dez anos de idade, Emma Specter, um porta-moedas da moda, cor-de-rosa, com a seguinte frase escrita: "Os meninos são burros. Jogue pedras neles."

Em troca, ela me perguntou se eu queria ver o seu Olhar Fulminante.

Ela vai precisar desse olhar, se quiser ser uma menina alfa ou uma Menina Muito Má.

As meninas alfa mandam impiedosamente nas garotas menores, como nos filmes *Meninas malvadas* e *Atração mortal*, com foras glaciais, roupas quentes e olhares assustadores conhecidos como *morte*, destronando as meninas *puxa-sacos* de suas *turmas*. Tem havido esforços consideráveis por parte das escolas no sentido de domar as meninas alfa dominadoras demais.

Uma repórter escreveu na *New York Times Magazine* que o consenso de que as meninas eram menos agressivas e mais empáticas do que os meninos começou a mudar no início dos anos 1990, quando pesquisadores revelaram que elas se livravam das rivais por meio de picuinhas, em vez de socos e pontapés.

Já tinha havido sinais anteriores de que as mulheres não eram necessariamente o sexo mais gentil. A primatologista britânica Jane Goodall concluiu, nos anos 1960, que certos chimpanzés fêmeas na Tanzânia matavam a cria de suas rivais para manter sua supremacia no grupo.

Uma professora de psicologia da Universidade do Texas contou à reporter do *New York Times*: "As meninas dão muito valor à intimidade, o que as torna excelentes amigas e terríveis inimigas. Elas partilham tantas informações quando são amigas, que nunca ficam sem munição quando ficam de mal."

Li uma matéria no *Washington Post*, que delineava três grupos de meninas: as alfas, estrelas que regem a vida adolescente e determinam quem faz ou não parte do grupo; as betas, que se preocupam em fazer parte do grupo; e as gamas, líderes do movimento estudantil, que se importam mais com suas ações do que com sua aparência.

Eis o que não entendo: se as escolas são governadas pelas meninas alfa, por que os Estados Unidos não são governados por elas também? Além da Oprah, não consigo pensar em muitas mulheres alfa que tenham subido na vida.

Haveria, talvez, mais mulheres alfa trabalhando no mundo, se tantas delas não estivessem casadas com homens alfa, e não se tornassem mães alfa, armadas de veículos quatro-rodas alfa, que elas dirigem de maneira loucamente alfa pela auto-estrada, enquanto bebem um milkshake light. São equipadas de músculos alfa, porque malham todos os dias, e têm temperamentos alfa de tanto brigar com os professores de seus filhos alfa, para que eles exijam mais das criancinhas.

A *New York Magazine* publicou uma crônica sobre "A ascensão das mães alfa". A matéria mostrava a mãe de um menino alfa de quatro anos que montou um canal de televisão no seu apartamento chamado *Alfa Mom TV*. Seu objetivo era mostrar a outros pais hiperagressivos como educar a criança perfeita.

"Eles vão aprender o que fazer e o que não fazer, e como fazê-lo melhor", dizia a revista, "a descobrir como desenvolver, mais rapidamente, a coordenação e a força física de seus rebentos; aprender massagens que ajudem os bebês a comer e a dormir melhor; ouvir explicações 'baseadas em pesquisas' sobre como as crianças se agarram e se desprendem dos pais; e receber orientação sobre como 'criar campeões'".

E se toda essa assustadora educação alfa produzir assustadoras crianças alfa que se recusam a obedecer? Em 2005, o *New York Times* fez uma reportagem que detalhou a proliferação de crianças que só comem o que querem. Os pais que se sentem culpados e "derrotados" estavam entregando os pontos, depois de inúmeras tentativas de implorar aos filhos que comam frutas, legumes, leite e fibras, "desistiram da luta, servindo macarrão com queijo, nuggets, queijo grelhado, massa e cachorro-quente, em vez de aturar o estresse de convencê-los a comer de maneira equilibrada".

Um estudo encomendado por uma empresa de produtos alimentícios infantis comprovou que, entre as crianças de 19 a 24 meses, um terço delas não comia frutas todos os dias, e 18% não comiam legumes.

"De 15 a 18 meses de idade, o legume mais comumente consumido é a batata frita", disse a autora principal do estudo. Pesquisadores aconselham a insistir dez vezes com as crianças para que comam algo antes de desistir, observando que a maioria dos pais desistia antes da quinta vez. Vi uma mulher numa lanchonete sucumbir à vontade do filho após três infrutíferos gritos, quando ele estava mais interessado no setor de produtos pré-cozidos — "Aaron, é iogurte ou *nada*".

Se as mães alfa estão à toda, as profissionais alfa estão em ponto morto. Constantemente, vêem-se homens alfa, que noutras circunstâncias estariam tramando uns contra os outros, formando alianças para esmagar as presunçosas mulheres alfa em torno deles.

A cultura empresarial ainda se banha de testosterona. Será que os homens alfa não querem partilhar seu território alfa com mulheres alfa? Na companhia de energia Enron, altos executivos trocaram as esposas pelas secretárias, mesmo que a secretária atenda pelo mero apelido de "gostosa". Como escreveu uma jornalista na revista *Vanity Fair*, um vice-presidente chegou a colocar na parede uma lista das "gostosas" da Enron, classificadas segundo o grau de sensualidade. (Foi justiça poética, quando foram elas próprias que deduraram os homens por esses excessos.)

As mulheres nunca estarão à altura dos homens no universo corporativo enquanto não aprenderem o passe de mágica, que consiste em fazer um trabalho malfeito e, ainda assim, embolsar 110 milhões de dólares de indenização — além de uma sacola cheia de dinheiro para cicatrizar os seus egos feridos. (A ex-diretora executiva da Hewlett-Packard saiu com meros 21 milhões de dólares ao ser afastada da empresa).

A cultura política de Washington também está cheia de novas safras de testosterona e diferenças entre os sexos.

Algumas correspondentes da Casa Branca ficaram indignadas com o que elas consideraram como discriminação sexual da parte do presidente, durante uma conferência de imprensa em 2005. Elas perguntaram depois ao secretário de imprensa de Bush por que, mesmo com 25% dos jornalistas sendo mulheres, e tantas mãos levantadas durante a conferência serem femininas, o presidente só havia respondido a apenas uma pergunta feita por uma repórter?

"O presidente quer responder às perguntas de uma grande variedade de pessoas e não creio que ele o tenha feito de propósito", disse o secretário. "Acho que isso se deveu à maneira como a própria mídia organiza a sua diversidade. Portanto, penso que essa é uma pergunta a ser dirigida à própria imprensa, e não a nós."

O *National Journal* constatou que mulheres pertencentes ao alto escalão do governo Bush tinham cinco vezes mais chances de ser solteiras do que os seus pares homens. A revista descobriu que somente 7% dos homens eram solteiros, comparados a 33% das mulheres.

Quando George W. Bush assumiu, havia boatos sobre a preferência da Casa Branca por pessoas casadas, à ocasião das entrevistas feitas com altas funcionárias.

"Matty sabe quem é Osama bin Laden", disse Matalin sobre a sua filha.

Ao final do primeiro mandato do presidente, as mulheres haviam deixado os seus cargos de alta responsabilidade, ao menos parcialmente, para agradar aos maridos.

Uma das altas funcionárias de Bush, que voltou para ajudar o governo em política relativa ao mundo muçulmano, disse-me, quando retornou para casa, em 2002: "Quero que o meu filho saiba onde é a sua casa, quando acabar a faculdade. Quero ver a minha nora e a minha neta."

Ela estava falando sério. Quando um homem diz que está deixando um cargo político importante, ou que ele resolveu não se candidatar porque quer passar mais tempo com a família, é sempre interpretado da seguinte forma: o teste do DNA foi positivo, vão me processar, ou o garoto, que já é maior de idade, vai contar tudo para um jornal sensacionalista.

Condoleezza Rice galgou até o cargo de secretária de Estado porque, sendo solteira e sem filhos, tinha tempo e liberdade para ficar ao lado de Bush em salas de musculação, ou em qualquer lugar do mundo. E Condoleezza é gama, não alfa. Muito solícita, ela ajuda o presidente em sua política internacional e coopera, de bom grado, com os planos de dominação do planeta do vice-presidente Dick Cheney e do secretário de defesa Donald Rummsfeld.

Hillary Clinton, antiga primeira-dama alfa, estabeleceu uma rotina gama no Senado, organizando e compondo forças com todo o mundo, inclusive antigos arquiinimigos de seu marido.

Será possível que os homens alfa ainda não queiram que as mulheres os desafiem, questionem ou, quanto mais ainda, os deixem para trás? Será que eles preferem a companhia competitiva e mais dócil das donas de casa e gostosonas beta e gama?

* * *

Os árabes colocam véus nas suas mulheres. Nós, ocidentais, colocamos as nossas no mercado de ações.

Cada cultura tem a sua própria maneira de minar o poder das mulheres, seja sexual, política ou financeiramente. Os norte-americanos gostam de ver as mulheres que usam calça envelhecidas e humilhadas. Depois, em um ritual de redenção compensatório, gostam de vê-las redimidas.

Foi assim que Hilary Swank de *Menina de ouro* ganhou dois Oscars. Foi assim que a Hillary Clinton ganhou uma cadeira no Senado e uma posição dianteira na campanha presidencial. E foi assim também que Martha Stewart, a apresentadora de programas femininos, queridinha dos americanos e megaempresária, ganhou o seu próprio *reality show*, e ficou meio bilhão de dólares mais rica mesmo após ter estado na prisão.

Nós já comemos muito pó nessa estrada, minha cara, desde a época da perseguição às bruxas, quando mulheres com poderes especiais, que sabiam como rogar praga, eram levadas à fogueira. Agora, depois de um acerto de contas público, elas são destinadas a uma nova e lucrativa carreira. Nos dias de hoje, a Letra Escarlate da vergonha se funde com o símbolo do dólar.

Talvez temperamentais, as divas loucas pelo poder sempre precisam abaixar um pouco a crista. Elas costumavam fazê-lo sozinhas. Judy Garland e Marilyn Monroe eram monstros magníficos, mas eram tão autodestrutivas que não foi preciso castigá-las.

Porém, Hillary e Martha não são autodestrutivas. São predadoras louras que suscitam tanto admiração quanto inimizade. (Aliás, Martha ecoou a fala de Judy Garland em *O mágico de Oz*, escrevendo em seu site, ao sair da prisão, que "não há lugar como o lar".)

Da pornografia a *Desperate Housewives*, a degradação das mulheres tem servido de divertimento, muito mais do que a dos homens. As pessoas passaram a gostar mais de Hillary e Martha depois que elas foram *quebradas*, como aqueles frágeis objetos decorativos, rainhas de gelo derretidas em poças de vulnerabilidade.

Talvez porque ambas ambicionaram demais, maltrataram os seus auxiliares e não esconderam a ganância. Talvez porque a dicotomia de seus papéis as tornou dissimuladas demais: ganharam renome com papéis tradicionalmente femininos, com aventais e livros de dicas domésticas, assumindo funções domésticas para atingir o poder masculino, rumando em direção ao centro do poder por meio da cozinha.

Hillary, como primeira-dama dos Estados Unidos, foi fotografada sorrindo em seu vestido de grife, enquanto supervisionava a decoração da mesa e a designação dos lugares para jantares oficiais, escrevendo um livro sobre o estilo da Ala Leste, cheio de receitas e detalhes sobre caligrafia de convites — mesmo que todos saibam que ela não ligava para essas bobagens domésticas e estava, na realidade, manobrando por baixo da mesa para assumir parte do poder da política federal.

Martha foi a primeira-dama dos Estados Unidos cujo estilo de vida era cheio de detalhes e minúcias domésticas — ainda que soubéssemos que o seu próprio ninho era tão inóspito que o marido bateu asas e voou.

Portanto, quando mulheres fortes são rechaçadas, os homens alfa podem ficar tranqüilos, pois sabem que elas não são fortalezas ameaçadoras e precisam, ainda, aparar certas arestas.

Fiquei sabendo, ao cobrir a candidatura de uma mulher à vice-presidência dos Estados, que a reação das mulheres a mulheres extraordinariamente bem-sucedidas é, também, ambivalente tanto de hostilidade quanto de orgulho fraternal. Uma queda de Ícaro pode reduzir a inveja, ao mesmo tempo em que intensifica valores feministas.

Após as escapadelas de seu marido com Monica Lewinsky, Hillary bancou a vítima para alcançar o Senado. Depois de julgar mal suas finanças, Martha metamorfoseou-se de passarinho de gaiola em fênix.

Por que não precisamos ver a Oprah, outra titã que não precisa de sobrenome, rechaçada e humilhada? (A não ser por aquele momento estranho em que, na loja Hermès, em Paris, fecharam-lhe a porta na cara, recusando-se a deixá-la fazer compras depois da hora habitual de fechamento.)

Talvez porque a Oprah jamais tenha sido uma personalidade pública fria ou falsa. Porque suas lutas contra os abusos sofridos durante a infância e contra o seu peso, na vida adulta, aparam qualquer possibilidade de sentirem raiva dela por causa da sua renda líquida de 1,3 bilhão de dólares.

E o que dizer sobre Condoleezza, a primeira norte-americana negra a ser sondada para candidatar-se à presidência pelo Partido Republicano?

Ela talvez não tenha que bancar a vítima para que as pessoas aceitem melhor o seu poder, porque nunca foi vista como uma megera, maltratando as pessoas e impondo-se perante elas. Ela parece sempre subserviente aos seus presidente e vice-presidente, auxiliar prestativa e porta-voz incansável de sua política belicosa.

* * *

Hollywood levou um bom tempo para conseguir transformar em filme o escândalo da companhia de energia que foi acusada de tirar proveito financeiro de uma crise energética na Califórnia. Foi uma executiva da empresa quem denunciou as irregularidades na contabilidade absurda da Enron.

Como é que eles poderiam usar toda aquela baboseira sobre "o real contingente de contratos restritos existentes" e a "partilha de acordos de colarinho-branco não-onerosos", dar uma guaribada e apresentar candidamente ao público, como fizeram com a matemática em *Uma mente brilhante*?

A Enron foi um buraco negro tão catastrófico, até mesmo para os analistas financeiros, que, se alguém tentasse explicar todas as transações pérfidas, nunca veria luz no fim do túnel.

Um produtor de cinema perguntou a Lowell Bergman, repórter investigativo do *New York Times*, qual era a maneira mais cinematográfica de filmar a história. (Bergman havia tido uma experiência anteriormente em Hollywood ao ser interpretado por Al Pacino em outra saga sobre poder, ganância e corrupção, no filme *O informante*).

"Mostrando as mulheres contra os homens", respondeu.

Foi assim que, de repente, a Enron se tornou *mais feminina*. A executiva da empresa, falastrona, simples e justiceira, virou a personagem Erin Brockovich (vivida por Julia Roberts). A intrépida repórter da *Fortune*, que é a cara da Alicia Silverstone e foi a primeira jornalista a soar o alarme contra as transações financeiras da Enron, é outra grande personagem, assim como Loretta Lynch, a durona rainha do serviço público, que colocou em questão o ônus, para os consumidores, das transações da Enron.

"Desde o início da crise energética da Califórnia, as mulheres não vacilaram em acusar a sétima maior empresa norte-americana, e a dizer 'vocês não podem fazer isso'", contou-me Bergman. "E os caubóis elétricos da Enron, empresa cuja máxima era 'não deixe testemunhas, jogue fora as regras', com as suas perspectivas machistas do mercado de ações, tornavam-se agressivos quando incomodados."

A princípio, os comparsas arrogantes do arranha-céu da empresa — onde era costume os homens transarem com as secretárias e largarem as esposas — tentaram se livrar das mulheres que os criticavam. Alguns discretamente desqualificavam Lynch, chamando-a de idiota, e ofendiam a repórter da *Fortune*, dizendo que era "bonita, mas burra". Mas, quando eles perceberam que elas estavam querendo a pele deles, a empresa que intimidava competidores, fornecedores e serviços públicos tentou afastar Lynch do seu cargo e desacreditar a repórter, desmoralizando o seu artigo.

Mas, para reforçar o lado feminino na luta contra a Enron, havia uma antiga executiva da empresa que revelou as artimanhas que ocorriam por lá. Ela percebeu que havia algo errado, quando, ao levar para casa algumas fitas para fazer embrulhos, viu que eles estavam etiquetados com os nomes fictícios de Chewco e Jedi, o que revelou serem parcerias quase ilegais.

Apenas dez anos depois de ser lançada uma Barbie que fala como adolescente, reclamando "a aula de matemática é difícil", vimos as mulheres desenterrando um escândalo indecifrável.

O que significou esse cisma dos sexos? Que, para os homens, é mais importante inflar o seu patrimônio? Que as mulheres se mobilizam quando suas colegas são traídas?

O que os homens mais temem, pessoal e profissionalmente, é que as mulheres os condenem por seus pecados.

Na Enron, foram eles que inventaram tramóias complexas, que provavam que não havia limite à pergunta "quanto é suficiente?". E foram as mulheres que levantaram a questão simples: "Por quê?"

Há quem diga que as mulheres são mais justiceiras — ou dedo-duros, quando são crianças — porque são menos passíveis de fazer parte do clube. Certos homens sugerem que elas, com sua vasta experiência em bajulá-los, sejam especialistas em denunciar a bajulação masculina.

A executiva da Enron juntou indícios e destrinçou comportamentos criminosos e falcatruas empresariais. Com isso, foi uma das Personalidades do Ano de uma importante revista.

Houve um tempo em que as mulheres gostavam de que os homens assoviassem quando elas passavam. Hoje eles não gostam que elas soprem o apito da arbitragem quando eles cometem faltas.

* * *

Quando eu preciso me preparar para escrever uma coluna mais dura, tento pensar na imagem da heroína Emma Peel, de *Os vingadores* (vivida por Uma Thurman), usando aquela roupa de couro apertada, dando um golpe de kung fu contra qualquer gênio do crime diabólico que o mereça.

Tento não visualizar as feiticeiras de *Macbeth*, que se isolam num canto, remexendo o seu caldeirão e as feridas do que é justo ou injusto no burburinho da corte real. Muito trabalho para a encrenca em que poderia me meter.

Tem havido um imenso debate sobre a razão de haver tão poucas colunistas nos jornais. Dos oito colunistas políticos do *New York Times* — ou nove contando o editor do editorial —, eu sou a única mulher.

Em 1996, depois de seis meses de trabalho, conversei com o então editor do editorial, para tentar deixar minha coluna. Eu estava uma pilha de nervos. Me sentia dentro do filme *Poderoso chefão*, atirando e levando chumbo, em uma escalada de guerras.

Como uma mulher, disse-lhe, eu queria que gostassem de mim, e não que me atacassem. Ele respondeu que poderia voltar a cobrir os assuntos da cidade, o que havia feito durante muitos anos. Resolvi tentar mais um pouco. Um colega do *New York Times* disse-me que eu precisava tomar Prozac contra os profissionais da política.

Já aprendi, a duras penas, que os homens não gostam de levar lição de moral de mulher. Tem a ver com os mitos das Harpias carpideiras e das Fúrias assassinas, e o seu desprazer diante de esposas e mães que não param de reclamar. A palavra *harridan*, bruxa velha, vem do francês *haridelle* — égua velha.

O monstro feminino enraivecido que odeia os homens é uma das figuras emblemáticas da mitologia (Medusa e Fúrias) e do cinema (Glenn Close, com a faca em punho e Sharon Stone com o fura-gelo, também em punho).

O que está implícito aqui é que os homens gostam de insuflar o medo no coração dos outros. É um sinal do seu poder. As mulheres, não. O treinador da tenista Anna Kournikova sugeriu que as mulheres precisam de motivações diferentes: "Os homens jogam para ganhar. As mulheres, para não perder."

Muitas mulheres já temem que, caso elas obtenham mais poder, venham a se tornar mais assustadoras, podendo repelir os homens. As mulheres são atraídas pelo poder masculino. Os homens se sentem ameaçados pelo poder feminino.

Uma amiga me telefonou, praticamente em lágrimas, no dia em que ganhou um Pulitzer: "Agora, nunca mais vou conseguir um namorado."

Após décadas lidando com assessores políticos que podem se tornar letalmente perigosos, descobri que os homens acatam críticas profissionais de maneira mais pessoal quando elas vêm de uma mulher. Quando escrevi artigos sobre a farsa do *impeachment* de Clinton, um apresentador de tevê disse que, para o coitadinho do Bill, era como ter uma outra esposa no seu encalço.

Durante todos os anos em que escrevi sobre Colin Powell, o secretário de Estado jamais concordou em conceder-me uma entrevista, apesar de convidar, freqüentemente, colunistas homens para uma conversa, alguns dos quais haviam escrito de maneira muito mais crítica do que eu.

"Eles têm medo de você", explicou-me o correspondente diplomático do *Times*, como se eu fosse ficar envaidecida.

Enquanto um homem que escreve uma coluna sobre os poderosos pode ser visto como autoritário, uma mulher que faz o mesmo pode ser considerada uma castradora. Costumam me perguntar como eu consigo ser tão "má"— uma pergunta que não é feita a outros colunistas do sexo masculino que escrevem muitos artigos duros.

Até as metáforas usadas para descrever a minha coluna têm a ver com o tema da castração: o meu escalpelo, meu arame farpado, minha machadinha afiada, quando alfineto Clinton e Bush. "Será que ela escreve num computador ou num moedor de carne?", perguntou um jornalista na sua resenha do meu livro, *O mundo de Bush*.

Em 1998, o presidente Clinton descreveu-me com uma palavra-que-rima-com-castradora, durante o jantar anual dos correspondentes da Casa Branca. Ele o fez em tom de piada, no seu discurso. Mas, como observou Freud, o humor é simplesmente uma demonstração daquilo que se sente, sem ser tão direto.

"Agora todo o mundo vai pensar que eu sou uma bruxa castradora", reclamei com os meus colegas de mesa.

"Agora?", replicaram em uníssono.

Meus amigos disseram que eu deveria ficar feliz de o presidente ter mencionado o meu nome.

Um dos secretários de imprensa de Bush relembrou a confusão pública e o insulto privado do primeiro chefe de gabinete de Bush contra uma repórter do *Washington Post* na Casa Branca. Ela escreveu uma matéria sobre o uso desavergonhado de jatos militares do chefe de gabinete para viagens pessoais, incluindo férias de inverno e consultas ao dentista, em Boston.

O chefe de gabinete, apoplético, também avançou epicamente contra mim, depois de ler meus artigos sobre o seu comportamento arrogante. "Vou destruí-la", disse. "Mesmo que eu leve o resto da vida, vou destruí-la. Não sei como, nem quando, mas pego ela."

O secretário de imprensa do governo especulou que "os homens tendem a julgar a crítica recebida de homens pelo seu conteúdo, mas procuram motivos diferentes quando se trata de uma mulher — provavelmente, devido a séculos de tradição sobre a maternidade e preconceitos entre os sexos. Os homens ainda estão aprendendo o significado da palavra igualdade. Lá no fundo, na parte mais escura de nossos corações, a superioridade masculina ainda existe".

Entre homens, a prática severa do toma lá, dá cá costuma ser vista como uma parte natural da competição, da arte da guerra — tudo em nome do dever profissional.

Se um homem escreve uma matéria com críticas severas sobre uma gafe cometida por um político, ninguém o acusa de hostilidade em relação aos homens. Se uma mulher escreve a mesma matéria, o político ou os seus assistentes sugerem quase sempre que a sua crítica é um reflexo de algum problema psicológico. Ela é amarga com os homens. Ela odeia os homens. Ela precisa de uma... vida afetiva melhor. Ela está com TPM.

Os homens estão acostumados a ter duelos verbais com outros homens, de acordo com um falecido professor da Universidade de Berkeley. "Mas estão preocupados com a possibilidade de serem derrotados por uma mulher", disse-me. "As mulheres devem agüentar o tranco e não revidar. Se uma mulher deixa um homem desconcertado, ele se sente inseguro, afeminado. Ele quer que ela volte para a cozinha."

Ou para o shopping. Fui pega desprevenida, duas vezes, quando amigos meus reagiram às minhas colunas políticas ou aos outros artigos de imprensa de que eles não gostaram, lançando comentários sarcásticos sobre compras. Em toda uma década escrevendo colunas, só redigi alguns artigos que mencionavam fazer compras. E, no entanto, dois famosos homens da imprensa já me depreciaram de forma agressiva, dizendo: "Vai para o shopping."

No esporte e na guerra, o grande medo dos homens é serem feminizados. No local de trabalho, o grande medo das mulheres é serem demonizadas. Por isso, quando um homem brinca com uma mulher, dizendo-lhe que ela é castradora, não se trata apenas de brincadeira. É uma maneira de desencorajá-la. Será que homens e mulheres vão conseguir se entender em outros domínios que não o do sexo? Dá até vontade de a gente usar um objeto cortante contra eles.

O bafafá sobre as colunistas de jornal começou quando Susan Estrich, impetuosa analista da Fox TV, lançou uma campanha maluca e caluniosa contra o meu brilhante amigo Michael Kinsley, antigo editor do *L.A. Times*, tentando obrigá-lo a dirigir a sua coluna política com artigos pagos e enfadonhos.

Considerando a maneira espantosa como ela se comportou, Susan — uma velha conhecida de muitos anos — era a última pessoa que Michael deveria ter contratado.

Especialista em legislação sobre o estupro, Susan co-escreveu um roteiro de filme sobre uma prostituta que ensina a duas amigas como enganar e se aproveitar dos homens através de técnicas eróticas (ensaiando com creme *chantilly* e legumes anatomicamente otimistas), enquanto usava sutiãs forrados de espuma, ligas e *lingerie* da Victoria's Secret.

Quando o *New York Observer* perguntou-lhe como o seu roteiro era compatível com o seu feminismo, ela respondeu que queria explorar as questões do feminismo através da "imagem clássica dos homens" sobre as prostitutas, não "a prostituta como vítima, mas como pessoa que possui um grande poder e sabe como usá-lo".

Ah, é?

Michael Kinsley escreveu pregando que "todos os que estão envolvidos deveriam tentar mais, inclusive eu", acabar com as disparidades entre os sexos que existem nas páginas dos jornais.

"Não pode haver muitos lugares onde a 'diversidade' seja menos um eufemismo para inverter a discriminação, e mais um requisito de bom senso comercial, do que na coluna política de um jornal", disse ele. "A diversidade de vozes, experiências e sensibilidades não atende à necessidade de ser justo para com os escritores. Ela é a única maneira de servir uma boa refeição aos leitores."

Gail Collins, primeira mulher a dirigir o editorial do *New York Times*, autora de *Mulheres dos Estados Unidos: quatrocentos anos de bonequinhas, burros de carga, domésticas e heroínas*, disse-me: "Se o desequilíbrio entre os sexos nas cartas ao editor e artigos independentes que se vêem todos os dias são um indicativo, há uns quatro homens para cada mulher. Obviamente, há muitas mulheres que poderiam ser ótimas colunistas, mas o grupo de escritores que manifestam opinião continua parecendo, predominantemente, masculino. O que não surpreende, se você comparar o milênio em que se disse às mulheres que elas não tinham direito a uma opinião sobre assuntos públicos, com as poucas décadas em que têm sido encorajadas a se expressar. Com o tempo, as coisas vão ficar mais equilibradas."

Há muitas evidências de que "papai gosta de passar sermão": homens que gritam predominam nos programas políticos de tevê, assim como bloggers homens. Os adolescentes falam muito mais bobagem sobre basquete do que as adolescentes. Homens que conheço, e homens que lêem o *New York Times*, escrevem para mim constantemente, pedindo-me que leia os seus artigos. Às vezes enviam e-mails ou *faxes* com as suas idéias, antes de sairmos para almoçar juntos. As mulheres raramente enviam as suas próprias produções.

Uma amiga minha, editora da seção de mensagem do *Washington Post*, cujo trabalho consiste em procurar colaboradores para as páginas de opinião do jornal, escreveu um artigo intrigante para o *Post* sobre "Opiniãogate".

"Eu sei quem está sempre batendo à minha porta para se fazer ouvir e quem é mais propício a ficar de fora", disse-me. "Fiz uma conta por alto, enquanto escrevia, e só nos últimos sete anos os homens deram de sete a um nas mulheres: os manuscritos enviados espontaneamente à nossa seção provinham daquelas pestes onipresentes."

E perguntou: por que as mulheres inteligentes, bem-informadas e opinativas que há por aí não lutam por um lugar na imprensa?

Ela relembrou o que aprendera ao escrever um livro para uma neuropsiquiatra, alguns anos atrás.

"Você sabia que os homens são, geralmente, orientados pelo lado esquerdo do cérebro, que é o centro de poder intelectual e lingüístico, enquanto as mulheres tendem a usar ambos os lados?", perguntou. "Mas o lado esquerdo é o lado dominante. Ele gosta de dirigir tudo, de controlar. Então, isso (além da testosterona, claro) torna os homens mais assertivos. Sem medo de assumir riscos e dispostos a fazer qualquer tipo de tentativa, a qualquer momento. As mulheres, sendo mais sintonizadas no lado direito, mais cauteloso (e mais criativo), relutam em fazer algo, a não ser que tenham certeza de que possa dar certo.

"Eis a explicação da neuropsiquiatra: pense em um homem cheio de flechas na sua aljava. Quando ele encontra um alvo, dispara todas as flechas. A maioria delas não vai acertar no olho do touro, mas uma, sim. E é nessa que os outros vão pensar e aplaudir. Já uma mulher procede lentamente e considera as suas possibilidades. Só quando tem certeza de conseguir acertar o alvo, atira a sua única flecha. Com sucesso! Espetacular! Mas... deixa para lá. O cara já se mandou com o troféu em punho."

Minha amiga do *Washington Post* explicou que essa imagem combinava perfeitamente bem com o que ela observava no jornal: "Se as opiniões são realmente flechas, eu me pareceria com um porco-espinho todo eriçado, graças a todas as idéias masculinas disparadas na minha direção ao longo da semana. Mas se eu dependesse, sobretudo, das mulheres, seria um ouriço bem careca. Por isso, creio que os pesquisadores do cérebro humano descobriram, mesmo, algo importante."

Ela disse que eles contam uma piada no seu escritório: "Ligue para um homem na segunda-feira, diga que deseja encomendar um artigo, e ele dirá logo: 'Quantas palavras e tudo bem se eu te entregar até as cinco da tarde?' Ligue para uma mulher, explique direitinho a sua idéia, tenha uma longa conversa, pergunte se ela vai escrever, ouça a longa pausa, até que ela responda: 'Não sei, tenho que pensar no que vou escrever.' Você insiste um pouco, diz que ela pode entregar até quinta-feira, e ela diz: 'É que eu tenho aulas e reuniões de professores na faculdade, o meu marido viajou, tenho que levar os meninos pro treino de futebol, acho que vai ser difícil.' Você insiste um pouco mais, e ela repete: 'me deixa pensar mais um pouco. Te ligo amanhã.'"

"Está vendo? Ele já está esvaziando a sua aljava, e ela ainda está pesando os prós e contras de atirar a flecha."

Tem havido uma enorme escassez de mulheres que escrevem artigos de opinião sérios para os grandes jornais, apesar do aumento do número das colunistas que escrevem sobre sexo em jornais universitários — emitindo opiniões sobre vibradores, travestismo, orgasmos múltiplos, sadomasoquismo, sexo oral e masturbação.

Escrevi um artigo informando que o custo pessoal de jamais fugir de uma briga pública através da imprensa contra membros do governo (e lidar com os seus assessores malvados e vingativos) era alto para mim. Meu pai — que nunca teve medo de nada — tentou me tornar uma pessoa dura durante a minha infância. Mas eu era tímida e excessivamente sensível naquela época e agora, por isso, considero esgotante o nível de ofensas verbais que me são dirigidas. Algumas colunistas discordaram de minha premissa, considerando que as mulheres gostam de confusão tanto quanto os homens.

"Algumas de nós adoram brigar. Acho isso tudo a maior baboseira", disse a escritora Barbara Ehrenreich, autora de *Miséria à americana*.

Gostando ou detestando brigar, não há dúvida quanto ao fato de que as mulheres têm coragem e autoridade suficientes para ruminar e dar o troco tão bem quanto os homens. E muitas outras colunas não envolvem disputas. Há muitas mulheres que trariam graça e força às nossas colunas políticas, assim como existem muitas mulheres brilhantes por aí que são ótimas em matemática e ciências.

Nós só precisamos deixar essas senhoras lavarem a roupa suja através da imprensa, e não simplesmente lavarem a roupa suja.

* * *

De fato, ninguém trouxe mais graça e força aos jornais do que duas mulheres que faleceram nos últimos dois anos.

Por fim, quando o Garganta Profunda do caso Watergate veio a público, havia apenas duas pessoas com quem eu queria trocar figurinhas sobre a revelação de um dos segredos mais antigos e escandalosos da história da política norte-americana.

Mas ambas já se foram.

Katharine Graham, a última editora do *Washington Post*, e Mary McGrory, colunista brilhante do *Washington Star* e do *Post*, teriam histórias maravilhosas para contar sobre Mark Felt — o homem que ajudou a derrubar o presidente Nixon e, durante anos, foi conhecido apenas como Garganta Profunda — dando o furo de reportagem para Bob Woodward; três décadas depois, ainda é divertido saber como o número dois do FBI transformou o jornalista Bob Woodward *no* Bob Woodward.

Em uma época em que muitos jornalistas homens estavam com medo do vingativo Nixon, essas duas damas extraordinárias encararam firme o presidente corrupto.

Durante o Watergate, Kay — como Katharine gostava de ser chamada — foi ameaçada de sofrer uma retaliação não específica se o jornal publicasse um artigo denunciando que John Mitchell, procurador-geral, controlava um fundo secreto, usado para espionar os democratas. Mitchell avisou ao jornalista Carl Bernstein, que também trabalhou no furo jornalístico, que "Katie Graham" acabaria "pendurada num varal bem grande se aquilo fosse publicado". Mais tarde, Woodward daria de presente para Kay um varal de madeira antigo, que ela colocou orgulhosamente em seu escritório.

Mary McGrory abriu os caminhos para as mulheres nos jornais — antigamente, ela costumava ser a única na trilha das campanhas. Ela ganhou o Pulitzer em 1974, depois de receber os auditores da Receita Federal de Nixon — que verificaram as suas contas — e de entrar para a lista dos inimigos do presidente como "a colunista da nova esquerda".

Em um artigo sobre a coletiva de imprensa em que Nixon declarou que "não vou mais estar por aí para vocês me chutarem", depois de perder a campanha pelo governo da Califórnia em 1962, Mary escreveu: "Nixon saiu esperneando." Ela o chamou de "californiano chocho".

"Ele vivia indo e vindo", escreveu ela. "Era derrotado, mas voltava. Estava sempre mudando a sua personalidade, mas era sempre o mesmo. Ele era piegas, venenoso, selvagem, cheio de raiva e rancor. Eu o considerava um político ridículo — desajeitado, raivoso, rancoroso. Ele deu uma má reputação à política."

Mary e Kay eram mulheres boas e honestas, que viveram uma história que outros só poderiam ler. Mulheres que adquiriram estilo pessoal ao envelhecerem, enquanto continuavam dando trabalho aos novos políticos que abusavam do poder.

Em 2001, durante um jantar em Washington, eu disse a Kay que uma rádio estava transmitindo as gravações das conversas telefônicas do presidente Lyndon Johnson no Salão Oval, e que acabara de transmitir uma em que ele tentava seduzi-la.

O homem mais poderoso de Washington estava tentando fazer a mulher mais poderosa de Washington denunciar os seus inimigos do Congresso em seu jornal.

"Alô, querida, como vai você?", babou o caipira para Kay. "Você sabe que a única coisa de que eu não gosto nesse trabalho é que sou casado e nunca posso te ver. Eu só ouço essa vozinha doce ao telefone, e eu gostaria de sair correndo daqui, e fazer como um daqueles animais do meu rancho. Pular a cerca."

Como foi que a editora tímida e classuda reagiu a essas gravações? Ela riu. Ele riu. "Isso vai me dar munição para um mês, senhor presidente", disse ela, com o seu próprio sotaque caipira soando, definitivamente, apimentado.

Quando eu contei a Kay que a gravação fora ao ar, pensei que ficaria vermelha e calada, como costumava agir quando era o centro das atenções. Em vez disso, sorriu, quase maliciosamente. "É, o Lyndon tinha uma queda por mim", lembrou-se.

Durante quatro décadas, até a sua morte aos 84 anos ela era O Homem na cidade quintessencial dos homens, tão imponente e respeitada que, mesmo pedindo às pessoas que a chamassem de Kay, todos acabavam chamando-a de sra. Graham. Por vezes, até o seu filho chamava-a assim em sua ausência.

Quando ela finalmente escreveu as suas memórias, o texto sobre si mesma e sua vida na capital ao longo das décadas era tão incrivelmente honesto e lindamente escrito, que ela ganhou um Pulitzer. Tinha, então, oitenta anos.

Kay descreveu a terrível história de perder o seu carismático, porém mentalmente perturbado marido, duas vezes — uma para uma amante, outra para o suicídio. Ela contou como se transformou de um capacho apagado do seu marido editor ("Eu via o meu papel, cada vez mais, como o da rabiola de sua pipa, e, quanto mais eu me sentia à sua sombra, mais eu me tornava a sua sombra") em uma editora de decisões corajosas. Ao entrar para o *Washington Post* e publicar os documentos do Pentágono, passando a perna no *Times* com o caso Watergate, e transformando o *Post* e o jornalismo norte-americano.

Ela trilhou uma trajetória que reflete a evolução das mulheres: criada para ser tímida e frágil, com a autoconfiança minada pela mãe dominadora e pelo marido infiel; ela, ainda assim, conseguiu se transformar em uma figura de grandeza.

Mas o que era realmente legal sobre a mulher mais poderosa dos Estados Unidos é que ela era uma menina. A grande dama não era nem um pouco metida. Ela gostava de sorvete e chocolate. Ela gostava de flertar com homens poderosos e buscar os seus conselhos, e tagarelar sobre roupas e perfumes com outras mulheres. Ela era a patinha feia que cresceu e virou um lindo cisne branco, ficando mais glamourosa a cada ano, vestida de Oscar de la Renta e Armani.

Ela adorava filmes, até os bobos. Ela e sua melhor amiga, Meg Greenfield, a editora do *Post*, que faleceu dois anos antes de Kay, costumavam sair de fininho, durante o expediente, para ver filmes — *Loucademia de Polícia*, filmes de ninja, filmes de amores adolescentes.

Certa vez, Meg ligou para Kay e disse:

"Você quer ver o presidente francês?"

"Onde é que ele está passando?", perguntou Kay.

"Eu estou falando do Georges Pompidou", disse Meg.

Noutra ocasião, nos anos 1970, depois de recusar o convite de um clube exclusivamente masculino para o jantar anual oferecido à imprensa e aos políticos, Kay foi com a amiga até o local onde se celebrava a cerimônia, só para ver a confusão dos convidados, de smoking, com as mulheres que faziam um piquete na entrada do hotel — ambas afundadas em seus assentos, enquanto passavam lentamente de carro.

Ela era incrivelmente insegura. Aprendeu a encarar os presidentes, mas jamais abandonou a timidez durante os jantares de gala de Washington. "Odeio essas coisas", murmurou-me em um deles. "Nunca sei o que dizer às pessoas." E, antes do jantar de boas-vindas que ofereceu em sua casa para o recém-eleito George W. Bush, ela disse aos amigos que estava com os nervos em frangalhos.

Kay sempre ficava extremamente surpresa quando mulheres mais jovens, de todas as classes sociais, corriam para ouvi-la falar. Ela me contou como se sentia comovida. Ela havia herdado o seu cargo, e, no entanto, emocionalmente, tivera que começar de baixo e subir às próprias custas, até o topo.

O presidente Lyndon Johnson estava certo. Valia a pena pular a cerca por aquela mulher.

O indomável presidente, que sabia reconhecer uma moça graciosa, também flertava com Mary McGrory. Ela me contou que ele tinha vindo para cima dela, certa vez, no Salão Oval, murmurando ao seu ouvido que, se ela gostava dos Kennedy, poderia gostar dele também.

Eu me dei conta de que escrever colunas poderia ser um emprego legal quando vi um monte de rapazes bonitos amontoados ao redor da mesa da Mary, no fundo do escritório do *Washington Star*, comentaristas políticos teimosos que agiam como meninos sedutores.

Mas, enquanto o meu status mudou ao longo do tempo, evoluindo lentamente do *Star* para colunista do *Times*, o da Mary jamais se alterou. Ela sempre se manteve intocada, como a *bella figura*: Aquela Que Tem Que Ser Obedecida. Filha erudita de um carteiro erudito, ela foi a última pessoa a amar o serviço postal dos Estados Unidos. Mary assinava Maria Glória na sua correspondência manuscrita, em homenagem ao seu bem-amado italiano.

Tentei aprender com ela. Não a cozinhar, já que a sua Surpresa de Gelatina era assustadora e as suas almôndegas ainda piores. E era impossível escrever como ela. Era uma verdade universalmente sabida, como escreveu a sua idolatrada Jane Austen, que ninguém poderia escrever com "a razão e a sensibilidade", a prosa luminosa e o jornalismo lendário de McGrory.

Mas eu imitei seus outros talentos:

A sua admirável habilidade, até nos recantos mais remotos, para encontrar um otário que carregasse as suas sacolas ou que dirigisse o seu carro.

A sua maneira de, nobremente, resistir à moda passageira chamada tecnologia, escrevendo freqüentemente à mão, quando o seu *laptop* — ou, "aquela maquininha diabólica", como ela costumava dizer — levava-a ao desespero.

O seu jeito de agir como se fosse tão indefesa quanto uma barracuda.

Do senador ao secretário de Estado, todas as figuras públicas aprenderam a desconfiar quando Mary começava a fazer perguntas confusas e, aparentemente, inocentes, como uma espécie de grande detetive federal.

Ela se tornou uma estrela no *Washington Star*, com a cobertura corajosa que fez dos depoimentos do processo Forças Armadas – McCarthy, em 1954. Foi o meu pai, responsável pela segurança do Senado por vinte anos, quem deu a Mary a sua grande oportunidade, conseguindo-lhe uma cadeira na primeira fileira para o espetáculo. "Eu queria ajudar uma jovem irlandesa simpática", disse ele a meu irmão, que, na época, trabalhava na agência dos correios do Senado (e recebia a correspondência dos senadores John Kennedy, Richard Nixon e Prescott Bush, avô de George W. Bush).

A sua cobertura, divisora de águas, do assassinato e enterro do seu amado JFK foi admirável. Uma matéria começava assim: "Do enterro de John Fitzgerald Kennedy, pode-se dizer que estaria a seu gosto. Tinha o decoro e o garbo que constituíam o seu estilo pessoal. Foi tão esplêndido, quanto espontâneo. Estava cheio de crianças e príncipes, jardineiros e governadores. Todos estavam à altura do padrão de seu lema, Nova Fronteira."

Depois, ela ensinou a repórteres admiradores: "Escrevam frases curtas quando diante de um grande sofrimento."

Mary sempre conseguiu o que queria, de uma maneira ou de outra. Ela não gostou quando um de seus editores disse-lhe que ela não tinha passe livre para observar os depoimentos do processo Anita Hill-Clarence Thomas. Pouco depois, ele estava assistindo aos depoimentos pela tevê, quando viu, de repente, Mary ser escoltada até a primeira fileira pelo diretor do comitê.

Mary adorava o *Washington Star*, Roma, os estropiados, as crianças, os perdedores, os zeros à esquerda e John Kennedy. "Ele andava como uma pantera", disse-me. Ela estava conversando ao telefone com Kennedy, quando ele resolveu dar um pulo em Las Vegas. Foi nessa viagem que Frank Sinatra apresentou JFK a Judith Exner, uma das incontáveis amantes do presidente (Mary foi dormir cedo aquela noite).

Ela não gostava, como disse seu sobrinho, de pompa, ostentação pessoal, de canalhas nem de fanfarrões, e nem do Nixon.

Em certa ocasião, ela queria fugir de um político que fizera parte do gabinete do Nixon. Foi numa festa, e ele a estava aborrecendo. "Escuta", disse ela, interrompendo-o, finalmente: "Você foi o Secretário dos Transportes. Onde ficam os elevadores?" E lá foi ela.

Mary tratava os poderosos e os despossuídos da mesma forma, a qual o seu editor do *Post*, Bill Hamilton, denominou de jeito "gente-competente-é-rara" exasperado de reagir.

Ela foi, durante muitos anos, uma das poucas democratas que não fugiram do rótulo "liberal". "Eu continuo achando que se trata de uma palavra respeitável. Sua raiz é *liber*, que significa 'livre', em latim. Não é isso que nós queremos?"

Quando eu era uma repórter novata no *Star*, ela me convidou para um de seus almoços de domingo. Com apenas 25 anos de idade, consegui entrar no sacro santuário da política de Washington, pensei comigo mesma, orgulhosa enquanto subia ao seu apartamento, usando a minha melhor roupa.

Quando Mary me mostrou o liquidificador e me pediu que fizesse um daiquiri para Teddy Kennedy, percebi que não estava lá na condição de convidada. Ao menos, eu estava em boa companhia.

Os subalternos de Mary teriam uma excelente história de ascensão.

Ela também tentou me arrastar contra a minha vontade para nadar com as crianças de uma das suas instituições de caridade favoritas, nas tardes de quarta-feira. Naquela época, eu trabalhava em outra cidade, em outro estado, e não sabia nadar.

Só que ela não me deixou sair de fininho dessa roubada. Dirigindo-se ao meu editor, errando, talvez intencionalmente, o seu nome, ela lhe deu instruções para me dar folga nas tardes de quarta-feira. "Sim, Mary", respondeu ele, com humildade e gratidão.

Ao longo dos anos, Mary fez outras propostas que não pude recusar. Ela queria que eu fosse com ela à Irlanda, em 1998. Nós iríamos cobrir o referendo de paz e fazer uma viagem de confraternização entre mulheres, disse-me. Não havia qualquer possibilidade de confraternizarmos, claro. No trem de Dublin para Belfast, depois de passarmos a noite no avião, Mary entrevistou todo o mundo na estação, todo o mundo no trem, incluindo uma mulher manca cuja bagagem ela acabou carregando, o motorista do táxi até o hotel, a garçonete no bar do hotel, o garçom que levou o chá ao quarto e o padre da missa de domingo.

Noutra ocasião, durante os anos Clinton, ela me ligou e, com a voz toda alegre, disse: "Vamos ver o Yasser Arafat na Casa Branca!" Quando eu hesitei, ela completou, cantarolando: "E depois, compras!" Só a Mary para conjugar essas duas atividades.

Como Kay, ela desabrochou com a idade, desenvolvendo o gosto por roupas finas. Eu cruzava com ela em lojas de departamento, aos sábados, fuxicando as prateleiras à procura de uma roupa interessante para usar num programa de tevê na manhã seguinte. (Às vezes, encontrávamos também a Condoleezza Rice fazendo compras, com os seus agentes de segurança estáticos como manequins, ao lado dos manequins de plástico, e que ficavam com um ar triste se percebessem que você os tinha visto).

Mary continuou me chamando e convidando à sua casa depois de seu derrame, em 2003. Dava para compreender um pouco do que ela dizia. Me deu um aperto no coração ao ouvir palavras pronunciadas de maneira tão embolada, vindas de lábios que jamais haviam dito frases menos que perfeitas.

No seu diário pessoal sobre os últimos dias do *Star*, em 1981, Mary escreveu: "Não quero que pensem que eu entreguei os pontos durante essa calamidade." Ela nunca o fez. Ela encarou a vida, a doença e a morte com a mesma valentia ianque que desenvolveu durante um Curso de Latim para Mulheres.

Quando fico nervosa, penso em Mary e no inestimável conselho que ela deu ao seu sobrinho, numa festa em Washington: "Sirva-se sempre dos canapés de camarão como se eles fossem seus."

Quatro

Por que o Y bem-dotado murcha, enquanto o X desabrocha

Os homens têm todo o direito de se sentirem inseguros.

Estão condenados, coitadinhos.

Não é para logo, mas, de acordo com Brian Sykes, importante pesquisador britânico que estuda os cromossomos sexuais, "eles estão com os dias contados".

Alguns estão resignados. O durão escritor Norman Mailer falou numa entrevista que sua "teoria do terror" era de que "as mulheres vão controlar o mundo... Você sabe, os homens, por piores que tenham sido com as mulheres ao longo dos anos, ao longo dos séculos, precisavam delas para que a corrida continuasse. Mas as mulheres só precisavam de uns cem escravos de sêmen que pudessem ordenhar todos os dias, para que elas mantivessem a corrida. Portanto, elas não precisam de nós. E, penso nisso seriamente: daqui a cem anos haverá apenas cem homens sobre a face da terra, e elas vão controlar tudo".

"Os homens são necessários?", perguntei ao dr. Sykes.

"As evidências mostram que não", respondeu.

"Os homens são necessários?", perguntei ao geneticista britânico Steve Jones.

"Você nem precisa dos escravos sexuais", assegurou-me ele. "Você só necessita das suas células num congelador. Com isso, só seria necessário um bom suprimento de eletricidade."

Alguns homens que conheço têm temido, há anos, tornar-se obsoletos, caso as mulheres adquiram independência biológica e financeira, aprendendo como se reproduzir e se sustentar sem eles.

A última pesquisa sobre o cromossomo Y mostra que os meus amigos amedrontados não estão paranóicos. Estão em plena queda evolucionária.

Em uma reviravolta irônica, a Mãe Natureza parece ter resolvido rebaixar os homens à posição de sexo mais frágil. É mera questão de tempo até que possamos julgar os homens em função do seu corpo, de sua adequação e talento para olhar, com olhos de lobo esfomeado, para as suas namoradas ou paqueras, pouco importando o quão entediados eles estejam.

O cromossomo Y tem sido transmitido, por bem ou por mal, há milhões de anos, e agora ele é apenas uma fração do seu parceiro, o cromossomo X. Sobre esse assunto, especialistas sugerem que dentro de cem mil a dez milhões de anos os homens podem desaparecer, levando consigo a revista *Playboy* e a pizza fria que comem pela manhã.

O cromossomo Y é um "mero espectro de sua antiga estrutura poderosa", escreveu o dr. Jones, geneticista britânico e autor de *Y: o declínio dos homens*. Os homens estão enfraquecendo. Da contagem de esperma ao *status* social, da fertilização à morte, à medida que a civilização avança, os que portam o cromossomo Y estão em relativo declínio."

Os homens têm sido "parasitas" genéticos, continuou ele, admirando-se do fato de que se Simone de Beauvoir, ou outra pessoa qualquer, escrevesse *O segundo sexo*, ela, do ponto de vista biológico, falaria sobre os homens.

"Há elementos de *Retrato de Dorian Gray*", disse ele, ameaçadoramente. "O retrato do Y está se apagando."

"Ele está se degenerando com uma rapidez tão grande, que os homens estão diante de uma 'extinção inevitável'. A queda progressiva da fertilidade masculina deixará, praticamente, todos os homens estéreis daqui a uns 125 mil anos", avisou o dr. Sykes, autor de *A maldição de Adão: um futuro sem homens*.

O dr. Sykes, sujeito apocalíptico, ou *acromossomalíptico*, acreditando na brutalidade masculina, crê que o Y tem forçado o seu corpo hospedeiro a adotar muitos comportamentos violentos e autoritários ao longo da história. Os homens têm sido "dirigidos pelo açoite de seus cromossomos Y", escreveu, e homens e mulheres têm tido que se submeter "à sua vontade".

"Empurrados, cada vez mais, pela ambição desvairada do cromossomo Y de se multiplicar de maneira irrestrita, guerras permitiram aos homens anexar terras adjacentes e escravizar suas mulheres", continuou. "Nada pode entravar o caminho do cromossomo Y. Guerras, escravidão, impérios — tudo corrobora aquela única louca ambição."

Depois de passar anos fazendo matérias sobre George W. Bush e sobre os seus impulsos frenéticos rumo à guerra e à construção de impérios, pergunto a mim mesma se ele não deveria ser chamado, mais apropriadamente, de Y, em vez de George W. Bush.

"A razão pela qual os homens queriam impérios era, na verdade, para distribuir o seu esperma o mais amplamente possível", disse o dr. Sykes. "Os imperadores guardavam grande número de mulheres para o seu uso pessoal — milhares, não somente meia dúzia. Os haréns eram grandes fábricas de procriação."

Nem todos os imperialismos são *garanhão-ismos*, claro. Não consigo imaginar o George W. Bush ou o vice-presidente Dick Cheney flanando entre odaliscas num harém, usufruindo das delícias eróticas que poderiam, como cantou Aldred Drake, no musical *Kismet*, "tirar um homem de sua seriedade mesopotâmica".

"Jamais tivemos uma imperatriz rodeada de dez mil escravos sexuais", disse o dr. Sykes. "Mulheres muito ricas raramente acumulam haréns. Não há por quê. Não há motivação, uma vez que elas só podem ter um pequeno número de filhos ao longo da vida."

Um homem saudável e em forma ainda bombeia 150 milhões de espermatozóides por dia, mas a potência global do Y pode ter atingido o seu ápice com o grande imperador mongol Gêngis Khan. O dr. Sykes considera que há uma evidência irrefutável, baseada em um estudo da Universidade de Oxford, de que 16 milhões de homens portam o cromossomo Y de Gêngis Khan. O geneticista parecia não ter certeza sobre quem tinha o comando da situação, se o superimperador mongol ou o seu Y.

"As conquistas do cromossomo de Khan devem-se às façanhas sexuais e às vitórias militares do imperador mongol?", perguntou de maneira sugestiva mas simplista, maravilhado com as gônadas do imperador. "Ou será que o Grande Khan era, também ele, levado ao sucesso na guerra e na cama pela ambição do seu cromossomo Y?"

Com certeza há um pouco de pretensão quando um homem pinta as mulheres como sendo menos dirigidas pelo desejo. A História tem mostrado que, uma vez no poder, elas podem ser tão sexualmente caprichosas e exigentes quanto eles.

Quando Bette Davis interpretou Elizabeth I, volta e meia ela mandava um dos seus amantes para a Torre de Londres, quando eles voltavam os olhos para as suas damas da corte. Catarina, a Grande, não era conhecida por seu comedimento. E o que não dizer de Agripina e Cleópatra ou de qualquer outra mulher da antiguidade sexualmente capaz?

"Não é comovente que eles pensem que nós conseguimos nos controlar?", perguntou uma antropóloga norte-americana. "Mas toda vez que um homem dorme fora, ele dorme com uma mulher. É uma questão de matemática elementar que as mulheres constituam 50% do problema. Os homens preferem se enganar e pensar que as mulheres são mandonas e antiquadas e mantêm sua sexualidade sob controle, porque eles têm medo de serem traídos pelas esposas."

As notícias de que a ovelhinha Dolly havia sido clonada sem a ajuda de um macho, e de que a fábrica de clones coreana tivera sucesso ao congelar uma dúzia de embriões humanos e duplicar cãezinhos, causaram calafrios na população masculina, dizem os geneticistas, porque eles começam a temer que a ciência possa fazer a natureza retornar ao seu estado original, feminino, e que eles sumam do mapa.

"No ano passado, cientistas japoneses conseguiram criar um camundongo fêmea perfeitamente normal sem usar um macho", disse-me o dr. Sykes. "Não se trata de clonagem. Eles pegaram um óvulo de um camundongo fêmea e, então, em vez de esperma de camundongo, eles pegaram o DNA de outro óvulo. Na mosca!"

Talvez seja por essa razão que alguns homens nas sociedades ocidentais estejam se adaptando, se tornando mais femininos e fazendo análises excessivamente, partilhando e se emocionando — os *rapazes sensíveis* e os metrossexuais urbanos, que fazem plástica no rosto, usam cremes contra rugas e camisas com flores cor-de-rosa.

É melhor ser um cromossomo X do que um ex-cromossomo.

Em setembro de 2005, a *Men's Vogue* chegou às bancas, e há uma nova revista de compras para eles chamada *Cargo*.

A seção de estilismo no *New York Times*, com o seu divino "radar gay", declarou que existe uma "onda gay" em voga, notando que está cada vez mais difícil saber quem é gay. Os heteros "estão adotando uma aparência que poderia ter sido considerada, há um ano, como gay: camisetas colantes, jeans apertados, sandálias e bolsas a tiracolo... O que acontece é que muitos homens migraram para um território intermediário, onde os indícios tradicionalmente usados para detectar a orientação sexual — cabelo, roupa, voz, linguagem corporal — estão cada vez mais ambíguos.

Um amigo meu forneceu-me um ponto de vista gay de fato (e não da "onda gay"): "Antigamente, se você visse um cara de pele lisa e bem hidratada esperando para ser atendido no balcão de uma clínica de beleza, você podia ter certeza de três coisas: ele era vaidoso, apreciava produtos hipoalergênicos e jogava no seu time. Hoje, você só pode ter certeza das duas primeiras."

Sociólogos franceses publicaram um estudo em 2005, que concluiu que os homens norte-americanos e europeus já não são tão machistas, embora os chineses ainda o sejam. "O ideal masculino está mudando completamente", afirmou o diretor de uma empresa de consultoria em marketing e estilismo. "Todos os valores masculinos tradicionais — autoridade, infalibilidade, virilidade e força — estão sendo completamente superados". Em seu lugar, disse ele, na moda e na vida, os homens estão se voltando mais para "a criatividade, a sensibilidade e a multiplicidade".

Em 2005, um jornal indiano revelou a história de um adolescente que vinha tendo o que pareciam ser menstruações durante um ano, deixando os médicos perplexos. O jovem de 15 anos sangrava pelo pênis na segunda semana de cada mês e sofria de náuseas, cólicas e mudanças de humor, relatou o jornal.

O dr. Jones contou-me que as batalhas, em todos os níveis, entre os sexos, remontam a milhares de milhões de anos. Tudo porque um dos parceiros produz células maiores chamadas óvulos e o outro se dá melhor, produzindo células menores e mais abundantes.

"Toda vez que um homem faz sexo, ele produz esperma suficiente para fertilizar todas as mulheres da Europa. E isso constitui uma divergência de interesses, porque os homens assumiram a tática de um comportamento de alto risco — distribuir muitas células, na esperança de fertilizar muitas fêmeas."

"E, agora essa tática permeia todo o seu ser, dos espermatozóides ao risco de ser fulminado por um raio, o que acontece mais aos homens do que às mulheres por causa do seu comportamento de alto risco — exibindo-se aos seus pares, jogando golfe em longos gramados ou subindo montanhas."

Um amigo meu fica muito irritado com os biólogos evolucionistas, cujas teorias sobre a evolução masculina não evoluem.

"Há muitos problemas com a explicação biológica dos sentimentos humanos", reclama. "A biologia não pode sequer explicar o comportamento sexual adequadamente. Tomemos o exemplo da promiscuidade. Nas sociedades ocidentais, o aspecto mais proeminente da promiscuidade é que ela não está ligada à procriação. No nosso modo de vida heterossexual, que tem existido há séculos, nós dissociamos o prazer masculino da distribuição da semente masculina. A libertinagem, de alto ou baixo nível, não tem a ver com formar uma família. Existe orgulho masculino, evidentemente, na promiscuidade masculina, mas não existe orgulho cromossômico. Pior ainda, as simplificações dos darwinistas retiram toda a graça da promiscuidade. Eles fazem a promiscuidade parecer uma obrigação biológica solene, em vez de exercício de liberdade e de imaginação."

A fim de salvar o cromossomo Y, o britânico dr. Sykes sugeriu que os cientistas devessem transferir o seu conteúdo para outro gene.

Ele disse que se o Y se evaporar, a reprodução terá que ser assistida de alguma maneira.

"Creio que, até eu morrer, alguns casais lésbicos terão filhos, e que ambas serão pais/mães, o óvulo de uma e o óvulo fertilizado de outra produzirão uma menina perfeitamente normal. Você poderá ter uma nova espécie humana reproduzida sem um homem sequer."

Ele fantasiou sobre um mundo sem homens, versão mitológica do culto à Diana, deusa de sociedades caçadoras-coletoras, em que as mulheres mandavam e os homens só estavam lá para fazer farra, onde não havia nenhum "cromossomo Y para escravizar as mulheres; a espiral destrutiva da ganância e da ambição fomentadas pela ambição sexual diminui e, como resultado direto, a doença do nosso planeta passa. O mundo já não mais reverbera o som dos chifres que se entrechocam em combate e as lamentáveis repercussões das guerras privadas e públicas".

Um cientista do Instituto de Ciências e Política do Genoma da Universidade de Duke duvida que um planeta sem homens — e com mulheres líderes vitaminadas com adesivos de testosterona, saudados por certos médicos como o Viagra feminino — seria tão pacífico assim.

"Lembrem-se daqueles filmes B, que terminam com amazonas desenvolvendo todos aqueles traços de caráter agressivos. Há sempre um subgrupo que se torna agressor", disse ele.

Independentemente da previsão do declínio do Y comprovar-se verdadeira ou não, não há razão para idealizar um mundo composto, exclusivamente, de mulheres.

Lendo sobre a crueldade amoral de guardas e interrogadores mulheres na base naval de Guantánamo, e nas prisões de Abu Ghraib e Bagram, é fácil acreditar que as coisas não seriam diferentes. E qualquer pessoa que tenha ido à escola católica só para meninas sabe que as Xs podem agir de maneira tão territorial, brutal e impensada quanto os Ys.

"Historicamente, os homens têm cometido a maior parte dos erros políticos", concordou o dr. Sykes. "Mas olhem a sra. Thatcher. Ela era bem terrível."

Ele estima que Adão vai acabar causando a sua própria maldição, ao acumular riqueza, posses e brinquedos, e poluir o planeta. "Seria muito irônico se o planeta poluído praticasse a sua vingança revidando na produção de esperma e tornando todos aqueles homens estéreis."

Os cientistas que predizem o declínio do Y recebem e-mails furiosos de homens que os acusam de "detestar os homens". Um site que ataca o dr. Jones brada que os homens hão de prevalecer sobre as mulheres, descritas como marxistas e nazistas.

Um cientista da Universidade de Duke recomenda que os homens ofuscados adotem uma perspectiva de longo prazo, porque "a maioria das espécies deverá sofrer mutação e desaparecer. A determinação sexual, tal como a conhecemos, só tem algumas centenas de milhões de anos, então, caso o cromossomo Y se degenere e por fim desapareça, outros mecanismos deverão surgir. Os vermes se reproduzem com fêmeas e com hermafroditas. Eles já se livraram dos homens solitários".

O dr. Jones, especialista na vida sexual das lesmas, concorda, e chama o sexo hermafrodita, assim como Woody Allen, o onanismo, de "sexo com alguém que você realmente ama".

"Muitas criaturas nem sequer ligam para o sexo", comenta. "Anêmonas-do-mar dividem-se em duas, indefinidamente, e fazem cópias de si mesmas infinitas vezes."

Ele lembra que as bananas — "apesar de sua forma sugestiva" — e as batatas são inteiramente fêmeas. E que os ovos dos jacarés tornam-se machos se eles forem esquentados, e fêmeas, se forem resfriados; e que com as tartarugas acontece o inverso.

"Há muitas e muitas maneiras de se fazer um macho", diz, e cita uma espécie de toupeira que tem machos sem cromossomo Y, e o peixe norte-americano da família dos labrídeos, de barbatana azul.

"Se você tirar um desses peixes machos do aquário, depois de alguns dias uma das fêmeas começa a ficar com as cores mais distintas e vivas, se transforma em macho, produz esperma e fertiliza as suas parceiras. As pressões sociais alteram o equilíbrio hormonal, assim como acontece com os seres humanos. Homens sob forte pressão em batalhas e mulheres treinando para uma maratona mudam os padrões hormonais."

(Eu me pergunto se a coisa funciona igualmente se você tirar um peixe fêmea do aquário. Quando me ausentei por alguns dias de minha coluna do *New York Times*, percebi que alguns colunistas homens começaram, de repente, a escrever sobre assuntos femininos.)

Os homens poderão ser salvos simplesmente pelo fortificante poder da luxúria. "As pessoas continuam tendo relações sexuais porque é divertido — se não me falha a memória", disse o dr. Jones.

"Mesmo se as mulheres fizerem dos homens seus escravos sexuais, eles encontrarão algumas com a consciência pesada, que os tirem da escravidão, como aconteceu com a escravidão propriamente dita. Eu ficaria extremamente surpreso se a tecnologia suplantasse os métodos antiquados a que estamos acostumados. As pessoas só se servem das provetas depois que a cama de casal falhou. Não conheço ninguém que vá primeiro para o laboratório."

Ainda assim considera que os congeladores de espermatozóides são uma boa idéia — para todos.

"É aconselhável que rapazes e moças de 16 anos produzam quantidades de espermatozóides e óvulos e os congelem, porque a qualidade é bem melhor do que o que se pode produzir aos 35", comentou (esse é o melhor argumento que já ouvi sobre a frigidez).

Pessimista convicto, o dr. Jones conclui que os homens são mais passíveis de serem eliminados em alguma epidemia devastadora ou em alguma guerra nuclear que eles comecem, batendo cabeça contra cabeça, muito antes que o Y degenere completamente.

A imagem do Y pode ser representada pelo personagem do Slim Pickens, de *Dr. Fantástico*, que, montado na bomba de hidrogênio como se estivesse cavalgando em pleno rodeio, acenando com o chapéu de caubói e gritando, deslancha a destruição da humanidade.

Não me surpreendo com o fato de que o Y esteja sumindo, gentilmente, naquela bela noite evolutiva.

* * *

O CD do Coldplay, *X & Y*, refere-se a incógnitas algébricas, mas a letra da música-título sobre colar algo que está quebrado poderia muito bem se aplicar às incógnitas do cromossomo Y.

O mais promissor mecanismo de sobrevivência do estropiado Y, envolve, naturalmente, o amor-próprio. O narcisismo inflexível dos homens pode levar as mulheres ao desespero de vez em quando, mas ele pode vir a salvar o seu sexo pelos próximos milhões de anos.

Uma matéria na seção de ciências do *New York Times* analisava uma extraordinária descoberta feita por cientistas norte-americanos em 2003.

"A decadência dos Ys vem do fato de que é proibido desfrutar a principal vantagem do sexo, que é, evidentemente, que cada um dos membros de um par de cromossomos troquem, entre si, partes de DNA", explicou, acrescentando que os pesquisadores haviam observado que "uma vez negados os benefícios da recombinação com o X, o Y se recombina consigo mesmo".

Espécie de noitada quintessencial entre rapazes. Em outras palavras, o cromossomo Y bolou uma solução hercúlea para se salvar da extinção: dando uma reviravolta sobre si mesmo, extremamente difícil, e trocando matéria molecular consigo mesmo — como uma daquelas tortuosas posições de ioga.

O dr. Jones não acredita que isso funcione: "O narcisismo tende a não durar muito". (Dito por um homem que parece jamais ter se deparado com um narcisista).

A bióloga Olivia Judson concorda que os homens talvez precisem de mais do que deles mesmos para sobreviver. Evolucionista britânica de 35 anos, ela diz que o verme deu o pulo do gato.

"Por muito tempo, assumiu-se que a promiscuidade era boa para os machos e ruim para as fêmeas, em função do número de filhos que podiam ter", disse-me. "Mas, a partir de 1988, começou a tornar-se evidente que as fêmeas estavam se beneficiando ao fazerem sexo com muitos machos, pois mais fêmeas promíscuas estavam tendo filhos mais saudáveis."

Em seu livro, a doutora escreveu sobre os poderosos bebês sanguessuga, observando que fêmeas de mais de oitenta espécies, como o louva-a-deus, têm sido vistas devorando os seus amantes antes, durante e depois do acasalamento.

"Tenho orgulho particularmente da minha lagarta marinha *Bonellia viridis*", contou-me. "Na verdade, o macho é duzentas mil vezes menor. É um pequeno parasita que vive em função da reprodução da fêmea, regurgitando esperma pela boca e fertilizando os seus ovos."

E há, ainda, a pequenina mosquito fêmea, que finca o ferrão dentro da cabeça do macho durante a procriação. Segundo a dra. Judson, "a saliva da fêmea transforma o interior do macho em uma sopa, que ela engole e bebe até que ele esteja totalmente seco."

O *The Economist* escreveu sobre uma variação das histórias arrepiantes do tipo garota-come-rapaz. A aranha-de-jardim tecelã macho se mata antes que a fêmea possa fazê-lo. Biólogos, hoje, crêem que, ao morrer, ele se transforma em uma rolha, evitando que outros machos copulem com a fêmea, e, assim, garantindo que os seus próprios genes tenham mais chances de serem perpetuados.

Lesma ou rolha — com qual dos dois você prefere sair?

Outra história para fazer qualquer homem tremer nas bases. Pescadores na costa leste norte-americana trouxeram do mar algo surpreendente, em 2005. Um caranguejo com dois sexos, um ginandromorfo bilateral, com o lado direito feminino e o esquerdo masculino (a vantagem de ser um ginandromorfo bilateral é que você nunca tem que passar horas se arrumando para sair).

Antes de entregar o caranguejo aos cientistas, os pescadores fizeram a sua própria experiência com a vida sexual do animal. "Eles jogaram dentro de um tanque uma fêmea que estava pronta para o acasalamento", relatou um jornal. "Primeiro, o caranguejo meio-macho-meio-fêmea colocou-a sob o seu corpo, como fazem os machos ao se prepararem para o acasalamento. Depois, ele pareceu perder o interesse pela fêmea e deixou-a partir."

No dia seguinte, o lado fêmea do caranguejo *bi* emergiu e comeu metade da pobre fêmea disposta a procriar — coisa que os caranguejos fêmeas fazem umas às outras quando se sentem vulneráveis, depois de trocarem de carapaça.

Os pescadores deram o caranguejo malvado aos cientistas, dizendo que preferiam pescar uma sereiazinha.

* * *

Não somente o Y está encolhendo, como o X está se superando.

Uma pesquisa publicada na revista *Nature*, em 2005, revelou que as mulheres são geneticamente mais complexas do que os cientistas haviam suposto, enquanto os homens permanecem sendo as criaturas simples que pareciam ser.

"Infelizmente", disse um cientista da Universidade de Duke, co-autor do estudo, "em termos genéticos, se você já viu um homem, você já viu todos. Nós somos, e detesto ter que admiti-lo, previsíveis. Não se pode dizer o mesmo das mulheres. Os homens e as mulheres são muito mais diferentes do que pensávamos. Não é só Marte ou Vênus. É Marte ou Vênus, ou Saturno, ou Júpiter, ou sabe-se lá que outro planeta!"

As mulheres não são apenas mais diferentes dos homens. Elas são mais diferentes, como pensávamos, das outras mulheres também.

"Nós, pobres homens, só temos 45 cromossomos para funcionarmos, porque o 46º é um segundo X, que opera em níveis mais diversos do que imaginávamos", disse o pesquisador, acrescentando que a sua descoberta pode ajudar a explicar por que o comportamento e as características dos homens e das mulheres são tão diferentes. As diferenças podem ter origem no cérebro, além dos hormônios e da cultura.

Surpreendentemente, os pesquisadores descobriram que 15% dos genes — entre duzentos e trezentos — do segundo cromossomo X nas mulheres, que se acreditava serem submissos e inertes, repousando languidamente sobre um sofá evolucionário vitoriano, são, de fato, ativos, e dão a elas um aumento significativo, em relação aos homens, na expressão genética.

Um repórter do *New York Times*, que está escrevendo um livro sobre a evolução humana e a genética, explicou-me: "As mulheres são como mosaicos, pode-se até dizer quimeras, no sentido de que são formadas por dois tipos de células. Enquanto os homens são puros e descomplicados, feitos totalmente de apenas um tipo de célula."

Isso quer dizer que as generalizações feitas pelos homens sobre as mulheres são verdadeiras, se estendermos a abordagem metafórica à realidade cromossômica. As mulheres são imprevisíveis, mutáveis, engenhosas, idiossincráticas, uma espécie diferente.

"Os cromossomos das mulheres são mais complexos, o que os homens interpretam como imprevisibilidade", afirmou David Page, especialista em evolução sexual.

Conhecido como dr. Y, o dr. Page considera-se "o defensor do cromossomo Y em putrefação".

"Prefiro pensar no Y como perseverante e nobre, e não como algo desprezível no genoma humano", disse ele.

Ele fez uma imagem divertida do cromossomo Y: "animal vil", que senta na sua poltrona preferida, rodeado de restos de pacotes de comida pronta e pedaços mordidos de *pizza*. "O Y quer se sustentar, mas sem saber como. Ele está se desintegrando, como o sujeito que não consegue marcar uma hora no médico ou fazer uma faxina na casa, a não ser que a sua esposa ou namorada faça por ele."

O dr. Page afirmou que o Y — refúgio, ao longo da evolução, para qualquer gene que é bom para os homens e/ou mau para as mulheres — tornou-se "um espelho, uma metáfora, um papel em branco onde se pode escrever o que quer que se queira sobre os homens". Há desenhos de mapas genéticos inspirados, que mostram o gene-que-arrota, o gene-não-consigo-me-lembrar-dos-aniversários, o gene-adoro-aranhas-e-répteis, o gene-da-audição-seletiva-'o que foi meu bem?', o gene-não-sei-expressar-meus-sentimentos-pelo-telefone.

"O Y casou e melhorou de vida, o X casou e piorou", concluiu.

A descoberta da expressão genética superior das mulheres pode responder à antiga pergunta sobre por que os homens têm dificuldade de expressar-se: porque os seus genes também têm.

* * *

Por falar em planeta sem homens, e aquelas moscas-das-frutas que, com a mudança de uma só célula, tornaram-se lésbicas (não que haja algo de errado com isso)?

O *New York Times* publicou na primeira página, em 2005, que os cientistas ficaram perplexos ao observarem o comportamento da mosca-das-frutas fêmea, à qual eles haviam atribuído, artificialmente, um único gene masculino:

"Quando a mosca-das-frutas geneticamente modificada foi solta na câmara de observação, ela fez o que esses procriadores por excelência tendem a fazer", escreveu a repórter da matéria. "Perseguiu uma fêmea virgem. Tocou-a, gentilmente, com as pernas. Tocou-lhe uma canção (usando as asas como instrumento musical). E só então ousou lambê-la — tudo isso fazendo parte da sedução padrão das moscas-das-frutas."

A história surpreendeu porque, numa época em que os norte-americanos estão tentando controlar o seu meio e todos os aspectos de suas vidas, tratava-se de lembrar que um gene pode transformar tudo. Como anunciou inicialmente a revista *Cell*, bastou inserir um "gene sexual principal" para criar padrões de comportamento sexual.

"Em uma série de experiências, os pesquisadores descobriram que as fêmeas que receberam a variante genética masculina agiam exatamente como machos durante a corte do acasalamento, perseguindo loucamente outras fêmeas", escreveu a repórter do *New York Times*. "Os machos que receberam variantes genéticas femininas tornaram-se mais passivos e voltaram-se, sexualmente, para outros machos."

O principal autor do estudo comentou: "É muito surpreendente. Isso nos revela que os comportamentos instintivos podem ser especificados por programas genéticos, como acontece com o desenvolvimento morfológico de um órgão ou de um nariz."

Embora não esteja claro se há uma alteração de gene principal similar que possa influenciar e determinar o comportamento dos seres humanos, cientistas animados predisseram, entusiasmadamente, que os extraordinários resultados deslocariam o debate sobre as preferências sexuais do domínio da moral para o domínio da ciência.

Será que eles já conhecem o senador Rick Santorum? (Ele disse, de forma memorável, que o casamento não seria aberto aos homossexuais, ou outros, como os que "fazem sexo com crianças" ou que "fazem sexo com cachorros". Disse também que não era surpreendente que o escândalo da pedofilia na Igreja Católica assombrasse Boston, pois essa cidade patrocinava a "liberdade sexual" de maneira excessivamente liberal.)

"Você não vai conseguir convencer a direita religiosa", riu um cientista da Universidade de Duke. "Mas, certamente, essa é a primeira vez que tivemos uma demonstração clara de que pode haver um real controle genético sobre tendências sexuais. Os seres humanos se adaptaram à homossexualidade. Pensem nos gregos da Antiguidade. A homossexualidade não é necessariamente uma coisa ruim, geneticamente falando. É uma coisa improdutiva, em termos genéticos. Porém, enquanto homossexualidade e heterossexualidade coexistirem, a natureza vai evoluir."

Não há muito estímulo a esse tipo de pesquisa, pois ela incomoda a todos.

"Tanto conservadores quanto liberais amam e odeiam essa pesquisa", explicou o dr. David Page. "Digamos que nós encontremos uma evidência inegável de que os genes determinam a preferência sexual, que o estilo de vida gay não é uma questão de escolha. Os liberais vão dizer: 'Temos lhes dito há anos que não há escolha nesse assunto. Como vocês podem discriminar os gays baseados nos genes?' E os gays poderão dizer, como as pessoas surdas: 'se vocês encontrarem um gene gay na sua família, vão abortar para eliminar os bebês com os genes gays?'"

Outra matéria do *New York Times*, sobre feromônios, confirmou a noção de que a homossexualidade pode ser inata.

"Com o auxílio de uma ultra-sonografia do cérebro, pesquisadores suecos demonstraram que homens homossexuais e heterossexuais reagem de maneiras diferentes a dois odores que podem estar relacionados ao desejo sexual, e que os homens gays reagem da mesma forma que as mulheres", escreveu um jornalista do *New York Times*. Dois dos elementos químicos do estudo "eram um derivado da testosterona, produzido pelo suor dos homens, e um composto semelhante ao estrogênio, da urina das mulheres; tem-se suspeitado que ambos os elementos sejam feromônios... O composto semelhante ao estrogênio, embora acionasse, nas mulheres, as regiões habitualmente acionadas pelo odorato, ativou o hipotálamo dos homens. Essa é uma região na base central do cérebro que controla a glândula pituitária, que fica logo abaixo e que governa o comportamento sexual, assim como o estado hormonal do corpo.

"O composto químico derivado do suor masculino, por outro lado, fez exatamente o oposto. Ele ativou, sobretudo, o hipotálamo das mulheres e as regiões ligadas ao odorato dos homens."

Até o comediante Dennis Miller, conservador em tantos assuntos, pensa que a direita religiosa tem que desistir de suas tentativas de ajudar irmãos e irmãs *perdidos* a abandonarem o *pecado* da homossexualidade. "Se você for um gay do tipo que tem um calendário anual com bombeiros sensuais pregado na geladeira, você não vai conseguir se convencer a mudar de campo", comentou ele.

Os cientistas costumavam pensar que seria difícil demais controlar, geneticamente, o comportamento. Agora, porém, estão começando a achar que pode ser viável. Se você puder controlar o homossexualismo com um gene, você talvez consiga, também, controlar a monogamia.

Pesquisadores da Universidade de Emroy anunciaram na revista *Science*, que, por causa de um gene, alguns roedores machos — semelhantes aos camundongos — eram pais dedicados e parceiros fiéis, enquanto que outros eram deficitários em ambos os aspectos.

Os cientistas afirmaram haver detectado a mesma seqüência de DNA em seres humanos, mas que não sabem como ela influencia o comportamento humano.

Segundo a explicação veiculada no *Times*, os roedores machos que têm uma versão longa dessa seção de DNA são monogâmicos e dedicados à sua cria, enquanto roedores com versões curtas da linha de DNA, não: "As pessoas têm a mesma variabilidade em seus DNAs, com uma seção de controle com apenas 17 segmentos detectados até agora."

Portanto, o tamanho é, mais uma vez, importante: dessa vez, quanto maior você for, mais sincero.

O repórter do *New York Times* fez a pergunta que vale ouro: "Então as mulheres deveriam procurar um homem com a região de controle de DNA mais longa possível, na esperança de que, como os roedores, eles apresentem "probabilidades crescentes de preferências por parceiras já conhecidas, em vez de fêmeas novas e desconhecidas?"

O dr. Larry Young respondeu que o efeito genético nos homens seria influenciado pela cultura e que, portanto, "seria difícil prever em termos individuais". Foi um alívio ouvir um cientista mencionar, finalmente, o poder da cultura.

A matéria do *Times* observava ainda que o mesmo mecanismo de controle do DNA também está presente nos primos mais próximos dos seres humanos, o chimpanzé e o bonobo, o que leva à controvérsia sobre qual desses dois é o mais próximo de nós. "Os chimpanzés operam de maneira territorial, baseados em sociedades controladas por machos que conduzem ataques freqüentemente mortais a outros grupos. Os bonobos, que parecem muito com os chimpanzés, são governados por fêmeas e facilitam quase todas as interações sociais com o uso abundante do sexo."

Dr. Page me disse que os vários comportamentos humanos registrados no DNA agem "no sentido de garantir nossa adaptabilidade a longo prazo", e que ambos os sexos deveriam parar de ter fantasias do tipo Henry — ou Henrietta — Higgins (o misógino protagonista de *Minha bela dama*), de tentar se livrar das características irritantes do sexo oposto.

Dos desenhos rupestres das cavernas até os e-mails, os sexos têm sabido conviver um com o outro e têm se acomodado um ao outro, durante bilhões de anos, desde a sopa primordial, afirma o cientista.

"Se começarmos a mexer no comportamento dos sexos", continuou, "isso pode levar ao caos".

* * *

Os mamilos dos homens comprovam a teoria da evolução?

Não, de acordo com um site do Museu da Criação dedicado a mostrar que a Bíblia está, literalmente, certa e que a tentadora Eva realmente fez o Jardim do Éden cair na cabeça do pobre Adão.

Embora os mamilos sejam biologicamente naturais para os homens, um *especialista* criacionista do site observou que eles não provêm, necessariamente, da seleção natural. Eles podem ser, tão-somente, um elemento de decoração do Criador (como os adereços para capô de carro). Quem somos nós para questionar os Seus desígnios, perguntou o especialista, já que não podemos ousar compreender a Sua mente?

Em uma sociedade mais preocupada em legislar sobre a religião do que em fazer avançar a ciência, onde as escolas têm, cada vez mais, medo de ensinar a teoria da evolução, e onde muitos cinemas estão até se esquivando de mostrar filmes que mencionem a evolução, o debate evolução-criacionismo ataca questões como os mamilos dos homens e os orgasmos das mulheres.

Ambos são produtos derivados do fato de que embriões masculinos e femininos têm as mesmas características, com exceção dos cromossomos diferentes, da sexta à nona semana de vida — até o Y dar o ar de sua graça.

Uma revista de estilo de vida para homens explicou a leitores mais confusos: "Ficamos com os mamilos e algum tecido mamário excedentes. O aumento anormal dos seios nos homens é conhecido como ginecomastia. A ginecomastia pode ser causada pelo uso de esteróides anabolizantes. Portanto, se o astro do beisebol Barry Bonds aparecer para jogar com enormes peitos empinados, então acho que finalmente teremos a nossa resposta à controvérsia sobre os esteróides."

Donald Symons, professor de antropologia da Universidade da Califórnia, que escreveu *A evolução da sexualidade humana*, aventou a possibilidade de que a seleção natural favorecesse os mamilos femininos, porque as mulheres precisavam deles para o sucesso da procriação. Os mamilos dos homens só existiriam por um descuido da evolução.

(Apesar de um artigo do *The Times* de Londres sugerir que, na ausência de uma mãe, o mamilo de um homem poderia ser igualmente reconfortante para um bebê que estiver chorando.)

De maneira similar, a seleção natural favoreceu o orgasmo masculino, porque os homens usam as contrações do orgasmo como forma de expelir o esperma. Os orgasmos femininos também só surgiram por um descuido da evolução, pois as mulheres prescindem dos dutos eréteis e nervosos, devido à sua anatomia interior.

A dra. Elisabeth Lloyd escreveu em seu livro *O caso do orgasmo feminino: preconceito na ciência da evolução*, que uma vez que os mamilos masculinos e os orgasmos femininos não eram necessários à reprodução, eles podem ter sobrevivido, apenas, como poderia ter dito George Costanza de *Seinfeld*, "para fazer um agrado".

"Continuando o paralelo, eu acrescentaria que ambos os bônus embriológicos — o mamilo masculino e o equipamento orgásmico feminino — podem ser usados pelas partes presenteadas", escreveu ela. "Os homens herdam não somente a estrutura do mamilo, mas também a sensitividade sensorial e sexual do mamilo feminino, e eles podem usufruir isso em suas práticas sexuais. De maneira similar, as mulheres herdam o clitóris e os tecidos eréteis estruturais, bem como as conexões neurais necessárias à experiência do orgasmo, e podem fazer uso deles."

A dra. Lloyd, filósofa da ciência e professora de biologia, causou rebuliço com o seu livro, em 2005, que examina todas as teorias sobre o propósito evolucionário do orgasmo feminino.

Ela disse ter certeza de que o clitóris é uma adaptação evolucionária selecionada para criar excitamento, levando ao ato sexual e, então, à reprodução. Mas como o orgasmo não tinha qualquer relação com a fertilidade ou com a reprodução, ela disse que o clitóris deve ter sobrevivido, simplesmente, "pelo prazer".

Nos anos 1970 e 1980, a *Cosmopolitan* publicava, regularmente, artigos sobre o "grande O". Havia um intenso debate dirigido por opiniões destrambelhadas de especialistas homens, que sugeriam que o gozo conjunto era comum e superior, e que os orgasmos clitorianos eram inexistentes ou inferiores aos vaginais, estes alcançados somente por meio do ato sexual, sem estimulação clitoriana. Tradicionalistas se recusaram a acreditar que um orgasmo pudesse existir puramente pelo prazer, sem a justificativa da reprodução.

A dra. Lloyd observou que a maioria das teorias sobre o orgasmo na "cliteratura" científica, para empregar o termo cunhado pelo escritor Christopher Buckley, era desenvolvida pelos homens, que não entendiam a natureza do orgasmo feminino e tinham expectativas equivocadas, baseadas na dinâmica do orgasmo masculino. Essas teorias capengas acabavam fazendo as mulheres sentirem-se esquisitas e anormais, quando a sua experiência não estava à altura.

De certa forma, há uma analogia com o que aconteceu com as mulheres e o vestuário nos anos 1970. Assim como elas pensavam que igualdade significava imitar a maneira profissional masculina de se vestir, acreditavam também que igualdade significava imitar os orgasmos masculinos. Hoje, as mulheres podem vestir-se — e gozar — à sua própria maneira.

A dra. Lloyd analisou 32 estudos, realizados ao longo de 1974, sobre a freqüência dos orgasmos femininos durante a relação sexual. Ela descobriu que, quando a relação era "incompleta" — não acompanhada de um estímulo do clitóris —, somente um quarto das mulheres estudadas tinha orgasmos freqüentemente, ou muito freqüentemente, durante a relação e cinco por cento nunca tinham tido orgasmos, embora muitas engravidassem.

Como Natalie Angier indicou no seu livro *Mulher: uma geografia íntima,* Marilyn Monroe, ícone sexual mais elaborado do século XX, e, certamente, enorme fonte de auto-erotização para milhares de fãs, confessou a uma amiga que, apesar dos três maridos e da coleção de amantes, "nunca tinha atingido o orgasmo". Com toda aquela aparência de "quanto mais quente melhor", Marilyn era forte no "mais", porém não entendia nada de "quente".

Em 2005, o *Los Angeles Times* revelou que Marilyn, depois de algum tempo, acabou aprendendo a ter orgasmos com o seu terapeuta, que a ensinou a estimular-se sozinha para que, em seguida, ela pudesse gozar acompanhada. "Nunca tinha chorado tão forte, como na primeira vez em que tive um orgasmo", disse Marilyn, nas gravações secretas do terapeuta. "Como é que eu posso contar para você, um homem, o que é um orgasmo para uma mulher? Vou tentar. Pense numa lâmpada que tem um controle de intensidade. Quando você gira o botão, lentamente, a lâmpada começa a ficar brilhante, mais brilhante, cada vez mais brilhante, completamente iluminada. Quando você desliga, ela vai perdendo a intensidade, devagar, até se apagar por completo."

Angier chega a questionar, de forma primorosa, a razão da própria existência do clitóris.

"Talvez você já tenha se perguntado. Talvez você tenha remoído o velho questionamento sobre o porquê de as mulheres terem um órgão dedicado apenas ao prazer sexual, enquanto são os homens que, supostamente, se dedicam a ele com exclusividade. Tem-se a imagem de que os homens estão prontos para o ato sexual, a qualquer momento, enquanto as mulheres preferem um bom chamego. No entanto, eles se vangloriam quando atingem o clímax três ou quatro vezes por noite, comparados aos cinqüenta ou cem orgasmos que uma atleta sexual pode ter em uma ou duas horas. Pode-se pensar que se trata de uma piada, assim como a dissonância sexual, em que um homem atinge o auge do seu desempenho antes de ser um homem feito, aos 18 ou vinte anos de idade, enquanto a mulher só desabrocha inteiramente aos trinta ou quarenta.

Angier discorda de biólogos evolucionistas, que reduzem as relações entre X e Y ao estereótipo da mulher relutante e do homem ardente, como ilustrado nos versos "familiares atribuídos a William James, Ogden Nash e Dorothy Parker":

"Ógamos, égamos
Homens são polígamos
Ígamos, ógamos,
Mulheres são monógamas."

(Ou, como escreveu a poeta Elizabeth Bishop, em 1944, "vou pegar um ônibus para tentar encontrar alguém monogâmico".)

"Uma avalanche de estudos tem mostrado que o casamento acrescenta mais anos à vida dos homens do que à das mulheres", afirmou Angier. "E por quê, se eles são tão 'naturalmente' inadequados ao matrimônio?"

Rejeitando as racionalidades darwinianas para o comportamento de Bill Clinton, ela diz que o comportamento das mulheres pode ser mais determinado pela política e pela cultura do que por hábitos sexuais:

"Será que um homem continuaria achando que um desfile ininterrupto de parceiras é atraente se as seguintes regras fossem aplicadas: independentemente de ele gostar de uma parceira em especial e de sua performance, e querer voltar a dormir com ela, ele não terá escolha, e dependerá do desejo e da boa vontade dela para todo futuro contato; o sexo casual diminuirá o seu status e o tornará menos atraente para as outras mulheres; a sociedade não perdoaria a sua libidinagem, qualificando-o de lamentável, sujo e pequeno? Enquanto os homens não estiverem sujeitos aos mesmos padrões severos e às ameaças de censura que se aplicam às mulheres, e enquanto as mulheres forem vistas com maus olhos quando envolvidas em relacionamentos ditos casuais, será difícil continuar afirmando, de maneira tão categórica, que é natural que os homens gostem de ter muito sexo com muitas pessoas, e que as mulheres, não."

Ela sugere que as mulheres mais jovens podem se sentir atraídas por homens mais velhos, não por eles terem mais recursos, como afirmam os biólogos evolucionistas, mas porque eles consomem menos oxigênio do que os jovens garanhões em ação.

E propõe a seguinte pergunta: "Será que esse homem mais velho é mais atraente não por ser mais poderoso, mas porque, em sua maturidade, ele perdeu parte de seu poder e tornou-se menos interessante e desejável, e potencialmente mais grato e gracioso, mais passível de demonstrar a uma jovem que há um equilíbrio de poder no relacionamento? A regra sumária é: ele é um homem, eu sou uma mulher — ele leva vantagem. Ele é mais velho, eu sou mais jovem — a vantagem é minha... Quem consegue respirar na presença de um belo jovem cujo ego, se expressado em termos de vapor, poderia preencher a Biosfera2? Nem mesmo, temo ter que dizê-lo, uma bela mulher."

Angier também se opõe à presunção de que as mulheres têm um desejo sexual menor do que o dos homens. Ela explica que esse desejo "não é suficientemente pequeno. Ainda existem rastros suficientes de impulso de infidelidade feminina para que culturas em todo o mundo tenham que combatê-lo, articulando uma rígida dicotomia através de ameaças para toda aquela que der um passo em falso e fizer a coisa errada. Ainda existem rastros de infidelidade feminina suficientes para que se justifiquem a infibulação, o véu, a clausura. Os homens têm o desejo sexual naturalmente maior, e, no entanto, as leis, os costumes, os castigos, a vergonha, as restrições, a mística e a propaganda visam, com total fúria masculina, à libido fraca, sonolenta e hipoativa das mulheres".

Podemos verificar esse fato de maneira ainda mais evidente agora, que estamos nos debatendo contra a cultura islâmica radical, que humilha, apedreja, estupra e executa mulheres, no intuito de suprimir a sua sexualidade. Isso sufoca a obrigação delas de contribuir para a sociedade e desperdiça os seus cérebros, corações e competências por causa de medos inatos, obscenos, de que a civilização possa ruir diante da visão de um tornozelo ou uma clavícula de mulher.

Matar pela honra só é permitido aos homens. "Parece prematuro atribuir a relativa falta de interesse feminino à variedade sexual da natureza biológica das mulheres unicamente, uma vez que há claras evidências de que elas apanham freqüentemente em caso de promiscuidade e adultério", observou uma primatologista. "Se a sexualidade feminina é mais fraca comparada à masculina, por que os homens, em todo o mundo, adotam medidas extremas para controlá-la e contê-la?" Então, o que querem as mulheres? Liberdade e paridade emocional, segundo Angier.

O livro da dra. Lloyd foi publicado no mesmo momento em que um estudo feito em Londres, sobre gêmeos, sugeria que a habilidade feminina de ter orgasmos é um terço genética. O que o *New York Post* chamou de "anticlímax genético": uma em cada três entrevistadas disse nunca, ou quase nunca, haver alcançado o orgasmo durante uma relação, e 21% afirmaram que nunca, ou raramente, haviam gozado com a masturbação.

Os cientistas de tal estudo explicaram que suas descobertas não significavam que as mulheres com genes de orgasmos fracos estavam ferradas, porém que mais paciência e atenção seriam necessárias (como na cena de *Gigolô americano*, em que Richard Gere diz a Lauren Hutton que ele passou três horas fazendo amor com uma senhora de setenta anos. "Quem mais teria se dado a esse trabalho?", pergunta-se, admirado, congratulando-se, no seu terno Armani).

Outro estudo, realizado na Holanda, mostrou que as mulheres podiam fingir ter orgasmos para os seus parceiros, mas não para si mesmas. Ultra-sonografias do cérebro revelaram que, quando o orgasmo era real, as partes do cérebro ligadas ao medo, à emoção e à consciência eram desativadas (portanto, se vocês quiserem fingir, meninas, não durmam com um neurologista).

Gosto da perspectiva feminista da dra. Lloyd sobre o orgasmo, mas não sei se concordo com ela quanto ao orgasmo não ter um papel no mecanismo de *adaptação* do processo de evolução.

Minha tendência é concordar mais com a visão de uma leitora que escreveu uma carta ao *New York Times*, depois de ler uma resenha do livro da dra. Lloyd. Prefiro imaginar que a leitora, quem quer que ela seja, compôs a sua missiva apimentada no Galatoire's, degustando uma sopa de tartaruga com um Sazerac, entre casos acalorados do tipo *Acerto de contas*, antes de eles se tornarem um desacerto.

"Embora eu não seja bióloga, proponho uma teoria baseada no bom senso, que explica por que o orgasmo feminino tem sido 'adaptativo' na nossa espécie", escreveu. "Os homens que têm o costume de ajudar as mulheres a atingir o orgasmo são, de alguma forma, mais empáticos, mais ligados afetivamente às suas parceiras, mais perspicazes emocionalmente e, talvez, mais sedutores.

"As três primeiras características são atraentes para as mulheres; elas também fazem deles melhores pais, e, conseqüentemente, lhes permitem gerar filhos com mais facilidade e criá-los de maneira mais bem-sucedida.

"As duas últimas características, perspicácia e sedução, são, por definição, passíveis de atrair parceiras, mesmo que não estejam associadas a uma boa capacitação para ter e educar filhos.

"Na verdade, quanto menos o orgasmo feminino estiver ligado ao ato sexual, mais competência e inteligência emocionais devem ter tido os nossos ancestrais masculinos para propiciar o orgasmo feminino — seja por razões altruístas ou interesseiras.

"Assim, mulheres que escolhem homens que são melhores amantes têm ajudado a produzir seres humanos mais sagazes e sensíveis."

Portanto, pode até haver um imperativo biológico para a generosidade na cama.

Cinco

Gatinhas, telefonemas eróticos, "carne de estrada" e barangas da sorte

Certa vez, na década de 1980, fui ao escritório da *Cosmopolitan*, para fazer um trabalho *freelancer*. Um editor entregou-me um fichário vermelho com idéias para reportagens que eram estranhamente reversíveis.

Eu podia escolher entre "Tive um caso com o pai do meu melhor amigo", ou "Tive um caso com o melhor amigo do meu pai".

"Minha aventura com o meu ginecologista / psiquiatra / dentista" ou "Meu ano de celibato".

Havia também: "Sou uma garota *Cosmo* porto-riquenha" ou "Sou uma garota *Cosmo* negra e deficiente física".

Senti-me meio provinciana. Não havia tido aventuras com o meu dentista, nem com o melhor amigo do meu pai. Por isso, escolhi a matéria intitulada "Chegando aos trinta". Eu havia lido tantas *Cosmo*, que pensava ter entendido a fórmula perfeitamente (na faixa dos vinte, eu seguia, religiosamente, os conselhos da *Cosmo* sobre como comprar lençóis de cetim e colocá-los na geladeira no verão ou como abrir um livro com um título provocante no ônibus ou no metrô, para que um cara tivesse uma desculpa para conversar com você — usei *Crime e castigo*, mas não deu muito certo).

Eu apimentava o meu artigo com pontos de exclamação e itálicos, *à la Cosmo*. Mas minha versão final retornou com um comentário escrito à mão pela própria diretora de revista, Helen Gurley Brown, à margem do texto: "Pura baboseira".

Como todas as criadoras de moda, a autêntica garota *Cosmo* sabia a diferença entre verdadeiro e falso. Eu reescrevi o artigo completamente, tirando os itálicos.

Brown sempre pensou que não se deve mexer em uma fórmula que faz sucesso. Ela manteve essa fórmula em lugar seguro durante toda a revolução feminista e a era do politicamente correto, até que as mulheres voltassem para as artimanhas de sedução.

Brown tem a integridade da meia arrastão que tanto gosta de usar, anunciando a mesma filosofia sedutora pré-feminista, pós-feminista e pós-menopausa. Ela é a versão feminina do fundador da revista *Playboy*. Ambos começaram nos anos 1950, antes das ideologias sobre o feminismo e a pílula, e dispunham-se a ser ridículos, às vezes, a fim de consagrar todas as suas vidas às questões relativas ao sexo: quem, quando, por que, onde e como.

Ela foi editora de uma das revistas de maior sucesso de todos os tempos, mas jamais foi premiada por conteúdo editorial pela *National Magazine Awards*. Em 1996, foi homenageada pelo seu sucesso comercial e nomeada para o *Hall* da Fama. Naquela ocasião, fui ao seu escritório para bater um papo.

Ela havia colocado o troféu de vidro sobre a mesa, embaixo de uma fotografia da jovem Christie Brinkley, quando ainda era uma supermodelo dos anos 1980, luzindo num biquíni dourado. O escritório era o que se pode imaginar de uma editora que passou toda uma vida exortando jovens a liberarem sua pantera interior. Havia um tapete de oncinha, papel de parede de florzinha, espelhinhos pendurados em tudo quanto é canto, velas na mesa, perfume Channel perto da janela e o CD com grandes sucessos de Sammy Davis Jr. no aparelho de som.

Ainda àquela altura, aos 73 anos, Brown continuava irredutivelmente juvenil, magra como um varapau e com o cabelo curto encaracolado. Ela e a sua revista haviam parado no tempo. Ela vinha relançando as mesmas matérias desde que eu estava na faculdade ("Qual é a duração certa do orgasmo?", "Como segurar um homem, deixando-o livre?", "Ela é só uma boa amiga ou está querendo o seu marido?"). A única diferença é que se acrescentavam números aleatórios para criar um efeito de choque, com manchetes do tipo: "1.213 maneiras de dar prazer a um homem sem acordá-lo" e "346 maneiras de curvar o corpo durante o jantar para lhe murmurar que você não está usando calcinha".

Ela estava alegre, escondendo qualquer mágoa que estivesse sentindo, porque a empresa que ela havia dirigido durante trinta anos estava sendo entregue de bandeja à Bonnie Fuller, jovem editora que fez nome imitando Brown.

Começávamos uma nova era, inspirada em Anita Hill — a professora negra que acusou o juiz Clarence Thomas de assédio sexual —, e temiam que a inalterada versão, mantida por Brown, da garota *Cosmo*, que gosta de *lingerie* e de homens casados, fosse tão fora de moda quanto a coelhinha da *Playboy*. A sua negligência quanto à ameaça que a AIDS constituía para as mulheres e a sua complacência em relação ao assédio sexual incomodavam a empresa.

"Eu dividi a companhia com as feministas dos anos 1970, que pensavam que você tinha que usar suéteres de gola rulê cinza-chumbo e nenhuma maquiagem", disse ela, usando roupas de grife e jóias de ouro escandalosas. "Fui acusada de atrapalhar a causa porque ainda falava às mulheres como se elas fossem objetos sexuais. Mas ser um objeto sexual é ótimo, e você é digna de pena se não for um."

Ela não reconhecia nenhum mérito nas "feministas radicais", como as chamava. "Gloria Steinem e o seu grupo foram até a revista *Time* e exigiram que as mulheres pudessem ser repórteres, e não somente estenógrafas. Tinha-se que estabelecer que as mulheres eram iguais aos homens, tanto em estupidez quanto em inteligência."

Em pleno furacão sobre o assédio sexual desencadeado por Anita Hill, quando senadores grisalhos estavam sendo caçados por fúrias feministas, fazendo-os prometer que nunca mais seriam insensíveis,

Brown escreveu uma matéria hilariantemente fora de época para o *Wall Street Journal* intitulada "No trabalho, eletricidade sexual faz a criatividade disparar".

Ela explicou que se recusava a editar artigos sobre assédio sexual na *Cosmo* porque "tenho essa idéia, possivelmente, inexplicável, de que, quando um homem te acha sexualmente atraente, ele está te fazendo um elogio... quando não o faz, é porque está na hora de começar a ficar preocupada".

Brown falou saudosamente sobre o seu início difícil numa estação de rádio, enquanto fazia um curso de secretariado. Naquela época, os homens se divertiam com um *jogo de cavalheiros* chamado Corrida.

"Regras: todos os radialistas ou engenheiros de som que não estivessem ocupados escolheriam uma secretária, correriam atrás dela pelos corredores até o arquivo de discos, e voltariam correndo até as cabines, para agarrá-la e tirar a sua calcinha. Depois que estivesse sem calcinha, a garota poderia recolocá-la. Nada de mau acontecia. Tirar a calcinha era o único objetivo da brincadeira.

"Enquanto isso tudo acontecia, a garota costumava gritar, espernear, bater, enrubescer, ameaçar e fingir desmaios, mas, que eu saiba, nenhum 'corredor' jamais foi parar na sala do diretor. Muito pelo contrário, as garotas colocavam as calcinhas mais bonitas para ir ao trabalho."

Quanto a ela, disse: "Infelizmente nunca fui *corrida...*, jovem demais, pálida demais e com peito pequeno demais. Claramente *incorrível*."

Ela insistiu em dizer: "Boa parte do trabalho mais criativo que já saiu dos escritórios em que trabalhei (17 anos antes de eu vir para a *Cosmo*) foi produzida por equipes de homens e mulheres que se provocavam mutuamente." E concluiu com uma moral saída de uma fictícia fábula erótica de Esopo: "Creio que devemos, de fato, perseguir os safados e os tarados, mas não eliminar a química sexual do ambiente de trabalho."

Essa era, exatamente, a mesma filosofia defendida no seu livro de 1964, *Sexo e a garota solteira*, transformado no filme, *Médica, bonita e solteira*, agora rotulado de "clássico cult". "Tenho certeza de que os escritórios são mais eróticos do que haréns turcos, fins de semana em residências estudantis, festanças hollywoodianas na piscina ou do que o sorriso do Cary Grant no encarte da *Playboy*. Rola mais ação por lá do que nos sonhos de uma ninfeta". (Está na cara que ela jamais pôs os pés no escritório central do *New York Times*, em Washington.)

"Os romances e os casos amorosos iniciados no trabalho estão longe de serem associações menores, transitórias e de brincadeirinha", afirmou. "Eles podem ser os episódios mais vertiginosos, gratificantes e memoráveis da vida de duas pessoas."

Mas a empresa que administrava a revista *Cosmo* não precisava ficar preocupada. A garota *Cosmo*, antes desprezada pelas feministas, sobreviveu ao feminismo. Ela permeou a cultura. É, afinal de contas, uma Cinderela revisitada, acreditando sempre que a felicidade pode ser alcançada num passe de mágica — ou de sexo.

Quando jovens redatores deram início ao chamado "feminismo de batom" para as garotas de meados dos anos 1990, eles riram da "Helen Garotinha Brown", dizendo que ela estava presa no mundo do *Vale das bonecas*.

Debbie Stoller, editora da revista *Bust*, disse que as antigas feministas eram "mulheres" que queriam ser como homens, enquanto as "garotas" de hoje, como a Madonna e a Courtney Love, queriam ter a liberdade de serem "meninas", para o seu próprio prazer.

A filosofia pós-feminista de Stoller, porém, soava exatamente como a filosofia pré-feminista de Brown. "Mesmo tendo crescido, continuamos meninas", Brown costumava dizer. "Menina é o lado feminino, o lado brincalhão, o lado esperançoso."

Brown resistiu tempo suficiente para ver as mulheres darem meia-volta e retornarem ao que ela preconizava, precisando, desesperadamente, receber esclarecimentos sobre "Os três tipos de sexo que os homens adoram". A Era de Aquário dissolveu-se na Era do Colágeno e das Curvas Falsas. Os tecidos suntuosos que Brown sempre promoveu — zebra, oncinha, cetim — são, hoje, comuns nos escritórios e até mesmo nos noticiários televisivos norte-americanos.

A *Cosmo* ainda é a revista de maior vendagem nos *campi* universitários, como acontecia na minha época, e a revista de maior vendagem mensal nas bancas de jornal.

A edição de junho de 2005, com a cantora Jessica Simpson na capa e o seu decote aparecendo no vestido frente-única de crochê laranja, poderia ser de 1970. As manchetes também são familiares: "Como deixar ele ligadão com dez palavras ou menos", "Como ENLOUQUECER um homem? Faça o nosso teste", "Especial noiva", a pesquisa da *Cosmo* sobre o garanhão e "As mais famosas dicas da *Cosmo* sobre sexo que deixaram muitos homens de joelhos".

(Truque sexual 4: "Coloque uma rosquinha doce e com glacê ao redor do membro do seu namorado e em seguida mordisque a massa e lamba o glacê... assim como o seu membro." Outro truque favorito da *Cosmo* é gritar bem alto quando estiver tendo uma relação sexual, para que as suas amigas pensem que ele é bom de cama.)

Em qualquer jornaleiro, você pode ver a imagem da garota *Cosmo* — louca por homens, interminavelmente obcecada por sexo —, cansativamente repetida, até nas versões para adolescentes. Na capa de outra revista feminina: "Dê em cima DELE! Estratégias para pegar homens que realmente funcionam". Ou em outra: "Faça amor com a luz acesa!"

"Tem havido muita imitação. Olha só a *Glamour*", Brown suspirou por causa da competição entre as revistas femininas. "Eu costumava ser a única a falar de sexo."

Em 2005, as capas da *Glamour* anunciaram: "O que todo mundo que você conhece está, *realmente*, fazendo na cama: a pesquisa sobre sexo que vai chocar você", "Os 99 segredos sexuais inconfessáveis dos homens" e "As oito piores coisas que você pode dizer para um homem". A *Marie Claire* publicou frases como: "Seja ousada na cama" e as confissões inspiradas em primeira pessoa: "A prostituição me dá poder". E a revista *Jane* revelou as "Dicas sexuais de celebridades".

Antes de azedar e de virar uma coleção de estereótipos, o feminismo havia acenado com a promessa efêmera de que haveria partes da vida de uma mulher que não girariam em torno dos homens. Mas elas nunca se materializaram.

Levou apenas algumas décadas para que se criasse um impertinente mundo novo, cujo ideal supremo é descobrir a sua vagabunda interior. Sou uma mulher, olhe para mim enquanto tiro a roupa.

Em vez de uma convivência aprazível, onde há homens de um lado e mulheres do outro, vivemos em uma sociedade em que as mulheres, de todas as idades, se esforçam desesperadamente por tornarem-se bombas sexuais. As atrizes de Hollywood, agora, malham nas aulas de dança de *strip-tease*.

A sexualidade feminina tem sido mais um ziguezague do que uma reta bem traçada. Tivemos décadas de pudor vitoriano, em que as mulheres não deviam gostar de sexo. Depois, tivemos a pílula e as trepadas casuais, durante as quais as mulheres deviam ter o mesmo impulso animalesco que os homens. Aí descobriu-se — que horror! — que homens e mulheres não eram semelhantes em seus desejos, e que você não podia desperdiçar todos os seus anos de fertilidade se divertindo na feira do sexo. Mas as trepadas ficaram parecendo promiscuidade e, quanto mais transas rápidas as meninas de *Sex and the City* tinham, mais frustradas elas ficavam.

Foi, então, a vez da "epidemia silenciosa", segundo a expressão da CBS, de libidos femininas desequilibradas, com pesquisadores mostrando que quatro em cada dez americanas sentiam algum tipo de insatisfação sexual.

A revista *Newsweek* nos deu essa informação surpreendente na reportagem que tratou da pesquisa sobre o Viagra das mulheres: "Para as mulheres, o relacionamento e o contexto da sexualidade podem ser ainda mais determinantes para a satisfação do que a magnitude do orgasmo."

As mulheres aspiram à magnitude do carinho? Quem diria!

A reportagem da *Newsweek* foi editada com uma pequena coluna lateral, onde Brown escreveu conclamando as coroas *Cosmo* a reagir: "Fiz sexo ontem à noite", e, sem perder tempo: "Tenho 78 anos, e meu marido tem 83... O sexo é uma das três melhores coisas da vida, e eu não sei quais são as duas primeiras."

Se homens mais velhos podem atrair jovenzinhas graciosas com viagens e jóias baratas, disse ela, por que as coroas não podem seguir a trilha do *Gigolô americano?* "Se um homem está disposto a fazer sexo com você, leve-o para a Gucci", instruiu.

A idéia de estar com um homem que quer um banho de loja na Gucci, e ainda por cima ter que pagar para ele, é meio assustadora.

O próximo passo pode ser pedir que você compre para o rapaz um cachorrinho branco.

Ela admitiu que, depois dos sessenta ou setenta, pode haver uma certa timidez. "Eis o grande problema: como você pode tirar a roupa na frente de um homem que nunca te viu nua? Toda aquela celulite, as dobras e banhas!"

Mas ela tem umas dicas: "Fique vestida até o último minuto antes de ir para a cama, apague as luzes se elas te deixam nervosa e, depois que tudo acabar, saia do quarto andando de costas, de frente para ele, se você acha que os seus peitos estão em melhor estado do que a sua retaguarda."

Liguei para Brown em 2005, para saber se ela concordava comigo, a respeito de que pouca coisa mudara desde a sua primeira edição, em julho de 1965. Ela estava no hotel Bel-Air com o marido.

Jessica Simpson estava à altura da sua exigência. "A garota da capa deveria ter, sempre, um grande decote", disse. "Sempre uma menina bonita, mas não a vizinha, nem a bibliotecária, não que elas não sejam pessoas maravilhosas, mas alguém mais sexy e provocante."

As chamadas de capa da revista, prosseguiu, eram ainda mais obscenas do que as escritas pelo seu marido. "A minha *Cosmo* não era tão sexual. Nós sempre tínhamos um artigo principal sobre sexo no meio da revista. Todos os anos, tínhamos um artigo sobre masturbação, para dizer às meninas: 'Querida, se você gosta, é um orgasmo como outro qualquer'. Mas eu também gostava muito de literatura. Consegui incluir textos de Gore Vidal, Truman Capote, Irwin Shaw, Dominik Dunne. Hoje, só tem sexo na *Cosmo*. Eles têm matérias do tipo: "Encontre o ponto G dele e cinco pontos em você que ele deveria tocar, mas que ainda não descobriu."

Ela, por assim dizer, acertou na mosca. Vivemos em uma sociedade que é tão desregradamente sexualizada, que não é uma sociedade sexy. Você não consegue pensar claramente sobre sexo se apenas pensa em sexo, quer seja por uma obsessão em torno do celibato, quer seja por ninfomania. Quanto mais analisarmos o assunto, quanto mais pudermos tratá-lo, desmistificá-lo e desconstruí-lo; quanto mais o tornarmos tema de filmes, músicas, revistas, romances, teses, programas de tevê, testes sobre disfunções sexuais pela internet, menor clareza nós teremos.

Estamos saturados — das camisetas esportivas das adolescentes, com mensagens do gênero "meu pai pensa que sou virgem" e "você é mais quente *on-line*", a vibradores escondidos em patinhos de borracha, batons ou escovas de cabelo, projetados para a jovem que viaja e que quer passar brinquedos sexuais pelo controle de segurança do aeroporto sem ser descoberta.

Os Estados Unidos têm vivenciado conflitos em relação ao sexo, o seu lado puritano colidindo com o seu lado despudorado.

Porém, agora, com a ascensão da direita religiosa pudica e a excessiva sexualização do comércio e da cultura, o país parece, decididamente, bipolar quanto ao sexo.

Enquanto um antigo procurador geral jogava uma cortina azul sobre os seios da estátua clássica que representa a Justiça no saguão do Departamento da Justiça, as revistas femininas e masculinas estavam ficando roxas com as fotos de decotes, dicas sexuais tórridas e estrelas adolescentes que faziam implantes para aumentar os seios.

Enquanto a megalivraria virtual Amazon começava a vender brinquedos sexuais, uma estação de rádio cancelava, sumariamente, o programa do venerável Garrison Keilor porque ele havia lido um poema que continha a palavra "seio".

Um negociante de arte em Nova York captou, perfeitamente, a insanidade esquizofrênica que estamos vivendo, ao confidenciar que recebe telefonemas de ricos colecionadores que dizem não querer nus de Rubens ou de Monet porque eles têm crianças pequenas em casa. Eles preferem se limitar às paisagens impressionistas e aos velhos mestres flamengos.

A atual editora da *Cosmo*, minha amiga Kate White, diz que a revista é mais lasciva agora porque a sociedade também o é. "Se eu tivesse as manchetes da Helen Brown, hoje, a *Cosmo* pareceria com o *Reader's Digest*", disse, irônica.

Assim como eu, em outros tempos, Kate foi até a *Cosmo* trabalhar como *freelancer* e teve que procurar temas nos fichários vermelhos. Pediram-lhe que escrevesse uma matéria sobre "como saber como um homem é na cama pelo que ele tem na geladeira".

"Eu pensei cá comigo, tá legal, se ele tiver carne-seca, será que isso quer dizer que a dele também é?", lembrou-se, rindo. "Desisti."

Ela me falou que os seus objetivos na faculdade eram "ser bonitinha, conseguir caras bonitinhos e ser a editora de uma revista", todos os quais ela alcançou em grande estilo, maravilhosa, usando pele de leopardo na fotografia da carta do editor. "Mas as feministas te faziam se sentir culpada por ser bonita e sexy e gostar de homens. Não se podia ter tudo e ser feminista ao mesmo tempo", contou.

Ainda assim, Kate se preocupa com o efeito Barbie e diz que não edita artigos que defendam a cirurgia plástica. Em 2005, ela publicou uma matéria sobre o ataque das clones da Barbie, tipo Pamela Anderson, perguntando "Será que a cirurgia plástica foi longe demais?".

A matéria salientava que houve um aumento de 118% nas cirurgias plásticas desde 1997, e indagava se "essa busca da perfeição corporal estava nos fazendo parecer uma nação de bonecas de plástico".

Pois é.

A sua antecessora ainda mantém o título de editora-chefe da *Cosmopolitan International*. "Tenho 83 anos e trabalho desde 1940, até esse exato minuto", disse Brown. "A *Cosmo* está, agora, em 55 países, com 35 formatos — o de Pequim tem tantos anúncios que mal dá para segurar."

Ela também é publicada na Estônia, na Letônia, na Lituânia, na Croácia e na Sérvia, além de três países com grande população muçulmana: Indonésia, Turquia e Índia.

Eu estava curiosa para ver as edições estrangeiras da *Cosmo*. Será que elas propõem matérias *freelance* do tipo "Sou uma garota *Cosmo* lituana — membro da Coalizão do Bem", e "Sou uma garota *Cosmo* sérvia — nada de piada sobre limpeza étnica". Para as muçulmanas, será que elas têm fichários vermelhos com matérias do gênero "tive um caso com o falcoeiro do meu muezim ou com o muezim do meu falcoeiro"?

Kate explicou que "nesses países, precisamos usar nuances e insinuações ao escrever sobre sexo. As palavras 'prazer' e 'paixão' são mais usadas do que 'luxúria' ou 'orgasmo'. Os artigos sobre técnicas sexuais e sobre relacionamentos são orientados para casais com relações sérias, e não, simplesmente, vivendo aventuras casuais. Na Tailândia, por exemplo, o pênis é chamado de 'o mestre do universo' ou 'o irmãozinho'. A vagina é referida, mais sobriamente, como 'lá'."

Pedi a Brown que resumisse o que ela aprendera.

"Gatinha", ronronou, "você pode ter uma vida melhor se der duro para isso, mas, querida, ninguém te dá nada de bandeja. Você tem que fazer tudo sozinha."

O que poderia ser mais feminista?

* * *

Enquanto as revistas feministas melhoravam o tom, as masculinas baixavam o nível.

Na medida em que a *Cosmo* proporcionava temas como "tive um caso com o melhor amigo do meu pai", a revista masculina *Maxim* propunha coisas do tipo "transei com a sua mãe". ("E ela tem mãos ásperas que nem uma lixa", lembrou-se o escritor.)

Isto era fonte de grande irritação para o meu falecido amigo Art Cooper, editor de uma revista masculina durante vinte anos. Ele ficava chocado com o que isso revelava sobre o estado mental do homem americano na virada do século.

Art não era um homem pudico. Ele costumava ligar sugerindo matérias que eu poderia escrever para ele. "Você quer *cobrir* o Russel Crowe?", perguntava, com a voz cheia de malícia.

Art era grande como um urso e andava a passos largos em meio a uma nuvem do perfume Safari de Ralph Lauren. Antigo defensor dos prazeres da vida, ele adorava vinhos, mulheres, cigarro e conversa erótica. Ele morreu aos 65 anos, de derrame, bem no lugar onde havia gozado de todas essas coisas simultaneamente: o restaurante Four Seasons Grill Room de Nova York.

Ele queria que a revista que editava tivesse um QI, que tivesse interesses literários e sérios. Ele achava que a imagem do homem americano deveria ser mais adulta e cosmopolita, e que não bastavam jovens quase nuas, cerveja, carros, humor grosseiro, dicas sexuais e uma filosofia ignorante que sustenta que os homens são incapazes de gostar de outros homens, a não ser que seja só de brincadeirinha. Art ansiava por um norte-americano que estivesse mais para James Bond do que para Austin Powers.

Ele não conseguia entender a popularidade explosiva das importações de revistas britânicas e travava uma batalha difícil para evitar que sua revista fosse tragada pela maré imatura e juvenil de artigos que vendem novidades do gênero: "50 coisas que as mulheres não querem que você saiba" ("nº46: se ela tentar se suicidar, provavelmente não vai conseguir").

Considerando a britânica *Maxim* "porcaria industrial visual" e "livro de piadas sobre peito e bunda", ele me disse: "Acho que se trata de uma reação contra o politicamente correto. É uma reação contra o movimento das mulheres. É para os caras que querem, realmente, voltar a ter 14 anos."

Mas não fazia sentido algum que as revistas masculinas prosperassem porque os homens se sentiram confusos e ameaçados pelo feminismo, quando as revistas femininas se tornaram retrô e encharcadas de sexo também. Algumas redes de supermercado escondem a *Cosmo* dentro de sacos plásticos opacos.

Por estranho que pareça, o criador da campeã de vendas *Maxim*, disse ter roubado a sua atitude "nós contra o resto do mundo" de revistas femininas como a *Cosmo*.

Assim como as mulheres não se importavam em perder os autores de prestígio da *Cosmo*, os homens estavam contentes em perder as pretensões literárias de veneráveis revistas masculinas e abraçar os estereótipos sexistas simplistas, como o manifesto da *Maxim* que instruía as mulheres: "Se vemos vocês de manhã e de noite, por que ligar para nós no trabalho?"

De maneira perfeitamente natural, Jessica Simpson e Eva Longoria de *Desperate Housewives* mostram as curvas nas capas da *Cosmo* e da *Glamour* para, em seguida, mostrá-las na *Maxim* — que chamou Simpson de "o fardo preferido dos Estados Unidos". Em julho de 2005, duas revistas masculinas mostravam Pamela Anderson transbordando em suas capas. ("Penso nos meus seios como instrumentos de trabalho", disse ela.)

Muitas mulheres agora querem ser garotas *Maxim*, tanto quanto os homens querem ter garotas *Maxim*. Portanto, as mulheres fizeram o longo percurso entre lutar contra serem objetos e lutar para tornarem-se objetos.

"Fiquei surpreso", confessou o editor da *Maxim*, "ao descobrir que muitas mulheres queriam, de uma certa forma, ser reconhecidas como sendo o tipo da garota *Maxim*, que elas gostariam de que as considerassem quentes, e que seus namorados tirassem fotos delas, refletindo as representações femininas da *Maxim*, uma imagem do tipo Pamela Anderson. Para mim, isso é completamente extraordinário".

As garotas sensuais da capa da *Maxim* deveriam ser o prazer culpado da fantasia dos homens, e não as suas namoradas na vida real, ora bolas. Com tantas mulheres vestidas e agindo como garotas *Maxim*, eles andam meio confusos.

O comediante Dave Chappelle fez um número hilariante sobre como essa tendência torna difícil para um cara distinguir entre a vagabunda e a mulher honesta que se veste como vagabunda. "Tudo bem, queridinha", diz ele para uma garota em um bar, que não gosta da sua cantada grosseira, "você não é uma puta, mas está usando um uniforme de puta".

O editor da *Maxim* concordou que é um pouco desconcertante. "Os homens costumavam pensar que as mulheres eram completamente passivas e inertes, e que só se animavam sexualmente quando eles as excitavam com suas fantásticas cantadas e seus números de dança apimentados no quarto", contou. "Mas a piada é que as mulheres resolveram fazer exatamente o que querem fazer, ou aquilo que estão interessadas em fazer ou não, muito antes de eles começarem o seu número."

Revistas do tipo *Men's Health*, mais voltada para saúde e fitness, veiculam uma imagem de maior intensidade de um homem em transformação, que "avança rumo ao auto-aperfeiçoamento, à maestria e ao controle", de acordo com o editor-chefe, David Zinczenko. E belos abdômens, claro. "Os homens querem acordar, com quarenta anos, e se sentir como o Johnny Depp, ou ter 75 e se sentir como o Paul Newman, com uma carreira de sucesso, um casamento, uma família e uma vida que contém excitação, aventura e solidariedade.

"Os homens gostam de eliminar, sempre que possível, o desconhecido. Por esse motivo, eles gostam dos seus carros com tração nas quatro rodas, porque podem cumprir os seus cronogramas, mesmo que esteja nevando. Eles não têm que ficar à mercê dos elementos da natureza."

O editor-chefe se divertia com o fato de que os homens estão num mato sem cachorro: "A sociedade envia sinais confusos aos homens. Ela lhes diz para serem mais parecidos com as mulheres, mais sensíveis, mais atenciosos, mais pensativos. E aí você sabe o que acontece? Eles acabam nas colunas de gastronomia de jornais, em matérias sobre o porquê de os homens estarem ficando parecidos com as mulheres, pedindo vinho em taça ou meia-garrafa."

Si Newhouse, chefão da editora Condé Nast, acreditava que o aspecto jovem das revistas masculinas havia ido longe demais, e que era necessário criar um antídoto. Então, ele criou uma nova revista masculina e colocou uma mulher na direção. Anna Wintour supervisionou o lançamento, no outono de 2005, da *Men's Vogue*, que pretende recuperar alguns dos leitores que esperam mais da vida do que somente peitos e cerveja: o tipo de homem, segundo um dos executivos da revista, que acompanha a mulher até o baile do teatro Metropolitan.

O editor da *Maxim*, Needham, disse que a filosofia juvenil sustenta que os homens não são as criaturas nobres e heróicas idealizadas pelas revistas masculinas clássicas, "que não são soberbos no golfe e na pesca do marlim. Esse estereótipo é ainda mais tendencioso e absurdo do que o da *Maxim* — o do homem sem tutano, dominado por fraquezas e debilidades, incapaz de superá-las, mas que lida com elas por intermédio do humor. Os homens não conseguem falar do seu mundo interior da maneira como as mulheres o fazem".

Ele defende a grosseira abordagem juvenil da psique masculina: "A comida, o sexo e o esporte são a Europa, a Ásia e as Américas do mapa mental masculino. O que não deixa muito espaço para as outras coisas.

"Existe uma interminável fascinação e um infinito apetite por informações sobre as mulheres e as suas motivações, e como entendê-las melhor, por razões puramente egoístas. O apetite dos homens por atração sexual, sexo, imagens, referências e piadas sexuais não tem limites."

O editor acha que muitos dos conselhos que se dão nas revistas para mulheres loucas por sexo são absurdos. Por exemplo, em setembro de

2005, a *Cosmo* aconselhou as mulheres quanto aos "gestos e toques que com certeza vão deixá-lo excitadíssimo", incluindo fazer uma massagem andando nas costas dele com salto agulha de dez centímetros, pingando cera quente. (Parece um velho filme da Madonna.)

É verdade que quase fiquei convencida, ao ler a *Cosmo*, que pingar cera quente, usando salto agulha, iria deixá-lo louco. De qualquer forma, muitos homens ficam assustados com as dicas dessa revista. "Se elas devem pingar cera quente em você", perguntou um leitor aterrorizado e confuso com o número de setembro, "será que também devem derramar água fervendo no seu membro?"

E, seguramente, os conselhos dados às mulheres na *Glamour* e na *Cosmo* não combinam, em nada, com os conselhos que os homens recebem nas revistas masculinas.

Ao ler uma revista feminina, você pode constatar que ela se dedica a ensinar a agradar aos homens. E quando você lê um livro para homens jovens, ele também se dedica a agradar aos homens.

Os sexos estão bem conectados? Nas revistas, nem tanto.

A *Cosmo Style* ofereceu dicas para ela ser sexy, em 2005, e a *Maxim* deu dicas engraçadas para ele dar o fora nela.

Cosmo: "Cuide da casa (cortando a grama do jardim, por exemplo), usando um biquíni."

Maxim: "Parecia uma boa idéia a princípio, mas, depois do quarto bebê, ela nunca mais recuperou a silhueta... Seja nobre, pare, pouco a pouco, de olhar nos olhos dela, e então desapareça durante a noite."

Cosmo: "Beijá-lo depois de passar um batom com gosto de hortelã leva a um retorno explosivo da paixão."

Maxim: "Ignorar uma garota com quem você começou a sair pode evitar que ela sofra depois — afinal de contas, é *para isso* que serve o identificador de chamadas do seu telefone."

Cosmo: "Lamba os dedos quando comer, para dar um toque erótico."

Maxim: "Repita conosco: 'o problema não é você, sou eu.' Esse é o grande clichê para dar uma desculpa. Ela se recusa a admitir que você é inferior? Prove-o dormindo com todo mundo que ela conhece, a começar pela mãe dela."

Cosmo: "Esconda uma caixa misteriosa debaixo da cama. Encha-a de... velas, óleos para massagem e um conjunto de *lingerie* de cair o queixo."

Maxim: "Seja firme nas suas decisões. Basta um telefonema erótico e você volta para a lista dela."

* * *

Para ter uma visão ainda mais brutal do pensamento primitivo de um certo segmento da espécie masculina, há o *best-seller* do astro de beisebol Jose Canseco, sua autobiografia *Juiced*.

"Como todo mundo sabe, os jogadores de beisebol são muito supersticiosos", escreveu no capítulo chamado "Baranga da sorte". "Jogadores que estão passando por um momento difícil começam a falar em sair para procurar um meio de acabar com a má sorte. E, geralmente, eles dizem coisas do tipo: 'Caramba, tô na pior. Tenho que trepar com a garota mais feia que eu conseguir encontrar.'"

Canseco ressaltou, nobremente, que ele jamais sucumbiu a essa tática. "Prefiro ficar sem acertar nenhuma bola", protestou. Mas ele denunciou que muitos dos seus colegas atletas iam procurar essas quebradoras de azar, chamadas de "barangas da sorte". Que linda expressão usada por esses heróis do esporte.

"A mulher poderia ser gorda ou feia, ou uma combinação de ambos", explicou Canseco. Ele disse que o herói Mark Grace, que tem cara de boa gente, é bom esportista — e você gostaria de levar para casa e apresentar à sua mãe — definiu uma "baranga da sorte" como a "garota mais gorda e feia que você conseguir descolar para trepar".

Grace também tem falado das "barangas da sorte" em entrevistas ao longo dos anos. Ele disse no rádio que, se um time está passando por uma fase de maus resultados, todos se reúnem e convencem um dos jogadores a quebrar a maldição, indo para rua procurar uma mulher feia para dar uma volta pelas bases com ela. Grace chamou isso de "jogar-se sobre a granada" pelo bem do time. Canseco concordou: "Como quer que você encare a coisa, é sempre desagradável."

Com sua sensibilidade movida a esteróides, ele explicou, igualmente, duas outras gírias do vocabulário do beisebol: durante um campeonato, se você encontrasse uma garota, e fosse para a cama com ela, ela era uma "carne de estrada"; e qualquer carne de estrada com quem você ficasse era chamada de "importação".

Até certos homens que conheço se sentiram péssimos por causa das pobres "barangas da sorte" que leriam *Juiced* e perceberiam que a melhor noite de suas vidas teria sido, na verdade, a pior. Aqueles jogadores de beisebol gracinhas, que elas pensavam gostar delas do jeito que elas eram, como Bridget Jones gostava de dizer, estavam, na verdade, se sacrificando para quebrar uma maldição. Que coisa mais nojenta.

Na aurora do feminismo, presumia-se que as mulheres não mais seriam julgadas severamente pela sua aparência nos anos vindouros. Aconteceu justamente o contrário. A aparência nunca foi tão importante.

Muito em breve, voltaremos aos tempos em que as aeromoças perdiam o emprego se engordassem alguns quilos. O *New York Post* informou que o Borgata Hotel Casino e Spa decidiu começar a pesar todas as suas garçonetes — conhecidas como as "Garotas Borgata". "Qualquer uma que tivesse engordado mais do que 7% teria que perder o emprego ou o peso".

Considerem essa diferença entre os sexos: um cara maravilhoso e atlético, que vai para a cama com uma mulher gorda e feia "joga-se sobre uma granada" pelo time. Uma garota maravilhosa e em forma que vai para a cama com um homem gordo e feio teve a sorte de encontrar o amor, em filmes como *Sideways – entre umas e outras* e *Hitch – conselheiro amoroso*.

Na peça de Neil LaBute, *Porco gordo*, o protagonista dá o fora em uma mulher gorda de quem ele gostava — mesmo depois de ela se propor a colocar um anel no estômago por ele —, simplesmente porque ele não conseguia mais suportar a gozação dos amigos.

A televisão está repleta de pares do tipo *A Bela e a Fera* em séries com maridos gordos e preguiçosos e esposas espertas e bonitas.

Tenho um amigo que passou uns tempos pensando em "barangas da sorte".

Mas há alguns anos, ele começou a sentir-se culpado por fazer uma correlação imediata entre beleza e sexo, entre perfeição física e atração erótica. Então, resolveu que durante vários meses ele só iria para a cama com mulheres feias.

"Só que, claro, algumas delas revelaram ser realmente atraentes, mas não para os olhos." Ele me contou o que descobriu: "A visão é apenas um dos sentidos humanos, e a vaidade é, no final das contas, inimiga do sexo. A luxúria tem que ser tão cega quanto o amor, para que se atinja o seu ápice."

Seis

O atraso de vida entre homens

Na condição de católica e filha de policial de Washington, eu cresci sob um tríplice vetor de cultura patriarcal.

A Igreja era dirigida por homens. A capital da nação era dirigida por homens. A lei era dirigida por homens. Além disso, eu tinha três irmãos mais velhos que gostavam de ser servidos.

Quando entrei para o jornalismo, comecei cobrindo esportes e depois a política — campos igualmente dominados por homens.

Aprendi cedo que eu era uma serva em uma sociedade feudal onde os homens faziam as regras e davam o tom. Certa vez, no primário, cheguei atrasada e fiquei com medo de ter que encarar a fúria da irmã Hiltruda. O belo e encantador padre Montgomery me viu chorando no pátio da escola e se propôs a me trazer para dentro do prédio. Quando entrei na sala, de mãos dadas com ele, sorri triunfante para uma irmã Hiltruda espumante. Ela não poderia me dizer nada, nem levantar a régua para me bater.

Mesmo havendo evidências suficientes de que as organizações dirigidas como sociedades secretas masculinas não funcionam — pensem no inepto FBI, na desastrosa CIA, na equipe do Bush que ferrou com a ocupação do Iraque —, é surpreendente que as coisas mudem tão lentamente para as mulheres em certos lugares.

Em 2004, o inspetor-geral do Pentágono descobriu que, durante uma década, sucessivos comandantes da Academia da Aeronáutica não haviam conseguido compreender a gravidade de agressões e assédios sexuais em tal academia militar — quanto mais pôr um fim a eles.

Thom Shanker, do *New York Times*, escreveu que "houve quase 150 denúncias de agressões sexuais contra mulheres ao longo de dez anos, mas poucas ações foram tomadas até que as acusações viessem a público em 2003. Oito oficiais da Aeronáutica foram responsáveis por 'criar, contribuir ou tolerar o único programa de denúncias de agressão sexual' da academia, pelos 'problemas decorrentes'."

O vice-diretor do Gabinete da Aeronáutica concluiu que "uma verdadeira mudança cultural leva tempo".

Certo.

As mulheres estão quebrando as barreiras masculinas lentamente, até em Hollywood, onde as atrizes têm, em geral, o papel de namoradas, esposas, putas ou dançarinas de *strip-tease*. Em julho de 2005, na fábrica de sonhos construída por homens, quatro dos seis maiores estúdios tinham mulheres em funções importantes de criação e decisão. (Mesmo que elas estejam dirigindo uma empresa desvalorizada que parece não ter originalidade suficiente para reverter as quedas de bilheteria.)

Aos 23 anos de idade, a sargento Leigh Ann Hester, que é gerente de uma loja, tornou-se a primeira mulher, desde a Segunda Guerra Mundial, a ganhar uma Estrela de Prata por heroísmo, por ter lutado para sair de uma emboscada no sul de Bagdá.

A capitã Nicole Malachowski, de 31 anos, foi a primeira mulher a pilotar um F-16, na famosa formação de diamante dos Thunderbirds da Força Aérea.

E a pequena e magrinha Danica Patrick, de 23 anos, da equipe de corrida do apresentador de tevê David Letterman, tornou-se a melhor piloto da Indy 500, em junho de 2005.

Patrick foi escolhida por uma prestigiada revista de esportes para ser a atleta da capa, inspirando menininhas por todo o país. A colunista de esportes do *New York Times* comentou asperamente: "Geralmente, as mulheres não atingem uma tal posição de prestígio nas capas das revistas de esportes, a não ser que as alças de seus biquínis estejam caindo."

Houve um tempo em que os homens controlavam os votos e as carteiras das mulheres. Hoje, elas têm enorme poder como eleitoras e consumidoras. A cada campanha presidencial que eu cubro, os candidatos têm tentado, de maneira crescente, seduzir o voto feminino. Alguns, como Al Gore, estão praticamente amamentando.

Gradualmente, as mulheres têm se infiltrado nas cadeiras do poder em Washington.

A falecida *socialite* Susan Mary Alsop falou-me, certo dia, sobre as décadas da ascendência da direita religiosa em Washington, tempos de "façamos um reservatório de martíni e derrubemos o governo da Guatemala. Se a mulher fosse inteligente, ela calava a boca. Você simplesmente não podia sentar entre o filósofo Isaiah Berlin e JFK e falar de crianças."

Até o final dos anos 1990, o presidente Bush pertencia a quatro clubes exclusivamente masculinos, incluindo um onde havia um cartaz sobre o telefone dizendo: "Se você pagar 25 centavos ao garçom, ele diz que você não está. Se você pagar cinqüenta centavos, ele dirá que você está em reunião. Se você lhe pagar um dólar, ele dirá que você já está voltando para casa." Oficiais homens confraternizavam com o Bush Pai contando piadas sujas e as mulheres evitavam trabalhar de calça comprida na Casa Branca.

A juíza da Suprema Corte, Sandra Day O'Connor, disse a uma jornalista em 2003, que "as coisas caminham lentamente para as mulheres, em termos de oportunidades iguais... Deixe-me dizer uma razão pela qual eu penso ser importante para o público constatar a idéia de que, de maneira geral, as mulheres estão bem representadas em posições de poder e autoridade. Não vivemos mais sob um sistema de governo exclusivamente masculino, como era na época da elaboração da Constituição".

Quando George W. Bush escolheu uma mulher para ser a primeira chefe de cozinha da Casa Branca e um homem para chefe da Suprema Corte de Justiça, O'Connor comentou que John Roberts era uma boa escolha, a não ser pelo fato de que "não é uma mulher"(só um homem consegue ser promovido *antes* de assumir o cargo).

O humorista Andy Borowitz anunciou no seu programa diário: "Roberts jura ser o mais genérico dos homens brancos da história da Suprema Corte. Com o reluzente presidente Bush ao seu lado, o juiz Roberts afirmou que, se ele serve à corte mais alta da nação, 'o americano branco médio, que é vergonhosamente sub-representado nesse país, terá finalmente uma voz'."

Nos últimos anos, um vendaval de histórias nauseantes ilustra quão pervertidas tornam-se as sociedades quando as mulheres jamais são vistas, sendo relegadas a cidadãs de segunda categoria ou ocultas pela testosterona: a Igreja Católica subsidiando a pedofilia; a explosão do esquema corrupto comandado por homens da companhia de energia Enron; a eliminação das mulheres pelos talibãs; a retomada da pedofilia pelos senhores da guerra afegãos; a fraternidade da Al Qaeda e as instruções para o funeral misógino do terrorista do 11 de Setembro, Mohamed Atta; a repressão das mulheres por parte dos nossos aliados sauditas, inclusive contra as assistentes sociais americanas; a incapacidade do governo Bush de dar prosseguimento à insistência, junto aos sauditas, para que dêem direitos às mulheres (as mulheres sauditas ainda não podem sequer dirigir).

Em suas eleições limitadas, em 2005, um porta-voz da monarquia saudita explicou que as mulheres não podiam votar ainda porque os homens não haviam construído cabines de eleição separadas para elas (e nós suspeitamos que os sauditas podem realmente financiá-las).

Autoridades egípcias ainda perseguem suspeitos pressionando as suas parentas e prendendo sua mulher ou sua filha. Em 2005, Michael Slackman, correspondente do *New York Times* no Oriente Médio, relatou que mulheres sofreram abusos sexuais e apanharam "durante um ataque contra opositores políticos de uma multidão de homens que manifestavam o seu apoio ao partido da situação, enquanto a polícia observava, imóvel".

As sociedades construídas sobre privilégios especiais estão comprometidas demais em preservá-los. Elas jamais tomarão a iniciativa de fazer o exame de consciência e a faxina geral que examinariam a natureza de tais privilégios.

Até depois do escândalo da pedofilia, a hierarquia da Igreja Católica persistiu teimosamente na sua alergia à modernidade, permanecendo um clube fechado para homens, acobertado sob brumas ancestrais e incenso.

A Igreja Católica diz que os padres têm que ser homens porque os apóstolos de Jesus eram homens. E, por essa razão, as mulheres deveriam ter ficado fora do governo americano, porque os seus pais fundadores eram homens?

E suponhamos que, como acreditam certos especialistas, e como nos propõe Dan Brown em *Código Da Vinci*, Maria Madalena era mais uma madona do que uma prostituta, apóstolo influente que foi difamada e reduzida à metáfora da culpa sexual, por homens que dirigiam a cristandade primitiva. Assim, a Igreja perde a sua folha de parreira da justificação do domínio masculino e da exclusão feminina.

O Vaticano pode ter culpado os americanos por exagerarem nas reações ao escândalo sexual, e os padres irlandeses por o terem perpetrado, mas está claro que, há anos, a Igreja vive fora do tempo, paralisada em termos de desenvolvimento psicossexual.

No século XII, o celibato pode ter proporcionado um aumento qualitativo da mística aos padres. Envolvidos em pureza e segredo, eles tornaram-se, segundo a expressão de um padre, "garanhões sacramentais". Mas agora temos um desfile de pervertidos sacramentais. O voto de celibato tornou-se um ímã para homens que tentam fugir de impulsos carnais que eles consideram perturbadores. Em alguns casos, isso significa homossexualidade, em outros, pedofilia.

A última paróquia feliz, hetero e casta foi dirigida por Barry Fitzgerald e Bing Crosby, em *O bom pastor*, de 1944 (ou será que não?).

De uma maneira estranha, a castidade ressalta o sexo e instala uma obsessão por este no próprio seio da identidade do ser padre. O lugar aonde a Igreja deve ir para salvar-se — livrando-se da sua cultura disfuncional exclusivamente masculina, casta e fechada — é o último lugar aonde gostaria de ir (o Vaticano até tentou, não faz muito tempo, renegar meninas no altar).

Todos sabíamos que meninos eram apalpados por padres na reitoria. Em um passeio à praia, meu irmão e seus amigos tiveram que brincar de "barriga cor-de-rosa" com um padre — uma brincadeira inventada por este, que consistia em fazer os meninos abaixarem as calças e bater em suas barrigas até que elas ficassem cor-de-rosa.

Enquanto nos ensinava a não mentir ou trair, a Igreja simplesmente encobria os seus próprios pecados, reciclando padres abusivos e colocando meninos de várias paróquias em risco, subornando vítimas em troca de silêncio, recusando-se a admitir que abusar sexualmente de crianças era um crime destrutivo e não somente um momento de fraqueza moral.

A Igreja viu-se penalizada pelos próprios rituais. Os tempos de confessionário cederam lugar à confissão televisiva via satélite, e as vítimas começaram a se sentir livres para desenterrar a sua dor sepultada.

Quando um reitor de 79 anos em Nova York foi pego passando a mão na sua secretária gostosona de 46 anos, em 2005, muitos católicos se sentiram aliviados de ver que se tratava de uma mulher, e adulta (embora o apresentador David Letterman tenha se perguntado se os católicos importavam-se com o fato do dinheiro da coleta ser gasto em Viagra).

Depois de sua eleição, o papa Bento XVI reiterou aos bispos africanos a política frívola de que eles deveriam lutar contra a AIDS através da fidelidade e da abstinência, em vez de recorrer a camisinhas. E ele reafirmou a equivocada doutrina da Igreja, segundo a qual os padres têm que continuar "abraçando o dom do celibato".

Na condição de cardeal, o papa escreveu, em 2004, uma carta endereçada aos bispos sobre o papel das mulheres na Igreja, que pode ser lida como um grande aviso de PROIBIDA A ENTRADA.

"Um certo tipo de retórica feminista faz exigências 'para nós'", escreveu, desaprovador, observando que, na verdade, as mulheres deveriam estar mais preocupadas com *os outros*. Para ele, uma mulher tem "papéis inscritos na sua biologia", maternidade e virgindade, "os dois mais elevados valores segundo os quais elas realizam suas mais profundas vocações".

O papa Bento XVI mantém-se firme no propósito de excluir as mulheres do sacerdócio. Ele disse que elas não deveriam buscar tanto poder, a ponto de suas identidades e papéis serem realçados em detrimento "do outro" — presumivelmente, os homens, a não ser que ele se refira a alienígenas vindos do espaço sideral —, o que acaba por torná-las as adversárias "do outro".

Como pode uma colunista política católica fazer o seu trabalho, se ela for condenada ao fogo eterno caso adote uma posição adversária a dos homens?

O jornalista Andrew Sullivan espantou-se: "Quer dizer que uma mulher é menos mulher se ela for cientista, jornalista ou primeira-ministra?"

Quanto aos gays, o papa Bento XVI argumentou que eles são vítimas de uma tendência inerente ao "mal moral intrínseco" e são, por natureza, "objetivamente desordenados".

Sullivan, gay católico conservador, protestou: "Toda uma classe de seres humanos naturalmente mais disposta ao mal do que outras?"

Assim como a Igreja Católica, o mundo árabe não pode florescer sem tirar total vantagem dos talentos e das capacidades das mulheres.

Junto aos terroristas muçulmanos misóginos e aos países fundamentalistas do Oriente Médio, os homens têm tanto medo da sexualidade feminina que transformam as mulheres em fantasmas, desperdiçando barbaramente os seus intelectos e conhecimentos, devido ao temor insano de que a pele seja um pecado.

Quando visitei a Arábia Saudita, em 2002, desci ao hall do hotel em Riad para ir a uma entrevista com o ministro da Educação saudita, usando uma saia de seda cor-de-rosa longa, com uma franja na barra. Considerei que, sendo uma americana convidada pelo governo, eu não deveria me vestir como uma oprimida, como fazem as sauditas e as funcionárias americanas, em suas horas de lazer estagnadas no reino do deserto. Mas logo percebi que algo estava terrivelmente errado.

Todos os homens do hall olharam para mim fixamente, um quadro imóvel de horror. Eu também fiquei imóvel, aterrorizada diante da possibilidade de eles pegarem os limões e as tâmaras a seu alcance e, em massa, apedrejarem-me até a morte.

"VÁ VESTIR A SUA ABAIA!", gritou o meu anfitrião do governo saudita, ao primeiro vislumbre de cor-de-rosa.

Só depois de devidamente paramentada dentro da minha sufocante abaia preta, fornecida pelo governo para reuniões com representantes sauditas — inclusive o príncipe Abdullah —, eu compreendi o que significava ser renegada por causa do meu sexo.

As mulheres nos países fundamentalistas islâmicos desaparecem por detrás de seus homens, enterradas vivas e presas em farrapos pretos, como se fossem múmias. Enquanto o carro atravessava as ruas de Riad, na sexta-feira de minha chegada, eu não vi uma mulher sequer. O feriado muçulmano havia transformado a capital em uma cidade de homens em túnicas brancas, pais apressados levando os filhos à mesquita. As mulheres e meninas sauditas estavam de quarentena, em casa.

Sob a abaia, por trás das gelosias de madeira, e nas salas separadas para mulheres nos restaurantes, até no McDonald's, comecei a reduzir-me a uma criatura passiva, amedrontada, um ser humano de segunda classe em um mundo de homens.

Quando fui à lanchonete do nosso hotel com Christiane Amanpour, da CNN, e o garçom nos instruiu a irmos para uma sala nos fundos, segregada para as mulheres e as crianças, comecei, debilmente, a obedecer às ordens.

Christiane nem levantou os olhos do jornal que estava lendo.

"Vá correndo pegar um café para nós", vociferou para o garçom. Ele reconhecia a voz da autoridade quando a ouvia e apressou o passo.

Com a falta de interesse pelas habilidades das mulheres, o berço da civilização que produzira a notável Cleópatra ficou atrasado em termos econômicos e culturais, o que acabou provando que as sociedades precisam da participação das mulheres para prosperarem em todos os sentidos.

O governo Bush prega sobre os direitos das mulheres no Oriente Médio e usa a repressão contra as muçulmanas como argumento para a guerra, enquanto limita os direitos das mulheres nos Estados Unidos, e, freqüentemente, fecha os olhos para a repressão das muçulmanas em países que são seus aliados.

George W. Bush tem uma política internacional feminista, mas não uma política interna feminista. As únicas mulheres cuja igualdade lhe interessa são as que usam burca. Mulheres que vestem jeans de cintura baixa estão perdendo direitos no governo, onde a fé engana tanto a ciência quanto os fatos.

Políticos norte-americanos e terroristas islâmicos escondem-se atrás dos interesses das mulheres, tornando-as grotescamente responsáveis pelas guerras, quando lhes convém. Os cinco principais porta-vozes da democracia no Oriente Médio são mulheres: Condoleezza Rice, Laura Bush, Liz Cheney (a número dois do Gabinete do Oriente Próximo e responsável por um projeto democrata para o Oriente Médio), a nova subsecretária para a diplomacia do Estado, Karen Hughes, e a sua delegada, Dina Powell.

E mesmo antes que o governo Bush começasse a tentar justificar a sua pressa para invadir o Iraque, o único alto funcionário da Casa Branca que veio em defesa das mulheres muçulmanas nos países onde eles mantêm bases militares foi a secretária de imprensa C.J. Cregg, do seriado de tevê *The West Wing*, de Aaron Sorkin.

Opondo-se à venda de armas do Pentágono para um país parecido com a Arábia Saudita, cujo nome ficcional é Qumari, a personagem C.J. de Allison Janney declarou: "Eles batem nas mulheres! Eles odeiam as mulheres! A única razão pela qual eles deixam as qumaris vivas é para que façam mais homens qumari... O que estou querendo dizer é que o *apartheid* é fichinha perto do que nós chamamos, humoristicamente, da vida que essas mulheres levam, e, se nós tivéssemos vendido M1-A1s para a África do Sul há 15 anos, você teria posto fogo no prédio. Graças a Deus, nunca tivemos de reabastecer em Johannesburgo."

O presidente Bush e sua equipe parecem indiferentes ao paradoxo perigoso envolvido em sua luta desnorteada pelos direitos das mulheres muçulmanas, mesmo que as iraquianas corram o risco de perder os seus direitos e de voltar a usar a burca. Desde a ocupação norte-americana, o Iraque tem se tornado cada vez mais fundamentalista.

Quanto mais ocidental torna-se um país muçulmano, tanto mais urgentemente ele precisa mostrar que manteve a identidade islâmica. A maneira menos dolorosa para os homens de fazer isso é cerrarem a burca em torno das mulheres. Portanto, quanto mais esses países imitam o Ocidente ou agem conforme o Ocidente determina, mais as mulheres têm que pagar.

Em 2005, por ocasião da reapresentação da rede PBS de *A morte de uma princesa* — documentário de 1980 sobre a execução de uma princesa saudita que fora forçada a casar e cometera adultério —, Mona Eltahawy, a jornalista árabe, explicou por que as mulheres têm feito poucos avanços na Arábia Saudita, apesar de o país ter abraçado práticas ocidentais.

Ela disse que, na sociedade saudita, a emancipação das mulheres tem sido vista como o lado negativo da ocidentalização, a perversão e o abandono da cultura e das tradições árabes.

"Há um paradoxo", diz ela. "Quanto mais aberto e modernizado você fica, mais você tem que apertar o cerco sobre as mulheres, em particular, e sobre as crianças, para mostrar que você é um bom saudita e um bom muçulmano."

Pierre Rehov, produtor do documentário sobre terroristas suicidas, chamado *Assassinos suicidas*, acredita que o sexo é o tema central de sua motivação. "Existe uma separação completa entre homens e mulheres na sociedade muçulmana islâmica... E a única esperança de que eles tenham uma vida normal nessa situação de grande ânsia de vida, sexualidade, de tudo o que pareceria normal para o resto do mundo, a única solução que eles têm é experimentar as ilusões sobre o poder absoluto em que ficam além do alcance de qualquer punição, da civilização, da humanidade... Assim, você acaba não tendo outra saída para realmente aproveitar a vida, a não ser destruindo os seus, fazendo o que você considera ser a coisa certa, o que significa destruir a impureza. O Islã é a única religião que descreve o paraíso em termos bem concretos. Em outras religiões, você sabe que é algo meio vago. Mas no Islã, você tem essa descrição precisa das mulheres que vai ter. Elas serão precisamente 72. Todas virgens. Lagos de mel. Você pode beber vinho. Tudo o que é proibido na Terra durante a nossa existência temporária. De acordo com alguns imames, tudo é permitido no além.

Então você acaba não tendo outra forma de realmente aproveitar a vida, a não ser destruindo a si mesmo, fazendo o que acredita ser a coisa certa, eliminando a impureza. Para esses garotos, tudo o que não é islâmico é impuro. E eles têm que dar as suas vidas em nome de Alá, para ir para o mundo de Alá. Em outras palavras, essa é a única maneira que eles têm de experimentar o orgasmo."

As fraternidades enclausuradas e arrogantes já não podem mais justificar sua legitimidade. As suas indulgências têm ferido o bem-estar daqueles — mais vulneráveis e valiosos — de quem deveriam cuidar.

* * *

A Barbie pode ter começado inspirada em uma prostituta, mas, ao final, ela simplesmente não conseguia ser safada o bastante para acompanhar a evolução de nossa cultura impregnada de sexo.

Não deixa de ser engraçado que, depois de toda a controvérsia sobre a Barbie, ela tenha sido destronada não pelas feministas, mas pela sua rival mais audaz e punk, a Bratz.

As bonecas Bratz, "as garotas que são loucas por moda", usam frente-única e *top*, botas de couro e salto agulha. Têm lábios grossos e olhos enormes, e nomes do tipo Jade, Chloe e Jasmin.

Em 2006, a Barbie gerou um lucro global de 35 bilhões de dólares em vendas diretas ao consumidor, mas as tentativas dessa boneca de quarenta anos de se atualizar não foram bem-sucedidas: ela largou o sem-sal Ken para ficar com o surfista saradão Blaine em 2005, e começou a imitar a Bratz.

Pela primeira vez, a Barbie perdeu a sua posição de liderança, quando a Bratz ganhou 41,5% do mercado de bonecas da Grã-Bretanha. Ela também tem decaído em outros mercados, enquanto a Bratz tem subido. A Mattel vem tentando ampliar o mercado para as crianças menores, à medida que a garotada fashion, que assiste à MTV, está se bandeando para o lado da Bratz.

Os esforços para tornar a Barbie mais maneira não foram muito adiante, quando uma repórter revelou à *Vanity Fair* que as "Barbies preferidas" do Michael Jackson, uma coleção de bonecas de *topless* e usando coleiras de couro com tachinhas, haviam sido usadas como evidência no processo contra o artista.

Não abandonei a Barbie nos anos 1970, quando ela era considerada brega, embora a Mattel tenha retirado todo aquele rímel original dos seus grandes olhos, fazendo com que ela ficasse parecendo uma chefe de torcida sem graça e de cara lavada. Mas eu comecei a realmente defendê-la quando a polícia religiosa da Arábia Saudita começou a atacá-la.

Em 2003, a Comissão Saudita para a Promoção da Virtude e Prevenção Contra o Vício colocou um aviso no seu site, informando que essas bonecas "judias", proibidas na Arábia Saudita há uma década, eram uma ameaça ao Islã.

A mensagem acusava: "Bonecas Barbie judias, com as suas roupas reveladoras, posturas, acessórios e objetos vergonhosos, são um símbolo da decadência do Ocidente pervertido. Previnamo-nos contra elas e fiquemos atentos."

O que é o cúmulo, vindo de um reino hipócrita do deserto, que tem inúmeras lojas de *lingerie* nos seus centros comerciais e onde a polícia religiosa preferiu deixar 15 menininhas morrerem queimadas em uma escola em Meca a permitir que elas fossem salvas sem os seus véus e as suas abaias, para que não houvesse qualquer exposição de mulheres a homens estranhos.

É provavelmente inútil tentar explicar aos sauditas, que vivem no seu mundo fechado, mas, por desencargo de consciência, esclareço que a Barbie foi inspirada em uma boneca alemã chamada Lilly, vendida como piada pornográfica, que servia de presente aos homens nos bares e nas tabacarias. Lilly foi calcada na personagem de uma prostituta de história em quadrinhos, e a loura oxigenada foi transformada em uma morena 100% americana em 1959, pela falecida Ruth Handler, filha americana de imigrantes judeus poloneses, que criou a Mattel junto com seu marido.

(Que Deus ajude a Betty Boop, se os sauditas descobrirem as suas verdadeiras origens judias.)

A Arábia Saudita, país que abrigou os seqüestradores e terroristas suicidas iraquianos do 11 de Setembro, lugar tão interessado em se proteger contra os brinquedos "judeus" e o "ocidente pervertido", continua sendo aliada dos Estados Unidos.

Assim como fez com a Barbie, a polícia religiosa saudita esteve à minha procura para tentar me prender em algum calabouço. Olhando através da fresta do véu, fiquei chocada ao ver todas aquelas lojas de roupas sexy nos centros comerciais sauditas — transbordando de lingerie, botas de cano e salto alto de grife, botas de práticas sado-masoquistas, túnicas transparentes e vestidos brilhantes com decotes intermináveis, que fariam as coristas de Las Vegas corar. Havia até um *apartheid* para a *lingerie*. Somente mulheres poderiam fazer compras na parte do centro comercial que tem camisolas com motivos de zebra e oncinha Dolce & Gabbana e produtos rendados Donna Karan (presumivelmente, todos para uso exclusivo no leito conjugal). Havia um controle de abaias, para que apenas mulheres pudessem entrar.

Certa noite, estava andando a esmo pelo centro comercial anexo ao meu hotel, anotando observações para a minha coluna sobre a esquizofrenia dos sauditas e a sua sociedade, momentaneamente envolvida na luta por um futuro melhor, porém dividida entre a polícia religiosa e as lojas secretas de *lingerie*. De repente, quatro homens avançaram sobre mim, dois usando túnicas brancas, um de uniforme de polícia marrom e outro com uma saia marrom até os pés (mau sinal). Eles apontaram para o meu pescoço e a minha cintura, e o diplomata saudita que me acompanhava explicou-me, constrangido, que eu estava sendo interpelada pelo esquadrão do vício.

"Eles estão dizendo que se pode ver os contornos do seu corpo", traduziu ele. "Eles dizem que aceitam recebê-la no seu centro comercial, o que é sinal de nossa modernidade, mas que eles são, também, orgulhosos de nossas tradição e fé, e que a senhora tem que respeitá-las." A polícia apontou para um centímetro de pele que se podia entrever no meu pescoço. Eles pegaram o meu passaporte e, então, começaram a anotar detalhes do meu crime, sem se darem conta da ironia de me interpelarem diante da vitrine de uma loja de *lingerie* que exibia um *body* vermelho rendado.

Acabei lhes dizendo que iria deixar o país mais tarde, naquela mesma noite, e eles me liberaram. Mas ser expulsa da Arábia Saudita me levou a ter grande simpatia pela pobre Barbie. Tempos depois, cheguei até a comprar uma — a Barbie *Lingerie* nº6 —, que seria, sem sombra de dúvida, decapitada ou apedrejada até a morte pelos sauditas doidos de pedra. A primeira vez que ouvi falar da Barbie nº6 foi por meio de um pai alarmado e leitor do *Times*, em Los Angeles. Imediatamente, encomendei essa Barbie de *contrabando* e, até hoje, ela é uma sentinela erótica na estante do meu quarto.

Em 2003, uma superloja de brinquedos vendia escondido a Barbie *Lingerie* nº6, atrás do balcão, caso fosse encomendada. E continuava a exibir outras Barbies *Lingerie* nas prateleiras, aquelas usando bustiês ousados, camisolas divertidas, sutiãs e calcinhas de cetim com lacinhos azul-claro, meias e ligas.

Mas não a Barbie *Lingerie* nº6. Houve tantos protestos vindos de pais sobre a "Barbie Pornográfica", como a chamara um deles, com os seus cabelos ruivos até a cintura, *body* de cetim prateado ornado de rendas pretas, meias pretas com risco atrás da perna em alto-relevo, botas longas com tiras de couro e "fitas pretas macias para segurar a sua boneca Barbie com delicadeza", segundo o manual que vem com o produto. Muitas lojas de brinquedo decidiram escondê-la atrás do balcão, e admitiam a sua existência somente se o cliente se referisse à sua encomenda.

"Eu, sinceramente, não quero que olhar para uma capa da *Maxim* e fazer compras com a minha filha de dois anos sejam o mesmo tipo de experiência para mim", contou um outro pai assustado.

Hoje em dia, é difícil saber onde demarcar a linha contra o erotismo.

De vez em quando, a Mattel entra numa fase de moralismo, que sempre parece meio ridícula. Primeiro, a empresa baniu as estolas de *vison* da Barbie e, depois, em 1989, a edição da revista do trigésimo aniversário da boneca publicou um histórico que afirmava que a sua atual ocupação era ser "voluntária pelos direitos dos animais".

Uma das mais antigas encarnações da Barbie foi a versão astronauta. Mas, em 1965, a roupa espacial largona cinza não decolava. Por isso, em 1986, a Mattel deu à Barbie Astronauta uma minissaia cor-de-rosa provocante e uma *lingerie* espacial prateada.

Em 1992, a empresa, que à época era dirigida por uma mulher, aderiu aos grupos de mulheres, ao introduzir a Barbie Conversa

Adolescente, que falava esganiçada: "Matemática é difícil." Ela também dizia: "Adoro fazer compras!" e "Será que nós já compramos o suficiente?".

Um grupo de feministas e de pais, que se autodenominava "a Organização de Liberação da Barbie", comprou um monte de Barbies Conversa Adolescente e Soldados Joe e modificou os seus circuitos de áudio. A sua recém-inventada Barbie Soldado Jane resmungava "Toma chumbo, Cobra!" e "Homens mortos não mentem".

Em sinal de arrependimento, a Mattel introduziu novas Barbies inteligentes, para marcar o trigésimo oitavo aniversário da solteira n°1. Tornar a Barbie inteligente era como transformar o Soldado Joe em um pacifista politicamente correto. Mas a empresa pisou fundo e lançou a Barbie Universitária, que sacudia os pompons de líder de torcida de 19 faculdades diferentes.

E, ainda mais deprimente, a Barbie Dentista. A imprensa anunciou o seu lançamento: "Vestida de jaleco branco de dentista, ela envia mensagens positivas para os seus pacientes, através de duas frases: 'Vamos escovar' e 'Ótima revisão dentária'." O papel da Barbie não é tratar de gengivites, retirar tártaro nem manusear produtos branqueadores.

A autora do livro *Barbie eternamente*, também lamentou: "A Barbie Dentista é uma decadência tão grande, em comparação com antigamente, quando a Barbie representava alguma coisa. Ela foi uma revolucionária dos anos 1960, uma mulher altamente sexual, solteira, com uniformes profissionais em seu guarda-roupa. Ela era a antítese da mãe dos anos 1950, um modelo de radicalismo, balançando do alto das suas botas de cano longo."

Ela disse que a Barbie foi a precursora da garota *Cosmo*, que provou ser tão duradoura que continua sendo, até hoje, uma inspiração para a explosão das cirurgias plásticas.

Esperamos nunca chegar à Barbie Urologista.

Sete

Cadê as rugas?

Hoje parece inacreditável, agora que as mulheres são obcecadas por eliminar rugas e dobras nos lugares mais estranhos. Mas já houve um tempo, de saudosa memória, em que as mulheres não falavam somente sobre pele. Elas falavam de livros, peças e política.

Nós sabíamos que havia umas poções nas farmácias que se podiam espalhar na pele: Noxzema ou Pond's. E nós sabíamos que havia diferentes tipos de pele — as que se bronzeavam ou não, as que se enrugavam com facilidade ou não.

Dispunha-se de uma única maneira, porém, de mortificar a pele nos velhos tempos. E minha irmã, Peggy, era adepta: subir no telhado de zinco com um pedaço de papel-alumínio, um frasco de óleo de bebê e iodo e torrar até ficar luzindo que nem cobre.

Naqueles tempos, você queimava a pele para parecer saudável, sem saber que o bronzeado excessivo não é saudável. Agora, você a queima para se livrar dos danos causados pelo sol derramando ácido na pele ou fritando-a com raios laser para arrancar a cara e começar vida nova com pele fresca.

Os norte-americanos são aficionados pela aparência, apertando, enbranquecendo ou enxertando onde há falta. Não se incomodam de morrer pela imagem, contanto que vivam à altura de uma imagem perfeita.

Primeiro, assediados por quarentões que se recusam a envelhecer, e agora, cercados por uma clientela mais jovem, os dermatologistas são os demiurgos do milênio. A gordura escorre pelos seus consultórios todos os dias em um circuito circular e canibalizante, num lago de Narciso gelatinoso, aspirada para fora, depois reinjetada.

"Vocês já repararam", perguntou o intrigado escritor humorista Dave Barry, "que as lanchonetes que vendem frango frito parecem estar sempre localizadas justo ao lado de clínicas de lipoaspiração?"

Especialistas em dermatologia têm maneiras infinitas de castigar a pele que envelhece: reparação cutânea a *laser*; lipoaspiração ultra-sônica; esfoliações ácidas e químicas; aplicações de Soro de Potência Máxima Cellex-C de trinta milímetros e a noventa dólares (também conhecido, de forma menos espetacular, como vitamina C); sessões de tratamento Velasmooth, a 250 dólares, com sucção *laser*, para reduzir a celulite (tão divertido quanto pressionar um ferro quente sobre as suas coxas durante uma hora); *lasers* para eliminar pêlos; e a última moda, o Fraxeling — máquina que emite raios de luz que vaporizam linhas e manchas no pescoço, no peito e nas mãos, mediante meros trezentos dólares por sessão.

(Quando os homens pensam em lasers se aproximando dos seus corpos, eles pensam nos sabres de *Guerra nas estrelas*, ou naquela cena clássica de *007 contra Goldfinger*, em que, por um triz, o raio letal não acabava com a masculinidade de James Bond.)

Assim, hoje, antes de sair para um encontro, uma garota moderna não somente gargareja, passa o fio dental e o batom. Ela também navega na *internet*, faz cirurgia plástica e toma remédios que alteram seu jeito de ser. (Algumas jovens tomam um Paxil, vendido como cura contra a timidez, antes de sair.)

Mudamos de pele que nem cobra e nos hidratamos horas a fio. Em Hollywood, a hidratação não é apenas uma das maneiras mais recomendáveis de passar o tempo, é um dos mais altos tributos que se pode pagar ao amor conjugal.

Ao ler as fofocas sobre a separação de Brad Pitt e Jennifer Aniston, descobri que a parte mais esclarecedora estava relacionada com os hábitos de hidratação do casal. Jennifer declarou que, para ela, a noite perfeita era aquela em que ficava em casa lendo, com uma enorme garrafa d'água ao lado. E alguém da equipe de produção de um de seus filmes declarou que Brad Pitt tinha sido um bom marido, porque ele mantinha Jennifer bem hidratada no estúdio.

Nunca pensei muito em pele antes de me darem uma coluna no *Times*. Nos primeiros anos, tentando ser brava ou enérgica com bons jogos de palavras, como raposas da política, de esquerda ou de direita, e eu achava o meu trabalho tão estressante que a minha pele começou a parecer com a de uma adolescente. O meu cabelo também ficou um horror.

Em uma noite de sexta-feira, depois de terminar a minha coluna de domingo, eu estava aplicando vários tônicos enquanto ouvia as minhas mensagens na secretária. Uma delas me deixou em estado de choque.

"Oi, Maureen, aqui é o Don Hewitt, do *60 Minutos*", soou uma voz grave. "Nós gostaríamos de entrevistar você."

Por acaso, eu estava passando na frente de um espelho no corredor de entrada e, ao ver o meu reflexo, o meu horror aumentou. Eu tinha maionese emplastrada no cabelo, creme na cara e uma coxa de galinha atravessada na boca. Hewitt continuava a ladainha: "...nós poderíamos mandar a equipe de filmagem até a sua casa..."

Retomando o fôlego, deixei a coxa de galinha cair no chão. Na manhã seguinte, escrevi um recado para Hewitt: "Eu prefiro que meu corpo seja amarrado a um pedaço de pau no deserto, coberto de mel e devorado por uma horda de formigas vermelhas, a ser interrogada no *60 Minutos*."

Compreendi que eu precisava começar a pensar mais na minha manutenção. Era chegada a hora de me reunir às minhas colegas quarentonas em sua crença delirante de que elas podem controlar o próprio ressecamento, e o do planeta, usando produtos antienvelhecimento e antibacterianos, meias-calças "que desafiam a idade", tênis anticelulite, e canetas esferográficas, calculadoras e tênis de corrida antibacterianos. (A tendência maluca dos banhos bactericidas persistiu mesmo depois que os microbiologistas avisaram que a luta implacável por uma casa sem germes estava, em longo prazo, colocando a saúde das crianças em perigo, ao contribuir para o aumento de micróbios que resistem a antibióticos.)

No dia do meu aniversário, entrei em ação e arrastei a minha amiga Alessandra até as lojas de cosméticos da Quinta Avenida para ver, pessoalmente, a parafernália dos cremes miraculosos chamados, eufemisticamente, de "desafiadores da idade".

Atracamos no primeiro balcão. A vendedora sugeriu uma gosma brilhosa para espalhar na cara, que, supostamente, criava a ilusão de haver, por sobre a sua cabeça, uma luz cor-de-rosa.

Nós compramos.

Aí passamos para outro balcão. Diante de um aquário, a mulher nos deu todo um histórico. Ela contou que a mistura de algas marinhas havia sido desenvolvida por um belo cientista da corrida espacial, que teve o rosto completamente queimado em um acidente enquanto testava combustíveis para a Nasa. Ele trabalhou 12 anos na garagem de casa até inventar um creme que lhe restituiria o rosto. Eu disse que a história parecia com a do *Fantasma da ópera*.

"O creme tem poderes regeneradores", disse ela, eloqüente.

Eu estava hesitante. Custava 195 dólares, o de 60 gramas, e 1.200 dólares, o de 460 gramas. "É tão caro", reclamei, baixinho. Sharon Stone usa, informou-nos. Sarah Jessica Parker também.

Nós compramos.

Paramos, antes de comprarmos a nova linha de cremes faciais embranquecedora, desenvolvida para fazer o seu rosto ficar parecido com o de uma dançarina japonesa. O SK-II é o máximo em termos de creme para a pele, descoberto há 25 anos por um monge japonês que estava fazendo uma visita a uma destilaria de saquê, e observou que o nutriente chamado "pitera", usado no processo de fermentação, conferia aos trabalhadores da destilaria mãos "eternamente jovens".

As vendas de poções "reparadoras da idade" cheias de ingredientes esquisitos, como carvalho da Califórnia e extrato de semente de uva Chardonnay, explodiram. As últimas estatísticas indicam que há 1.700 cremes anti-rugas diferentes, prometendo liberar a luminosidade aprisionada sob aquelas velhas células mortas nojentas, e que as mulheres americanas gastavam 12 bilhões de dólares por ano em emolientes destinados a deixá-las conformadas com condições físicas perfeitas.

Em busca de tratamentos para o rosto, Alessandra e eu voamos até o consultório de uma mulher conhecida como a bruxa de Nova York que restaura a pele e vende seus produtos para supermodelos e celebridades como Renée Zellweger e Sandra Bullock. Ela é inglesa, foi uma criança abandonada, e seu sócio e namorado é da Transilvânia. Ela tem a reputação de modificar a forma de seu rosto e enrijecê-lo, temporariamente, através de correntes elétricas que passam por dispositivos grudados no rosto. Ela me disse, depois de um tratamento que me custou 287 dólares, que havia proporcionado ao meu rosto uma forma de coração, o que me pareceu uma boa idéia. Só que eu não conseguia ver diferença alguma, embora tenha ficado animadíssima ao ver o lindo rosto oval de Susan Sarandon na sala de espera, no momento em que saía do consultório.

Quando tento me manter informada sobre as novidades relativas à beleza, fico assustada e confusa. Somos uma sociedade que, coletivamente, se recusa a encarar o fato de que um dia a gravidade e as batatas fritas acabarão conosco. Há todas aquelas histórias sobre morte por causa da cirurgia plástica, como a triste saga de Olivia Goldsmith, autora de *O clube das desquitadas*, que morreu na mesa de operação de sua clínica nova-iorquina, e a terrível história da dona de casa de 42 anos, esposa de um encanador, que morreu depois de dizer ao marido que iria a Dublin para uma conferência de trabalho, mas, na verdade, saiu de fininho para fazer uma operação com um — muitas vezes processado — médico, que ela encontrara por meio de um anúncio na internet.

Os catálogos que entopem a minha caixa de correio estão cheios de promessas mirabolantes, químicas misteriosas e aparelhos esquisitos. Recebi um que oferece um chiclete cerebral para melhorar "as funções cognitivas, restaurando um nível saudável de fosfatidilserina no cérebro"; o Realçador de Lábios, que "através de um processo suave de sucção, mantém os lábios grossos e carnudos até 12 horas entre as aplicações"; e a máscara facial magnética, que, supostamente, aumenta o fluxo sangüíneo nos músculos do rosto. A pele flácida será definitivamente eliminada, promete o anúncio: "Placas imantadas de ouro 19 na máscara têm uma superfície poderosa de 1.500 *gauss* e são estrategicamente colocadas nos pontos da acupuntura facial." (Na mesma linha, um boletim de notícias de uma revista anunciou: "A sucção movida a pilha do sutiã da *Biomecanica* deixa os seios maiores.")

Li uma matéria estranha na *Harper's Bazaar*, afirmando que "água programada e materiais de submarinos nucleares estão começando a ser usados no seu creme para o rosto". Espalhar materiais radioativos em bochechas manchadas deu a *Outubro vermelho* um sentido completamente diferente.

A brilhante *InStyle* pode deixar você ansiosa com relação a coisas nas quais nunca tinha pensado antes. Para sobrancelhas excessivamente depiladas, ou "sobrancelhas invisíveis", a revista diz que "você deveria se informar sobre transplantes foliculares (o preço mais baixo sendo em torno de dois mil dólares, dependendo do número de folículos necessários). 'Os pêlos são retirados de partes posteriores do couro cabeludo, e inseridos no ângulo de crescimento correto'," revelou um especialista em queda de cabelo que acrescentou que sobrancelhas implantadas crescem muito, e precisam ser aparadas freqüentemente.

Outra matéria da *Bazaar* recomendava a "lipoaspiração de precisão" envolvendo "múltiplas microrreduções de áreas mais difíceis". Porém, antes de criar coragem para chegar a levar a coisa a sério, eu li um artigo sobre o aumento alarmante do número de mortes devido à lipoaspiração. "Estamos investigando esse problema", afirmou um médico que é presidente da força de ação da Associação de Cirurgiões Plásticos.

Força de ação da lipoaspiração? Nos anos 1950, as mulheres passavam o aspirador. Hoje, elas são aspiradas. Os nossos aspiradores de pó voltaram-se contra nós.

* * *

E.M. Foster escreveu que a beleza cria as suas próprias regras de conduta.

Já vimos estudos que mostram a temível tirania da simetria e que a estética está enraizada no cérebro —, até bebês têm um senso inato de beleza, escolhendo olhar mais longamente para rostos mais bonitos. (Inversa e perversamente, os homens tendem a achar as mulheres com rosto de bebê mais atraentes.)

Certa vez, saí com um cara que não gostava muito da mãe dele, em parte, porque ele não a achava suficientemente atraente. O meu irmão, por outro lado, dizia freqüentemente a nossa mãe o quão orgulhoso ele ficava quando ela ia pegá-lo na escola, porque achava que ela era a mãe mais bonita.

Por isso, não deveria ser surpreendente o fato de que os pais têm o mesmo preconceito estético. Ainda assim, uma manchete do *New York Times*, de 2005, advertia: "Crianças feias podem ser maltratadas pelos pais."

"Pesquisadores canadenses fizeram uma descoberta estarrecedora: os pais cuidam melhor de crianças bonitas do que de crianças feias", escreveu um repórter.

Pesquisadores da Universidade de Alberta observaram que, em um supermercado, pimpolhos menos adoráveis tinham, mais freqüentemente, permissão para empreender atividades potencialmente perigosas — como ficar de pé no carrinho de compras ou sair perambulando sozinhos. Crianças bonitas, sobretudo os meninos, recebem mais atenção dos pais e são mais vigiadas.

"Na hora de amarrar o cinto de segurança no carrinho de compras, as crianças feias e as bonitas eram tratadas de maneira completamente diferente, sendo que o uso da proteção crescia em proporção direta com a beleza da criança", afirmou o artigo. "Quando uma mulher estava no comando, 4% das crianças feiosas eram amarradas, em comparação aos 13,3% das mais atraentes." Com os pais era ainda pior, "com nenhuma das crianças menos atraentes presas por cinto, em comparação a 12,5% das crianças bonitas".

Esses pais nunca ouviram falar do patinho feio? Eles só lêem para os filhos histórias sobre patinhos bonitos?

Mesmo que você seja cético quanto à ciência de supermercado, essa história nos traz à mente imagens pungentes de bebezinhos com a cara da família Adams andando a esmo ou voando pelos ares e aterrissando no setor de congelados porque não estavam devidamente afivelados no carrinho de compras.

O chefe da pesquisa analisou os dados em termos evolucionários: crianças bonitas representam um excelente legado genético e, portanto, são mais paparicadas. "Como acontece com muitos animais, tendemos a distribuir os nossos recursos em função do valor."

A dançarina loura-platinada e interesseira Marilyn Monroe, de *Os homens preferem as louras*, explicou o fenômeno de maneira hábil a um sogro em potencial: "O senhor não sabe que um homem rico é como uma mulher bonita? O senhor não se casaria com uma mulher só porque ela é bonita, mas, puxa vida, isso ajudaria muito, não é mesmo?"

Um preconceito de beleza contra crianças parece tão supreendente porque você cresce pensando que os pais são os únicos que vão dar amor incondicional, e não medi-lo a conta-gotas, baseados na sua sorte genética — pela qual, afinal de contas, eles são responsáveis.

Mas o mundo pode ser duro. A superfície importa cada vez mais, e a lição de *O mercador de Veneza*, de Shakespeare, tem sido ignorada. Quando Bassânio sabe escolher o caixão de chumbo, em vez do de ouro, para um desafio em uma competição da corte a fim de ganhar a deliciosa Portia: "Túmulos de ouro acolhem vermes."

Uma análise publicada em 2005 pelo Federal Reserve Bank confirma aquilo que todos suspeitávamos: os podres de lindos recebem mais dinheiro e promoções do que os otários de aparência ordinária.

Citando dois economistas, o estudo constatou que ser alto, magro e atraente poderia valer um "bônus beleza" — 5% a mais por hora — enquanto que há uma "penalidade falta de beleza" sobre os salários de 9% (depois de descontados outros fatores).

Os pesquisadores relataram que homens mais altos são mais passíveis de se dar bem nos negócios — a não ser pelos coitadinhos candidatos Al Gore e John Kerry, que realmente se esforçaram para perder — e de ganhar eleições presidenciais. Estabelecendo uma correlação entre a altura de alguns jovens de 16 anos e os salários que viriam a ganhar futuramente, demonstrou-se que os varapaus crescem e chegam a ganhar em torno de 789 dólares a mais, por ano, por cada centímetro adicional à altura média dos norte-americanos.

No seu best-seller *Blink — A decisão num piscar de olhos*, Malcolm Gladwell fez uma sondagem junto à metade dos grandes empresários listados na revista *Fortune 500* e descobriu que (com exceção do Pequeno Grande Homem da General Electric Jack Welch) a média da altura dos empresários era de 1,98 m, ou seja, 8,5 cm mais alto do que o norte-americano médio.

A pesquisa também mostra que as mulheres obesas obtêm salários 17% mais baixos do que mulheres que têm um peso médio, e que professores universitários bonitões recebem avaliações melhores dos estudantes.

Mas a beleza também pode ser ruim. Um professor da Universidade de Toronto falou ao jornal *Toronto Star* sobre o "efeito loura burra" — se as mulheres forem lindas demais, as pessoas partem do princípio de que elas são cabeças-de-vento.

Além disso, quando elas são lindas demais, os homens não as contratam porque temem a tentação — ou o que as freiras costumavam chamar de "a oportunidade do pecado". Um conhecido meu procurava, especificamente, uma assistente que não fosse muito atraente. Outro colega de trabalho disse-me para não contratar uma loura de parar o trânsito como minha assistente, porque seria uma *distração* muito grande para ele. As mulheres também podem decidir que não querem contratar mulheres mais jovens que são muito bonitas, porque poderiam se sentir "diminuídas ao verem a jovem todos os dias no trabalho", como me alertou uma amiga, sobre a beldade de parar o trânsito. Eu a contratei assim mesmo; não foi tão ruim.

Ninguém parece ter certeza se os patrões tendem a discriminar pessoas menos atraentes porque de fato são menos atraentes ou se as pessoas mais atraentes desenvolvem mais auto-estima e traquejo social.

Mas uma coisa é certa: é difícil desenvolver auto-estima durante a infância, quando os seus pais não afivelam você ao carrinho do supermercado e, à primeira parada mais abrupta, se vê projetado através dos pacotes de batata frita, rumo às pirâmides de latas de conserva.

* * *

Estou me preparando para aquele dia fatídico em que todas as mulheres se transformam em quimeras — a metade de cima, humana a de baixo, vaca. Ou talvez como uma versão feminina dos monstros da mitologia grega, uma criatura com cabeça de galo, torso humano e cascos, uma Mulher-vaca que faz cocoricó.

Os meus medos ruminantes me assolam porque todos aqueles cremes anti-rugas que as mulheres espalham no rosto são feitos de gosma de vaca.

"Os maridos deveriam começar a ficar preocupados agora", disse maliciosamente uma dermatologista de Nova York. "Se as suas esposas começarem a devanear e delirar, é a menopausa ou a vaca louca?"

E se as mulheres sensuais das agências de publicidade, bebericando coquetéis de framboesa por entre os seus lábios carnudos, em restaurantes chiquérrimos, começarem a correr em círculos tentando morder o próprio rabo?

E se as profissionais de altos cargos, em suas saias de couro e sapatos enfeitados de grife, estalarem os saltos até a piscina do restaurante Four Seasons e começarem a lamber água como se fosse de uma tigela?

E se atrizes de lábios proeminentes deixarem de lado os seus bastões de aipo para lamber bastões de sal?

E se elegantes socialites, sorvendo champanhe no restaurante Cipriani's, de repente, começarem a espumar pela boca?

As mulheres estão se bovinizando, por dentro e por fora. Elas injetam em si mesmas baldes de colágeno bovino extraído do couro da vaca, nos lábios e rostos. Consomem enormes quantidades de carne vermelha, queijo, manteiga e creme seguindo as dietas da moda. Elas se apertam em roupas de couro. Decoram as suas casas com tapetes de pele de vaca malhada e com moitas de grama — ótimo para pastar. Avançam nos cremes antienvelhecimento que contêm colágeno. Sem falar no sorvete Häagen-Dazs sabor doce de leite que elas devoram quando deprimidas.

As mulheres que ficam desconfiadas ao ler matérias sobre novos casos de vaca louca nos Estados Unidos, e esquecem a agonizante vaca demente e o seu sininho no pescoço, têm outras opções de "enxertos injetáveis", como são conhecidas essas gosmas destinadas à "escultura facial".

Se você preferir trocar as suas preocupações com a vaca louca pelas preocupações com a gripe aviária, tem o ácido hialurônico aviário feito de crista de galo moída. Imagine, só por um momento, colocar pó de Piu Piu moído na cara e ouvir-se dizer "eu acho que eu vi um gatinho, vi sim, se vi" depois de passar o creme ao redor dos lábios.

Ainda tem ácidos hialurônicos feitos de bactéria e um ácido poliláctico. Há vários anos, a Inamed Aesthetics pegou o prepúcio de um menininho — filho do primeiro fabricante — e o replicou para guarnecer o CosmoPlast e o CosmoDerm, que incham os lábios das mulheres em todo o mundo, de maneira inesgotável. Uma circuncisão inesquecível. O que representa uma estranha simetria: as mulheres injetam prepúcio de menino nos lábios para atrair o prepúcio de homens feitos.

A dra. Wexler, cujo rosto é tão liso que faz até um ancião parecer embrionário, tem usado as injeções em si mesma e em suas pacientes há anos. Ela diz que não está preocupada porque o colágeno bovino procede de um "pequeno rebanho, um pequeno clube de elite de vacas. As minhas pacientes querem se sentir confiantes de que podem continuar vivendo sem culpas e sem rugas. Elas não precisam de declarações por escrito".

No cenário perfeito para um *thriller* médico do Robin Cook, a Medicis Pharmaceutical Corporation está se fundindo com a Inamed, empresa que fornece boa parte dos colágenos bovino e humano, o pó de crista de galo, o suco de bactéria, implantes para os seios e um anel gástrico para cirurgias contra a obesidade, que funciona como um nó que cria estômagos menores.

A Inamed tem um rebanho monitorado pela Food and Drug Administration (FDA, agência norte-americana de controle alimentar e médico), a "elite bovina", há mais de duas décadas. Duas mil vacas em dois mil acres, que só comem grãos e cruzam entre si, e que são mortas no próprio local (além de um rebanho sobressalente de 1.700 a 1.800 cabeças).

É um clube tão fechado, que você imagina o rebanho por detrás de uma corda de veludo, com seguranças grandes, do tamanho de um touro. Ou então as vacas com cartões de sócias dentro das suas carteiras de couro, de vaca, como em uma espécie de hotel privê bovino.

Um dos pacientes de um dermatologista de Beverly Hills implorou-lhe, em vão, para visitar o rebanho e ter certeza de que era saudável.

Uma vez que o colágeno é extraído, a carne é vendida. Um alto funcionário de uma empresa se vangloria do fato de que, por causa dos temores quanto à vaca-louca e a febre aftosa, os bifes e hambúrgueres oriundos da "elite bovina" são muito requisitados na Costa Oeste, especialmente nos açougues on-line.

A vaidade quase sempre supera os medos relativos à saúde.

"Muitas mulheres considerariam a perspectiva de morrer enrugadas muito pior do que a perspectiva de morrer de demência devido ao colágeno", afirma um dermatologista de São Francisco. "Contanto que elas não caiam duras e secas trinta segundos depois da injeção, elas topam."

Tina Alster, dermatologista de 45 anos que injeta suco de vaca em si mesma, concorda que a perspectiva de ficar enrugada é pior do que a perspectiva de começar a babar e espumar.

"Eu prefiro ficar entre as que estão de quarentena do que as que estão fora do páreo. Que as outras fiquem com caras horrorosas."

A vaidade também ludibria a moralidade.

"Jamais tive uma paciente que me perguntasse sobre uma vaca *kosher*, pura", disse a dra. Wexler. "Jamais tive uma modelo vegetariana que fizesse objeção ao colágeno bovino. Jamais tive uma ativista que milita em prol dos direitos dos animais que fosse contra a matança de vacas para a extração do colágeno. Quando o assunto é cosmética, as mulheres adotam uma política de 'não pergunto, não me diga, por favor'."

* * *

No filme *Brazil,* de 1985, o diretor de cinema Terry Gillian imaginou um pesadelo futurista de rostos embalsamados e encolhidos e cirurgiões plásticos autodidatas. Um médico garante a uma socialite meio flácida de que ele pode fazê-la parecer vinte anos mais jovem, até 25, "basta drenar o excesso de fluidos dessas pelancas".

Nós podemos não ter os carros voadores e as cidades flutuantes prometidos pelos Jetsons, mas temos os rostos embalsamados e encolhidos de Gillian. Agora, temos até transplantes de rostos. Os cientistas vinham praticando transplantes hemifaciais em ratos, criando ratos com rostos metade marrons, metade brancos. Esses transplantes drásticos são, supostamente, destinados a pacientes que foram severamente desfigurados por acidentes, queimaduras ou tumores. Mas quem sabe até onde eles irão, em uma sociedade psicoticamente obcecada por procedimentos de alteração da aparência?

A dra. Nancy Etcoff, psicóloga de Harvard que escreveu o livro *A sobrevivência da mais bonita: a ciência da beleza*, declarou ao *New York Times*, quando o Botox recebeu aprovação para uso cosmético, em 2002: "Nós olharemos para as rugas da forma como hoje olhamos para dentes quebrados ou descoloridos: reminiscências do passado."

"É como se tivéssemos desistido de ser autênticos", continuou.

Na verdade, as mulheres têm confiado mais em artifícios do que em autenticidade, há séculos.

Shakespeare escreveu em seus sonetos sobre mulheres que lutavam "contra a foice do Tempo" e o "avanço maligno do Tempo", se embelezando e pintando o rosto — "embelezando o feio com o rosto emprestado da arte".

No seu ensaio "Elogio da cosmética", Baudelaire conclamava as mulheres a "superar a Natureza" e condenava aquelas cuja "gravidade lúgubre as impede de buscar a Beleza nas suas mais ínfimas manifestações". Ele chamou a elegância exterior de "um dos sinais da primitiva nobreza da alma humana".

"A mulher tem o direito, aliás, ela está até mesmo cumprindo uma espécie de dever, quando se dedica a parecer mágica e sobrenatural", escreveu o poeta. "Ela precisa nos surpreender e nos encantar; como um ídolo, ela tem que se adornar para ser adorada. Portanto, ela deve se servir de todas as artes no intuito de elevar-se acima da Natureza, para melhor conquistar corações e atrair atenções. É de pouca importância que o artifício e o engodo sejam conhecidos de todos, contanto que o seu sucesso seja garantido e o seu efeito sempre irresistível."

E Yeats escreveu no seu poema "A maldição de Adão": "Ao que aquela divina e maravilhosa mulher / Cuja voz doce, suave e melodiosa / Despedaçaria mil e um corações / Disse: / Quem nasce mulher tem obrigação, / Posto que a escola não ensina esta desdita / De viver se esforçando para ser bonita."

Dos espartilhos vitorianos aos sutiãs aquáticos flutuantes da Victoria's Secret; da hena para os cabelos e das gotas de beladona para dilatar as pupilas às unhas francesas e às injeções de canela e hortelã que ressaltam os lábios, as mulheres têm sempre tentado parecer mais jovens, bonitas, saudáveis, flexíveis e fecundas. Tudo se resume a fingir ter genes melhores. De acordo com a dra. Etcoff, os homens simplesmente gravitam como zumbis em torno de uma "mulher otimamente fértil ou, pelo menos, que parece sê-lo".

Tornei-me adulta no final dos anos 1960, início dos 1970, quando os jovens de ambos os sexos usavam batas indianas de algodão e jeans boca-de-sino, e estavam mais preocupados com política e sonhos de igualdade do que com moda e cosméticos. Eu nunca me dei muito bem com as feministas de primeira hora, sem estilo, de cara lavada, com roupas unissex. Eu vivia enrolada com namorados que não queriam que eu usasse maquiagem nem salto alto.

"As garotas de Yale nunca usam maquiagem", explicou-me um jovem recém-formado pela universidade, antes de sair para comprar para mim um par de mocassins, que veio com um questionário que incluía uma pergunta sobre o tamanho do meu iate.

Eu sempre segui a filosofia da bela atriz dos anos 1930, Carole Lombard: "Eu vivo segundo um código masculino, desenvolvido para funcionar em um mundo masculino, mas, ao mesmo tempo, eu nunca esqueço que a primeira tarefa de uma mulher é escolher a cor de seu batom."

Ainda assim, eu partia do princípio de que um dos resultados positivos do movimento feminista seria a noção mais flexível e ampla de beleza feminina, libertada da tirania do ideal das cintas e dos exageros dos anos 1950.

Eu estava enganada. Quarenta anos depois da aurora do feminismo, o ideal de beleza feminino está mais rígido e artificial do que antes.

Como diz um amigo meu: "Mulheres de muito prestígio e alguma idade estão cheias de gordura de vaca, esporos de botulismo criados em laboratório e vários derivados pesados de petróleo."

Às vezes eu me pergunto: se a Gloria Steinem tivesse sabido, em 1968, o que iria acontecer em 2005, das brigas entre mulheres para conquistar um solteirão à obsessão delas pelo Botox e pelos implantes de seios, será que ela teria se dado ao trabalho de tirar aquela roupa de coelhinha da *Playboy*?

O que Gloria, que declarou que "uma mulher que lê *Playboy* parece um pouco com um judeu lendo um manual nazista", teria pensado da moda feminina de usar camisetas da *Playboy*, em plena virada do milênio?

Quando ela escreveu, em 1966, que "todas as mulheres são coelhinhas", ela não estava tentando fazer um elogio. Era um apelo feminista às armas. Quarenta anos depois, é apenas um fato estético que hordas de mulheres se submetam à faca e à agulha para alcançar aquelas proporções de coelhinha inflável.

Em vez de expandirmos as nossas opções de melhorar a nossa aparência, nós só expandimos as maneiras de nos parecermos umas com as outras. As mulheres estão procurando apenas um tipo de rosto, de corpo e de expressão.

A dra. Etcoff declarou ao *Times* que "corremos o risco de fazer uma coisa impensável, tornar a beleza monótona. Quando tudo se resume, tão abertamente, à aparência, a identidade pessoal se torna quase trivial. É como se as pessoas preferissem escolher uma máscara a parecer consigo mesmas ou com suas mães e filhas".

Em um mundo de implantes inchados e bombeamentos de gordura, as figuras exageradas da Barbie reinam. "A incongruência de duas bolas de boliche agarradas a uma tábua de passar roupa parece não incomodar mais ninguém", escreve Steve Martin em *A garota da vitrine*.

O paradigma sólido e robusto da beleza feminina para os homens tem sido uma trajetória direta — ou melhor, curva — que passa pelas musas de pôsteres dos anos 1950 como Betty Page e Jayne Mansfield até chegar a Pamela Anderson e Jessica Simpson (cujo pai andou falando que a sua filha ficava igualmente sexy usando uma camiseta ou um bustiê: "Ela tem seios enormes! Não dá pra cobrir aqueles danados!").

Cada vez mais mulheres estão dispostas a se esticar ou aumentar para quaisquer proporções extremas, no intuito de satisfazer os desejos masculinos. Agora que tecnologia é biologia, todas podem ficar parecendo bonecas infláveis.

Elas estão tentando reproduzir aqueles peitões da Barbie e aquela pequena distância entre os seios e a cintura da boneca "uma cintura pelo menos 30% mais estreita do que os quadris, característica tão atraente para os homens.

A dra. Alster, que é uma loura magra e glamourosa e usa roupas Chanel e botas de grife, experimenta todos os seus produtos. "Em Washington, todas querem ser beldades naturais. Eu prefiro dizer naturais-mas-nem-tanto. As pessoas me perguntam sempre 'você operou alguma coisa?', e eu respondo, 'claro que sim. Em quem vocês acham que nós experimentamos esses *lasers*?' Eu fiz *peeling*, depilações definitivas na virilha. Uso Botox e colágeno bovino."

Ela, porém, não aprova a mania mamária do país. "As mulheres fazem implantes mamários para os homens, não para si mesmas, e isso tem a ver com o fato de que quase todos os cirurgiões plásticos são homens. Eu adoro seios grandes e provocantes, mas não pretendo fazer nenhuma grande intervenção cirúrgica. Prefiro usar sutiã com espuma para tê-los."

Alex Kuczynski, do *New York Times*, observou: "Que homem costuraria um saco plástico dentro da própria perna ou colocaria um corpo estranho dentro do seu próprio corpo?"

Mas talvez as mulheres estejam se modificando por causa de seus próprios desejos íntimos e profundos. As feministas da primeira geração tentaram demonizar a Barbie e trataram as futilidades femininas inatas — como fazer compras e maquiar-se — como se fossem iniciativas ordinárias. Elas previram que o mundo em que homens e mulheres se vestissem de maneira semelhante, em ternos azul-marinho e gravatas, seria igualitário em todos os sentidos. Elas foram ingênuas e mal orientadas.

"Acho que, no fundo, as mulheres estão fazendo todas essas coisas não somente pelos homens mas para si mesmas também", refletiu a dra. Wexler. "Estamos realizando as nossas fantasias de bonecas Barbie, com as quais brincávamos quando éramos meninas. E tudo se resume à nossa auto-estima. As mães aceitam os filhos incondicionalmente, mas as filhas nunca estão à altura. Agora que você pode controlar a aparência como faz com a alimentação, por que não fazê-lo? Por que as bulímicas ficam assim?"

Mas todos sabemos que nem tudo o que reluz é ouro. Discordo que o que está do lado de dentro seja mais importante do que o que está do lado de fora. Essa é a lição repetida em casa, na grande literatura e nos filmes bobinhos de Jennifer Lopez. Como é que podemos fazer as mulheres relaxarem e acreditarem nisso?

"Eliminem a raça masculina", atirou a dra. Wexler.

As dificuldades profissionais não tornaram as mulheres menos preocupadas com a sua aparência, nem diminuíram a sua compulsão de tentar melhorar, cada vez mais, o que a Mãe Natureza lhes deu, *ad infinitum* e *ad nauseam*.

Um programa de tevê constatou, em 2005, que o número de desordens alimentares entre as mulheres de mais de 35 anos havia aumentado 35% em três anos. Chamando o fenômeno de "desejo desesperado por cinturas", o programa sugeriu que aquelas mulheres de meia-idade estavam passando fome para ficarem parecidas com atrizes, como as ninfas esbeltas e suburbanas de *Desperate Housewives*.

Antes havia o domínio de matérias sobre déficits orçamentários e guerrilhas. Hoje os noticiários televisivos tratam de dietas, dermatologia e cirurgia plástica. É difícil descobrir o que está acontecendo no Iraque a partir desses noticiários, mas, em abril, dois noticiários da CBS transmitiram uma série que durou toda uma semana, chamada Mundo da beleza, sobre as novas tendências da cirurgia plástica, de Ipanema ao Irã. ("O Irã, onde a polícia moral costumava confiscar rímel e batom", anunciou enfática a repórter, "é hoje a capital mundial da plástica no nariz".)

* * *

A jornalista e escritora Anna Quindlen definiu três fases para as mulheres: pré-garota, garota e pós-garota. Elas agora expandiram para quatro: pré-garota, garota, garota Botox e Cher.

Alguns anos atrás, uns produtores de Hollywood que conheço estavam pensando em fazer uma *sitcom* com a Cher. Antes de se comprometerem, eles queriam estar certos de que, depois de todas as operações que ela tinha feito no rosto, ainda conseguiria mexê-lo.

Foram até a sua casa e, secretamente, testaram a sua habilidade de reagir, fazendo-lhe perguntas que suscitariam várias emoções. Eles acabaram não produzindo o programa.

As mulheres norte-americanas estão evoluindo para trás — focalizando, cada vez mais, mais do que nunca, aparência. O feminismo foi derrotado pelo narcisismo.

Ninguém mais quer ler a revista feminista *Ms.*, nem mesmo quando ela ostenta desperadamente, na capa da edição de abril: "*Desperate Housewives*: detestamos ou amamos secretamente?". Todo o mundo quer ver a perfeição dos corpos e os rostos ambíguos.

Para Alex Kuczynski, do *New York Times*, que lançou um livro sobre a vulcânica indústria do rejuvenescimento, chamado O *vício da beleza*, "a aparência é o novo feminismo". "A fim de obter poder, você tem que ter a aparência de alguém que se importa consigo mesmo. Essa é uma maneira ostentatória de fazer propaganda da sua competência. Tome o caso da Oprah: ela é maravilhosa, cheia de estilo todos os dias. Conversei com mulheres de alta posição em Nova York, como uma publicitária, que me perguntou: 'Quem tem tempo para ter filhos? Só cuidar da própria aparência já é um trabalho de horário integral. A nossa aparência, hoje, ocupa um enorme lugar nas nossas vidas.'"

Já houve uma época em que os poetas relacionavam a beleza à verdade e à bondade. Hoje, a beleza está ligada ao tempo e ao dinheiro. Os novos símbolos de status social nos Estados Unidos são as visitas a cirurgiões plásticos e dermatologistas.

Não há nada de errado com o auto-aperfeiçoamento, claro, a não ser quando ele significa, literalmente, auto-apagamento.

Milhões de mulheres norte-americanas, entre vinte e oitenta anos de idade, estão apagando os seus rostos, congelando os seus traços, algumas chegando a ponto de criar máscaras mortuárias aterradoras ao injetar Botox — veneno bonitinho constituído de neurotoxina de botulismo que paralisa os músculos, pertencente à mesma linha de neurotoxinas classificadas como ADM, "Armas de Destruição em Massa". (Tudo o que os caçadores de armas norte-americanos encontraram no Iraque depois da invasão foi um pouco de neurotoxina de botulismo, o que quer dizer que nós fomos para a guerra, basicamente, por causa de uma ampola de Botox — Ampola de Destruição em Massa.)

Por mais estranho que pareça, as mulheres não se incomodam em sacrificar uma certa gama de expressões faciais para se livrar daquelas marquinhas na testa e ao redor da boca. "Numa variação de *Mulheres perfeitas*, tornou-se difícil, em certos círculos sociais, encontrar uma mulher de mais de 35 anos que tenha a habilidade de parecer zangada", escreveu Kuczynski no *Times*, acrescentando: "A sabedoria que dizia que a personalidade de uma pessoa pode ser lida no seu rosto e o comentário de Coco Chanel, que acreditava que aos vinte você tem o rosto que a natureza te deu, e aos cinqüenta o rosto que você merece, podem já não mais estar valendo."

Um rosto com personalidade é *démodé*. Um rosto sem expressão é chique.

"Um franzido na testa é uma expressão totalmente desnecessária", gosta de repetir a dra. Wexler, com aquela sua aparência sempre plácida. "Arregalar os olhos não tem qualquer valor social." (Darwin adorava a diferença, e escreveu sobre a importância das expressões em *A expressão das emoções no homem e nos animais*.)

Médicos de Nova York prevêem roteiros princesa-que-vira-sapo (ou cão), nos quais homens casam com mulheres de pele macia e, quatro meses depois e nenhum Botox no rosto, eles acordam ao lado de um cão da raça sharpei.

A manutenção é traiçoeira e, se você consultar o médico errado, pode acabar prisioneira da Fase Azul do Picasso, com cara cubista e corpo retorcido. Os médicos dizem que, depois de uma sessão de Botox, não se deve comprar sapatos, nem lavar o cabelo, nem ficar deitada mais de quatro horas, para que a toxina não escorra e, inadvertidamente, paralise os músculos errados.

O sucesso explosivo do Botox é, paradoxalmente, uma ironia embrulhada para presente para as mulheres. Depois de todos esses anos tentando treinar os homens a reagir melhor a dicas emocionais, elas estão tornando essa tarefa ainda mais difícil, ao apagar a emoção dos seus rostos.

Os homens sustentaram, anos a fio, que as mulheres não se adaptariam ao trabalho ou à política, porque eram emocionalmente transparentes. Será que eles agora, confrontados pelas garotas de cara impassível das brigadas Botox, vão afirmar que elas são opacas e *blasés* demais?

As atrizes entraram em um impasse cosmético sem solução. Elas têm que parecer jovens em vestidos provocantes e, por isso, usam Botox, o que as impossibilita de se expressar em papéis provocantes. Elas têm que estar bem para serem escolhidas para estrelarem filmes de época, mas, aí, elas parecem meio acabadinhas para esse tipo de filme. O advento da imagem de alta definição mandou ainda mais atrizes e apresentadoras correndo para a fila do veneno bonitinho. Será que Vanessa Redgrave é a última mulher famosa sobre a face da Terra com rugas?

"Os seus rostos não conseguem, de verdade, mexer corretamente", reclamou o diretor de *Moulin Rouge*, que penou para encontrar os franzidos dos rostos de antigamente.

Uma vez que várias mulheres não têm muito senso crítico — até entrarem no terreno perigoso do *efeito beiçola* —, elas parecem flutuar rumo a um rosto modelo. Em certas ocasiões, em locais badalados, como a premiação do Oscar, você se depara com um bando de mulheres assustadoras e semelhantes, com traços estranhamente fora de lugar: testas lisas-como-fórmica graças ao Botox, lábios protuberantes de colágeno, narizes afilados cirurgicamente, mandíbulas esticadas — parecem clones vindos de outro planeta.

Você vê uma celebridade de costas e, quando ela se vira na sua direção, o seu rosto terá um aspecto derretido e arrepiante, como um quadro do Salvador Dali.

"Recebi um novo paciente, que disse: 'Diga que não foi o senhor que operou a Goldie Hawn'", contou-me um grande cirurgião plástico. "É uma pena que pessoas de grande beleza façam essas coisas que não condizem com sua idade."

No futuro, Olhos Grandes-Nariz Pequeno-Boca Grande será o único sobrevivente da Guerra dos Rostos, assim como aconteceu no filme futurista com Sylvester Stalone, *O demolidor*, ambientado em 2032, em que o presidente era Arnold Schwarzenegger e havia um único restaurante, Taco Bell, o sobrevivente da Guerra das Franquias.

Nas décadas passadas, cada garota glamourosa visava ter rosto e medidas únicos, uma voz que fosse a sua marca registrada, uma maneira inimitável de andar. Você jamais via Katharine Hepburn e Ava Gardner em uma festa usando um vestido igual, nem Audrey Hepburn e Marilyn Monroe parecendo um par de jarros.

O ator Alec Baldwin contou-me que o clássico *glamour* das garotas de Hollywood, antes tão original e espetacular, foi substituído por um etos de beleza niilista e banal.

"O corpo malhado é a nova estrela. As pessoas mais saradas são as maiores estrelas. A inteligência aguda, humanidade e/ou beleza costumavam constituir uma estrela. Hoje é a habilidade de comer menos." (Em Hollywood, uma barra energética pode substituir uma refeição completa.)

Em uma conspiração maluca e autodestrutiva, os estilistas uniram forças com os cirurgiões para homogeneizar as atrizes de hoje, o que torna difícil distingui-las umas das outras. As cerimônias de entrega de prêmios mostram uma aparência segura, monótona e genérica.

Depois que elas colam apliques capilares louros e emagrecem até ficarem esqueléticas, quem pode distinguir as atrizes *teen* Lindsay Lohan e Nicole Ritchie? Depois de colocarem gosma demais no rosto, quem sabe qual delas é Meg Ryan, Melanie Griffith ou Courtney Love?

As entregas de prêmios mostram que elas parecem ter, todas, a mesma cara inexpressiva, o mesmo peito grande pendendo de um torso magrinho, o mesmo bronzeado artificial cor de laranja, os mesmos dentes ultrabrancos e imaculados e, às vezes, o mesmo vestido. Em 2004, as atrizes desfilaram pelas alamedas do Oscar com silhuetas de sereia idênticas, deixando o espectador com saudade das boas e velhas disfunções dos guarda-roupas de Cher, Barbra Streisand e Demi Moore.

O ator e comediante Chris Rock tinha razão. Há uma falta de poder de estrelato em uma cidade em que as mulheres preferem ser convencionais a ser individuais. É o mesmo problema que Hollywood tem ao fazer filmes. Problema que tem causado uma longa queda de bilheteria: clonagem demais, originalidade de menos.

Shakespeare escreveu sobre a garota *glamour* paradigmática, Cleópatra, mulher de intelecto superior que enfeitiçava conversas conferindo-lhes cores incandescentes: "A idade não pode atingi-la, nem o hábito esmaecer a sua infinita variedade."

Ninguém sabe, ao certo, se ela era radiante ou, como Scarlett O'Hara, só fazia os homens acreditarem que ela era bela. Cleópatra pode ter tido dentes podres, maquiagem ruim e nariz adunco. "Marco Antonio de peruca", segundo uma historiadora. Mas a rainha do Nilo era o supra-sumo da sedução, perfumando as velas de seu barco para que os homens soubessem, a quilômetros de distância, que ela estava chegando.

Ela não tinha a menor dificuldade em reunir poder e sedução, sendo, ao mesmo tempo, uma gata de olhos pintados e uma monarca de olhos de aço. Em 2001, o Museu Britânico fez uma exposição sobre Cleópatra que incluía o único exemplo ainda existente de sua caligrafia. A Ordenação Real sobre Papiro de Cleópatra VII, que concedia privilégios fiscais a Publius Canidus, ajudante-de-campo de Marco Antonio, terminava com a palavra grega *genesthoi*, "Que assim se faça".

As norte-americanas dão pouca atenção à arte de apimentar uma conversa. Um conhecido meu disse que "as mulheres não fazem mais provocações". Estão hipnotizadas pelas superfícies, reinventando e readaptando-se com uma rapidez que deixaria até o protagonista do *Grande Gatsby* tonto. A última moda é alisar e injetar líquidos nas mãos. Tem um *spa* que chega a oferecer um tratamento para as mãos que inclui um banho de vinho tinto e óleo de semente de uva, espertamente denominado de "Grapa Gatsby".

Em 2001, encontrei com o presidente e diretor-geral da NBC, em um *brunch* em sua casa. Eu brinquei que o novo gênero de reality shows estava ficando tão doido, que o próximo teria o seguinte roteiro: um bando de mulheres que foram largadas pelos maridos partiriam para uma ilha com uma equipe de cirurgiões, dermatologistas, estilistas e belos rapazes, mudariam totalmente a aparência física e voltariam para se vingar dos ex.

Ele balançou a cabeça, como se fosse absurdo, enquanto sua esposa, Suzanne, fez que sim com a cabeça, com os olhos faiscando. Nos anos seguintes, dois reality shows que se tornaram grandes sucessos (em outras emissoras) tinham mulheres que passavam por verdadeiras transformações, com implantes de queixo, sobrancelhas suspensas, operações nos seios, lipoaspiração e lábios-ferroados-por-abelhas.

A Associação Norte-americana de Cirurgiões Plásticos calculou o número de cirurgias plásticas e outros procedimentos realizados nos Estados Unidos em um total de 9,2 milhões de dólares em 2004, o que representa um aumento de 24% desde 2000, e contabiliza 8,4 bilhões de dólares. Todo o mercado antienvelhecimento é uma fogueira de vaidades financeira, passando de 1 bilhão de dólares por ano em 1990 a 15 bilhões de dólares, em 2005.

"A cirurgia plástica é a alta-costura do século XXI", declarou um estilista. Seguindo o exemplo das atrizes, as norte-americanas comuns estão muito mais interessadas em plasticidade do que em variedade.

Eric Wilson escreveu no *New York Times* que tantas mulheres têm aumentado os seios que a indústria da moda está mudando: "A onda de implantes está modificando a seleção das roupas criadas por estilistas, vendidas em algumas lojas, favorecendo tamanhos e estilos mais amplos na parte superior do corpo, e criando um novo mercado para os retoques e consertos."

Os médicos dizem que têm tido dificuldade em impedir que as mulheres ultrapassem o tamanho 48 para o busto. Wilson entrevistou uma executiva de marketing que havia feito implantes que aumentaram o seu busto para o tamanho 52. Cinqüenta e dois? Eu nem sabia que podia haver seios tão grandes. Elas não precisam de um sutiã com suspensão hidráulica?

"Elas não se contentam com 44, querem 48 ou 50!", exclamou uma vendedora de uma loja de lingerie chique, tirando um sutiã modelo rendado para me mostrar. "Às vezes eu caio para a frente só de tentar colocar em mim."

O humorista Tom Poppa comentou que "grande é tentador, enorme é assustador". Ele teme que seios enormes possam querer se bandear para o seu lado da cama depois que a sua proprietária dormisse, para assistir à televisão com ele.

A reportagem do *Times* ressaltou que os cirurgiões realizaram em torno de 1,3 milhão de implantes mamários e *liftings*, ao longo da última década, correspondendo a um aumento de 257% desde 1997. E, de acordo com a Associação Norte-Americana de Cirurgia Plástica, "a indústria da alta costura está lutando para acompanhar as mudanças na nova silhueta física". Até os manequins das lojas começam a refletir essa mudança, com implantes de plástico para combinar com as curvas exageradas das clientes.

O protótipo da beleza moderna e da sensualidade é Angelina Jolie, versão carnal da heroína Jessica Rabbit, que parece ter naturalmente tudo o que as outras mulheres buscam ter artificialmente.

Todo o mundo está entrando na dança. Há gastrenterologistas fazendo lipoaspiração, ginecologistas fazendo cirurgia a laser e dentistas fazendo implantes mamários. (Há sete estados norte-americanos em que os dentistas são autorizados a realizar cirurgias plásticas.)

A estética é muito desigual. Algumas mulheres, segundo o ator Craig Bierko, saem da mesa de operação com caras que parecem "rasgadas, remendadas e coladas, criando uma espécie de expressão permanente que a maioria das pessoas associaria a cair do topo de um prédio muito alto para dentro de um incêndio". E ele acha que o caso dos homens é ainda pior. "Ainda estou para ver um homem que saia de uma operação plástica sem parecer totalmente transfigurado em uma versão permanentemente espantada e lésbica de si mesmo. É assustador. O pai de um amigo meu acabou de ter a área em volta dos olhos operada por um dos melhores e mais badalados cirurgiões plásticos de Nova York. E ele não parece rejuvenescido e descansado. Parece que foi esfaqueado pelas costas por pessoas invisíveis."

É preocupante que o setor que mais cresce na cirurgia plástica atualmente seja o voltado para adolescentes. O número de intervenções realizadas em pessoas de 18 anos ou menos chegou a 74.233 em 2003, representando um aumento de 14% desde 2000. A edição de abril de 2005 da *Elle Girl*, revista cujo lema editorial é "ouse ser diferente!", mostrou Paris Hilton na capa, com a manchete: "As adolescentes devem fazer cirurgias plásticas? Nós investigamos a nova tendência."

Intervenções cirúrgicas têm se tornado tão comuns que se pode obter um *cartão de milhagem* para as rugas, que dá bônus e prêmios cada vez que se consulta um dermatologista ou um cirurgião enfia uma agulha em você.

O *Wall Street Journal* relatou que, na esteira do sucesso dos "cartões de reembolso" do Viagra, da Pfizer, que dá descontos a clientes assíduos, a Medicis Pharmaceuticals, que produz o Restylane, oferece um programa de vantagens para "encorajar injeções de seis em seis meses, dando presentes que aumentam de valor a cada consulta, totalizando 375 dólares depois da quarta consulta de manutenção". Um tratamento de Restylane custa entre 250 e 750 dólares, e dura uns seis meses. A Medicis afirma que o seu propósito é manter os clientes atualizados quanto à sua "aparência corrigida".

Você só precisa mandar para o fabricante a parte superior da embalagem da seringa de Restylane, que pode ser fornecida pelo seu próprio médico — como você costumava fazer com as caixas de produtos alimentícios, para trocar por brindes. A Allergan produz o Botox, cujo tratamento custa entre 500 e 750 dólares, e também fornece aos médicos "cartões VIP", para atrair clientes fiéis com descontos em sessões de manutenção.

De tal maneira subornada pelos *traficantes de drogas* que querem atraí-la para a dependência ao Restylane e ao Botox, você pode manter a sua "aparência corrigida" até chegar à fatídica etapa do "Coitadinha!".

As mulheres ficaram tão obcecadas em eliminar suas rugas, que esqueceram que há infinitas maneiras de ser bela.

* * *

Uma amiga me ligou depois de um jantar festivo.

Ela disse que os convidados haviam discutido sobre um terrível impasse. Não, não como nessas festas em que há seis opiniões diferentes sobre a proliferação nuclear na Coréia do Norte. A questão crucial era: por que os homens se sentem atraídos por personagens de desenhos animados femininos ao passo que as mulheres não se sentem atraídas pelos personagens masculinos de desenhos animados?

Tudo começou quando uma mulher sentada à mesa disse que o filho de 17 anos achava a Anastácia, heroína do desenho da Disney, *gostosa*. Todos os homens adultos presentes concordaram, e lançaram outros nomes de garotas de desenhos animados, como a Pocahontas e a Jessica Rabbit.

As mulheres retrucaram que era impossível pensar em um único personagem masculino de desenho animado que fosse atraente.

Os super-heróis, como o Super-Homem e o Homem-Aranha, usam umas roupas colantes, que parecem meias-calças ou roupas de ginástica de mulher, o que não é nada atraente, disse uma amiga minha, recapitulando a conversa. "E os viris são brutamontes sem pescoço, como o Fred Flintstone. E não dá para sair com o George Jetson. Pareceria adúltero demais.

"As mulheres dos desenhos animados, por outro lado, têm essas vozes sedutoras e enormes olhos amendoados. Os animadores criam a mulher ideal. Mas se um cara fantasia com a Jessica Rabbit, ele pensa num corpo de desenho ou de verdade?"

A questão não me inquietou muito a princípio. Eu tinha que pensar na Coréia do Norte. Até que o meu *personal trainer* disse-me que preferia meu cabelo mais comprido e mais liso.

"Você parece com a Jessica Rabbit", afirmou, aprovador.

Avancei para cima dele, com os pesos de ginástica em punho. Ele admitiu gostar de garotas de desenhos animados, a começar pela paixão adolescente que teve pela Ms. Pac-Man.

"Ela tinha uns lábios enormes, com muita maquiagem, colorida de amarelo, azul e vermelho", lembrou, com desconcertante minúcia de detalhes. "Não é só a aparência delas. A personalidade também tem que ser a certa. Eu não me sentia atraído pela Bela, de *A Bela e a Fera*. Ela agia como se todos os caras do vilarejo fossem apaixonados por ela. Mas eu era gamado na Mulher-Maravilha."

Por que ele se animava com desenhos?

"As mulheres de verdade não têm curvas como aquelas. E, com uma mulher de verdade, você pode gostar da aparência no início, mas quando elas falam e gesticulam, acaba a magia. Não têm encanto. Garotas animadas nunca têm expressões faciais feias, como as pessoas de verdade têm. Você nunca pega um personagem de desenho num momento ruim."

Ainda assim, as mulheres de carne e osso não se sentem atraídas pela sua forma animada masculina. Os heróis salvadores que as vêm socorrer no mundo da animação são assexuados, apesar dos queixos marcantes e dos peitorais avantajados. O Príncipe Encantado é um marido tão capenga para a Cinderela quanto o Ken era para a Barbie.

Tem havido garotas sexies de desenho animado desde Betty Boop — que continua sendo uma imagem universalmente presente sobre toda sorte de produtos, de sabão a bolsas. Mas o único garanhão animado é um coelhinho safado, e o seu encanto é pansexual.

Com aqueles longos cílios que batem apressados e a sua falta de roupas, o Pernalonga é pré-sexual demais (um anticoelho) para fazer uma mulher ficar arrepiada. E, provavelmente, a idéia de ser raptada pelo disco voador do Marvin, o Marciano, ou laçada pelo Eufrazino, não causa muito frisson.

Freqüentemente, as heroínas da Disney são patéticos objetos sexuais e a indústria da animação, dominada por homens, tem colocado muito esfoço subliminar no sentido de provocar a audiência masculina. Até a Peixe Dourado de *Pinóquio* era sedutora, com cílios longos e lábios sensuais. Os criadores de *Pocahontas* disseram que usaram a modelo Christy Turlington como inspiração para a pequena princesa indígena, descrita pelo *Times* como uma "Coelhinha da *Playboy*".

Os adolescentes não apenas abraçaram as *ciber*garotas norte-americanas, como a Lara Croft, do jogo de computador *Tomb Rider*. Segundo um site, eles também aderiram aos *thrillers* japoneses sensuais chamados "anime", sobre "as aventuras de garotas ninjas manuseadoras de sabres, gigantescas e mecanizadas". Uma maravilhosa garota anime de cabelos vermelhíssimos com mamilos protuberantes foi usada em propagandas da rede de restaurantes Benihana.

Verificando nos sites onde apareciam a Bela, sem graça, e a Jessica Rabbit, de *topless* e cinta-liga, comecei a sentir que a diferença entre os sexos era inevitável.

Um sujeito muito esquisito tem um site chamado "Garotas de Desenho Animado Com Quem Eu Quero Trepar!". Ele confessa: "Eu tenho consciência de que um adulto como eu já devia ter ultrapassado o seu fetiche por belezas animadas, mas eu juro que, quanto mais envelheço, mais bonitos ficam os desenhos. Mal posso esperar para ter filhos e então uma desculpa para assistir. No atual andar da carruagem, sou um 'garoto' de 21 anos que assiste a Batman e X-Men porque eles fazem peitos melhores nesses desenhos do que nos outros."

Esse cara exprime as suas fantasias eróticas sobre um bando cacarejante de figuras femininas de desenhos animados, de *Josie e as gatinhas* a Daphne do Scooby, e tem *links* com a Patty Pimentinha e a Velma, reconhecendo que ele se sente atraído por essas duas, mesmo que elas tenham uma sexualidade ambígua.

Para a maioria dos homens, quanto mais radical o desenho, melhor. Traços perfeitos, expressões plácidas, corpos esculturais, exigência inexistente. (Talvez essa aspiração esteja ligada à atração masculina por rostos femininos infantis.)

Enquanto que, para as mulheres, há uma enorme quantidade de homens atraentes por uma enorme quantidade de motivos, já os homens tendem a ser mais previsíveis e visuais em suas reações. O que os homens acham sexy tem mudado muito pouco, apesar da revolução feminista, a não ser pelo fato de desenvolverem o gosto pelo plástico e pelo desenho.

Das fotos de calendário, passando pelas *pin-ups* de 1930 e pelos encartes centrais da *Playboy*, os homens são mais facilmente atiçados pela iconografia. Já as mulheres anseiam por aquela terceira dimensão.

Três dimensões não é pedir demais, é?

* * *

Já não temos mais seleção natural. Temos seleção artificial. A sobrevivência dos mais fortes foi substituída pela sobrevivência dos mais falsos.

A biologia costumava ser um destino. Hoje ela é uma festa à fantasia.

"O que acontece, geneticamente, quando um homem que se submeteu a uma operação de nariz, aumentou o queixo, e corrigiu as orelhas de abano, encontra uma mulher que operou os olhos, os lábios e esticou o rosto?", abisma-se Alex Kuczynski do *New York Times*. "E, quando eles têm um bebê, olham um para o outro e resmungam: 'Minha nossa, como foi que esse bebê feio veio parar aqui?', ou 'querido, esse não é o seu nariz', ou 'meu bem, de quem são essas orelhas?'. Eu conversei com médicos que já viram isso acontecer."

A próxima moda, sem sombra de dúvida, será, além da ioga e da massagem para bebês, a cirurgia plástica e as injeções remodeladoras para crianças, para que pais metamorfoseados não tenham que ficar sem jeito quando não houver semelhança física.

E assim como os homens que, não raro, saem com mulheres que se parecem com eles, numa interpretação literal do lago de Narciso, as mulheres poderão começar a fazer operações para ficarem mais parecidas com os homens que estão querendo conquistar.

A dra. Pat Wexler diz que algumas de suas pacientes ficam sinceramente surpresas de saberem que estão estéreis, porque se recusam a reconhecer a idade que têm. "Essas mulheres não parecem ter a idade que têm, e elas vêm mentindo sobre isso há tanto tempo, que só lembram da verdadeira idade quando têm que fazer um tratamento para fertilidade. Nós temos um bom aspecto exterior, mas, interiormente, estamos apodrecendo no ritmo de sempre."

Ela diz que mulheres de oitenta anos que sobreviveram ao câncer, a ataques cardíacos e a derrames entram em seu consultório querendo tomar injeções estéticas. "Eu tento convencê-las do contrário. Eu lhes digo, 'olha só tudo o que a senhora realizou na vida. Por que se importar com algumas rugas? A senhora só deveria se importar em usar sapatos confortáveis'."

Uma paciente de 83 anos, na qual ela se recusou a fazer um tratamento de Botox, morreu de derrame uma semana depois da consulta. "Graças a Deus eu não fiz o tratamento. Eu teria sido a 007 da dermatologia — 'com licença para matar'", estremece a doutora.

Tina Alster também tenta convencer as pacientes a evitar os excessos — por exemplo, o que ela chama de "beiçola de pato" ou a preocupar-se com os lóbulos das orelhas.

"Algumas pessoas têm rostos horrivelmente enrugados, mas elas estão preocupadas com aquelas fendas nos lóbulos das orelhas, porque, que Deus as livre, os diamantes deveriam aparecer em meio às rugas (ou, que Deus as livre, os diamantes poderiam cair dentro de uma ruga)."

A dra. Wexler, que cuida do rosto de Calvin Klein, diz aos pacientes que perderam a noção da realidade: "Algumas coisas você tem que aceitar, mesmo que precise de um antidepressivo."

Ruiva tipo *mignon*, ela usa sapatos e roupas criados por pessoas famosas, que são hoje seus pacientes e amigos. "Eu cresci no Bronx", disse, com um sorriso satisfeito, a médica de 54 anos. "Quem diria?"

Ela aplica Botox em si mesma, e diz que a grande tragédia da sua vida é que não consegue fazer uma lipoaspiração em si mesma.

"Adoro a lipo", diz, sonhadora, como se estivéssemos falando de George Clooney.

No aniversário de quarenta anos de sua melhor amiga, a dra. Wexler lipoaspirou dois litros, encolhendo a mulher de um tamanho 48 para 44. A amiga passou a ligar das lojas para dizer-lhe como ela ficava bem em tudo.

Mas quando a amiga quis injeções de colágeno, a dra. Wexler deu para trás. "Eu fiquei surda, como Thomas Edison. E disse a ela: 'Quando eu recuperar a audição, a gente opera você de novo.' Eu gostaria de usar tamanho quarenta. Fico furiosa, frustrada."

Eu brinco e digo que o próximo passo será ela ir correndo para a Madison Avenue com o seu estojo de agulhas preto, para fazer tratamentos de emergência em pacientes que querem entrar, de qualquer maneira, naquele vestido de grife apertadérrimo.

"Não pense que isso é brincadeira", respondeu. "É claro que vou ter que fazer isso. Será que lipo de emergência é algo divertido?"

Ela se lembra da ocasião em que uma estilista ligou para ela do seu ateliê. Uma atriz que iria à entrega do Globo de Ouro tinha costas cheinhas e o seu vestido frente única não ficava bonito no corpo. Ela se recusou a trocar de vestido e a dra. Wexler teve que dar uma diminuída nas costas da moça.

Ela contou que uma outra lipo de emergência envolvia uma atriz de meia-idade que iria fazer um filme de época, ambientado na década de 1950, o que exigia muitas cenas com vestidos de mangas curtas. Ela disse de maneira complacente: "Não é nada agradável ter que cortar a pior parte do braço." Ela aspirou parte da gordura dos braços da atriz três semanas antes de começarem as filmagens.

Essa cirurgiã plástica é conhecida como "a Rainha da Gordura", porque ela tem a mais prestigiosa coleção de gordura de celebridades, estocada em pequenos congeladores, em ampolas organizadas por ordem alfabética. A gordura é extraída dos quadris e do bumbum, para que possa ser reinjetada nas linhas e depressões do rosto e nos lábios.

"É a última palavra em termos de reciclagem", como ela gosta de dizer. (Eis uma idéia para uma comédia maluquinha: alguém entra enconddido no congelador da Rainha da Gordura e troca as etiquetas!)

Os congeladores têm um sistema de alarme que garante que a temperatura não ultrapasse os oito graus negativos, o que estragaria a gordura.

"Durante a falta de energia que aconteceu há dois anos, eu era a única na cidade com geradores de energia de reserva para a minha gordura", relata orgulhosa. "Sei de outros médicos que tiveram que jogar fora a gordura. Você acha que se centenas de mulheres perdessem a sua gordura, eu conseguiria sobreviver?"

Ela acredita que a indústria do rejuvenescimento explodiu por causa das mulheres atarefadas. "Elas falam para mim, 'hoje à noite, eu vou a uma festa com a editora da *Vogue*, ou a um jantar, amanhã, com a apresentadora Martha Stewart. O que podemos fazer?'"

Mais homens têm se consultado, geralmente arrastados por esposas jovens e namoradas, ou forçados pela competição com homens mais jovens que querem puxar o seu tapete no escritório. Eles querem se livrar das linhas, manchas de idade, pneuzinhos e bochechas flácidas.

A *Vogue* saudou a nova honestidade com relação à vaidade: homens e mulheres que estão dispostos a caminhar pelas ruas e sair para jantar com rostos roxos ou vermelhos, inchados e furados por agulhas. "Você não quer ficar parecendo que lutou dez *rounds* com o Mike Tyson", disse um repórter de televisão de 38 anos. "Mas, no bairro chique Upper East Side, umas perfuraçõezinhas são tão comuns quanto os cães malteses."

"Hoje, é mais aceitável", concordou a dra. Wexler. "As pessoas saem do meu consultório direto para a sala da diretoria sem se importar ou disfarçar muito."

Um amigo meu contou a sua história: "Recentemente, eu estava numa festa, onde um homem que eu achava ter quarenta e poucos anos disse que tinha que ir embora para casa num horário decente, porque ele queria estar descansado para as suas injeções de Botox no dia seguinte. Eu lhe perguntei quem era o seu médico. Ele apontou para o outro lado da sala, na direção de um cara mais novo e mais bonito, e foi quando eu percebi que ele estava rodeado de mais pessoas do que qualquer um na festa. E entendi o porquê. Ele tinha o veneno que faz ficar mais bonito no bolso, por assim dizer. E, ainda por cima, ele não tinha nenhuma ruga, nem uma marquinha minúscula no rosto."

Os agentes de Hollywood usam Botox para ficarem com um rosto de jogador de pôquer durante as negociações. Os jogadores de Las Vegas usam Botox para ficarem com uma cara de jogador de pôquer, ao jogarem pôquer. (Kuczynski conversou com o responsável pela renovação do hotel-cassino Planet Hollywood de Las Vegas, que estava considerando a possibilidade de instalar um pequeno salão de Botox no meio do cassino.) Decoradores usam Botox para evitar fazer cara feia diante do mau gosto dos seus clientes. Atores mais velhos nas premiações do Oscar estão começando a ficar com aquelas testas Botox esquisitas, em forma de morcego. E, uma vez que o Botox pode também congelar as glândulas sudoríparas sob os braços e na testa, executivos da *Fortune 500* usam-no para não suar durante as reuniões. Advogados usam Botox para reduzir as camisas molhadas de suor e os apertos de mão ensopados em apresentações, no trabalho e as contas da lavanderia em casa.

Em 2004, pela primeira vez, um candidato à presidência pareceu ser um usuário de Botox. Quando o rosto recentemente sem marcas e sereno de John Kerry detonou especulações vorazes de que a sua atraente esposa de 65 anos, Teresa, aficionada por Botox, havia lhe ensinado o caminho para o eliminador de rugas, tive vontade de perseguir o candidato de sessenta anos de idade e entrevistá-lo para a minha coluna no *Times*.

Como poderíamos eleger um presidente que não demonstrasse emoções? Afinal de contas, o líder do mundo livre tem razões de sobra para torcer a cara, franzir a testa e parecer espantado.

Eu consegui entrevistar Kerry depois de um evento em uma escola. Primeiro, tentei aplicar o teste da Cher nele, fazendo perguntas que achava que poderiam suscitar um olhar de ódio ou uma sobrancelha suspendida. Nada feito. Aí, mesmo estando profundamente constrangida, respirei fundo e perguntei sobre uma piada que o vice-presidente havia acabado de contar em um grande jantar em Washington: já que o Botox está ligado à toxina do botulismo, talvez o caçador de armas David Kay devesse ter procurado pelas armas biológicas iraquianas na testa do senador Kerry. Seria essa uma maneira de gozar dos democratas devido a uma vaidade afeminada?

"Não, eu não tenho", ele respondeu.

"Vaidade ou Botox?", pressionei, sentindo-me péssima.

"Eu não tenho Botox, mas qualquer que seja a jogada deles, eu não me importo. Esse tipo de coisa é tão infantil. No final das contas, as pessoas se importarão com as escolhas reais que afetam as suas vidas."

Hummmm. Parecia uma negação afirmativa.

Desisti, imaginando que uma cara de jogador de pôquer poderia ser uma vantagem no Salão Oval. A lipoaspiração poderia ter beneficiado o ex-presidente William Howard Taft, que pesa 150 quilos e estava sempre cochilando nos palanques de discurso. Com toda a certeza, Richard Nixon poderia ter usado Botox para evitar transpirar no debate com um JFK frio e bronzeado. E pense como Al Gore teria lucrado ao congelar todas aquelas franzidas de sobrancelha condescendentes do debate de 2000 com o George W. Bush.

Essa panacéia cosmética, claro, faz pensar também no pênis — uma *penisséia* cosmética.

"Todos estão procurando aquele recurso mágico que vai aumentar o tamanho do pênis", diz Kuczynski. "Isso abriria todo um novo universo aos consumidores."

A dra. Alster diz que quando os homens a procuram para que ela use filtros que aumentem o pênis — "na maioria das vezes, é uma coisa de asiático" —, ela responde: "Não é a minha área de especialização."

Ela contou que, certa vez, no final dos anos 1990, fez uma conferência na Associação Norte-Americana de Dermatologia. O conferencista que a precedeu era um dermatologista japonês que forneceu os resultados de um estudo realizado no Japão, onde mil homens haviam injetado colágeno no pênis. Apenas uma centena havia retornado para uma segunda rodada de picadas.

"O pênis fica um pouco mais rechonchudo, mas não dura muito tempo e é incrivelmente doloroso", explicou a médica.

Não chega a ser tão ruim quanto no caso dos abutres egípcios, que comem fezes de vaca e cavalo para obter os pigmentos de caroteno que darão aos seus rostos apagados um tom amarelo vibrante, que estimula o cruzamento. Porém, mulheres mais jovens estão sendo convencidas de que precisam tomar medidas profiláticas.

No seu novo livro, *O vício da beleza*, Kuczynski, que tem 37 anos, confessa que as suas próprias operações e a sua dependência ao Botox começaram quando ela tinha 28. A linda loura alta de olhos azuis já tinha a aparência que muitas mulheres estavam tentando obter. E, no entanto, ela ainda achava que precisava "reduzir as pressões negativas do tempo. Eu sofrera uma lavagem cerebral. Lá estava eu, uma pessoa séria, repórter, bem-educada. Os meus pais não acreditavam nessas bobagens e, no entanto, eu agia como uma maluca".

Ela achou que as suas pálpebras eram gordas demais, mesmo que ninguém mais reparasse no problema, e por isso apelou para a cirurgia. Ela aplicou injeções labiais por cinco anos, até o dia fatídico, em janeiro de 2004, em que seus lábios explodiram. Um grande amigo seu havia falecido. Alex resolveu dar um pulo na dermatologista para uma injeção de Restylane nos lábios entre o enterro e a vigília num restaurante, durante a qual ela deveria fazer um discurso. Ela tinha uma limusine esperando na porta, mas não apareceu. Teve uma reação alérgica.

"Vinte minutos depois, o meu lábio superior estava inchado, do tamanho de uma laranja", lembra. "Eu não conseguia falar, porque o meu lábio superior não encontrava mais com o inferior. Por isso, ao invés de ir para a vigília do meu amigo, eu fiquei deitada numa maca com soro na veia. Voltei para casa, chorei e rodei pelo meu apartamento, bebendo vodca e pensando, 'estou parecendo uma personagem do *Clube das desquitadas*'. E o meu amigo está olhando para mim lá de cima e dizendo 'você é uma cretina'."

Quando a revista londrina *Harpers & Queen* publicou a sua lista das cem pessoas mais bonitas de 2005, os redatores ficaram surpresos ao ver um afastamento da Barbie, rumo às morenas com narizes maiores, traços incomuns e expressões inteligentes.

A atriz e diretora de cinema Sofia Coppola e a apresentadora de uma rede de tevê britânica Nigella Lawson estiveram entre as cinco primeiras, e os mais importantes cirurgiões plásticos afirmaram aos repórteres britânicos que eles estavam testemunhando — santas palavras! — uma tendência de tolerância quanto às imperfeições.

Em Londres e nos Estados Unidos tem havido uma mudança nos anúncios publicitários que estão buscando mulheres *reais*. A Dove fez o maior sucesso com a sua campanha que mostra seis jovens usando roupas de baixo, algumas com coxas rechonchudas, para vender creme contra a celulite (embora estudos tenham refutado a eficácia de tais cremes). A Nike promoveu uma campanha irônica para equipamentos de ginástica, com garotas corpulentas, e a legenda "Minha bunda é grande" e "Eu tenho coxas grossas".

Quem sabe se todas as mulheres acabarem com a mesma cara e o mesmo corpo, os homens poderão gravitar ao redor das redondas. Aí, aquelas com marcas de expressão no rosto e pneuzinhos serão as garotas de sorte.

Oito

Como é verde o meu vale das bonecas

É o que a editora da *Vogue* Anna Wintour chamaria de "jogada dupla".

Para combinar com as suas carapaças plásticas, as mulheres agora estão consumindo emoções plásticas. Elas estão caindo no conto dos Prozac, Zoloft, NAX, Wellbutrin, Paxil, Klonopin, Vicodin, Ativan, Valium, Effexor, Celexa e Lexapro — nomes que soam como planetas onde nascem super-heróis.

Em abril de 2005, a *New York Magazine* fez uma matéria sobre a febre do consumo de pílulas e a badalação em torno da psicofarmacologia cosmética. "Usar remédios que precisam de prescrição médica para trabalhar um pouco mais, dormir um pouco melhor, relaxar um pouco mais rápido tornou-se o motor da cidade", dizia a matéria.

Uma mãe de duas crianças confessou o seu caso de amor com o Paxil: "As pessoas dizem 'ando ansiosa', e eu penso comigo mesma, 'que coisa fora de moda'."

O *New York Observer* escreveu, em 2005, sobre a Geração Ambien, "para a qual a sedução é menos importante do que a moderação".

A matéria começa com uma história sobre um jovem que termina a noite na casa de uma editora mais velha e atraente, de uma certa revista de moda famosa. Ela tinha trinta e poucos anos e estava "doida por um pouco de ação".

"Lá estava ela, deitada. Ela havia tirado a roupa", rememorou o jovem. "E então falou, enrolando a língua e embolando as palavras: 'Acabei de tomar dois Ambiens, portanto, o que quer que você faça, é melhor fazer logo, antes que eu apague.' Ela disse que, havia sete anos, não tinha passado uma noite sequer em que ela dormisse sem o seu Ambien."

Ele chamou aquela tentativa de fazer sexo inconsciente de "a coisa mais nojenta que já tinha visto".

Os meninos não agarram meninas que apagam.

Em *Mulheres perfeitas*, os maridos transformam as esposas em robôs femininos apalermados. Agora as mulheres fazem isso sozinhas, com remédios ou com a vida doméstica.

A apresentadora de tevê Martha Stewart (rainha das robôs, se houver uma) levou as mulheres — e a cultura — a retrocederem às artes femininas da culinária, jardinagem, decoração e arranjos florais. (Ela começou o seu negócio num lugar parecido com Stepford, a cidade ficcional do filme *Mulheres perfeitas*.)

Hillary Clinton, antes tão irritada com chás e biscoitos, foi para o Congresso e agiu como se fosse uma senadora de Stepford, deslumbrantemente bem-humorada, indo pegar café para os colegas homens.

Se o feminismo dos anos 1970 produziu a gorducha e prática Betty Friedan, os tempos atuais lançaram a sensual e bochechuda Nigella Lawson, a apresentadora do programa culinário britânico que se autodenomina, ironicamente, "deusa doméstica", e serve à mesa o que os seus fãs chamam de "pornografia gastronômica". Superando qualquer nível de fantasia masculina sonhado pelos maridos de Stepford, ela está sempre na cozinha ronronando conselhos sobre economia doméstica, do tipo "mangas são consumidas melhor no seu estado natural e, de preferência, durante o banho". As suas receitas têm nomes do gênero "Framboesas vermelho-bordel em geléia de Chardonnay". Eu vi o seu livro *Nigella Bites* — mostrando a autora na capa, de boca aberta, saboreando um crustáceo — à venda em lojas de *lingerie*.

Existe até uma tendência retrô de mães gostosas, mulheres que abandonam as carreiras em prol de uma vida agradável lanchando numa cafeteria, tagarelando com as amigas, com os filhinhos por perto, passando tempo na academia de ginástica para ficar firme quando o maridão executivo chegar em casa.

Paul Rudnick, que fez o roteiro da refilmagem de *Mulheres perfeitas*, ressalta, cruamente: "Homens e mulheres têm trabalhado em conjunto para criar a esposa perfeita de amanhã. Quando a tecnologia tiver progredido o suficiente, vai haver garotas Botox movidas a energia solar."

Às vezes, eu temo que todas as mulheres norte-americanas tenham ficado doidas. Bom, está certo, talvez não todas. Mas a maioria, com certeza.

Não vou dar uma de Tom Cruise agora. Concordo com Brooke Shields, que diz que as mulheres com depressão pós-parto — ou outra depressão séria qualquer — podem se servir de remédios. Mas muitas mulheres estão engolindo pílulas por causa de períodos muito menos graves. E é meio assustador assistir às mulheres que conheço reprimirem os seus rostos e as suas emoções.

Um relatório da Universidade de Columbia, de 2005, concluiu que o abuso de analgésicos, estimulantes e tranqüilizantes é mais comum do que o abuso de drogas ilegais, como a cocaína e a heroína. Quinze milhões de norte-americanos — seis por cento da população — estão abusando dos remédios. O relatório acrescenta que dois milhões desses usuários são apenas adolescentes.

No mesmo período, o Instituto Nacional de Saúde promoveu um estudo, revelando que metade dos norte-americanos desenvolverão algum tipo de doença mental em determinado momento de suas vidas, na maioria das vezes na infância ou adolescência.

"O mais importante a ressaltar aqui", disse o diretor do instituto universitário, "é que as desordens mentais prevalecem imensamente e são crônicas".

Quando você usa a palavra "maluco" no jornal, é soterrado por e-mails de sites financiados pela indústria farmacêutica, que quer continuar sendo a nossa traficante, sem quaisquer impedimentos às falsas alegrias de laboratório.

O manual de diagnósticos da Associação Psiquiátrica Norte-americana aumenta que nem a dívida interna, cada vez que os produtores de remédios lançam mais uma pílula colorida com nome angelical.

O dr. Paul McHugh, professor de psiquiatria disse ao *Times* que "dentro em breve, teremos uma síndrome para homens baixos, gordos, irlandeses, com sotaque de Boston, e isso vai acabar me deixando mentalmente doente".

Tenho algumas evidências que sustentam essa afirmação.

Primeiro, percebi que algumas amigas minhas estavam começando a perder o controle e a simpatia.

Foi quando uma amiga médica confidenciou que estava surpresa de ver quantas pacientes suas andavam agindo de maneira lunática, mesmo usando pílulas que controlam o humor — muitas vezes, várias delas.

Outra amiga falou que vai a uma farmácia de manipulação compra testosterona para aumentar a libido ou um coquetel com ingredientes como estrogênio, progesterona, DHEA, pregnenolona e tripofan.

Por fim, outra amiga, que viajou com um grupo de graduandos durante as férias de primavera, mencionou que todas as meninas estavam tomando tranqüilizantes e antidepressivos, algumas para ficarem mais descontraídas.

E não mencionemos as hordas de garotos — e mamães e mulheres com carreiras profissionais — que tomam Ritalina. Uma amiga minha teve que brigar com uma escola de elite de Manhattan para evitar que o seu filho adolescente bem-ajustado consumisse Ritalina.

Um jornalista que conheço, de meia-idade, começou a tomar Ritalina depois que a mulher o mandou ao médico. Ela reclamava que ele tinha um problema de falta de atenção, porque não estava prestando atenção suficiente nela. Depois que a Ritalina passou a fazer efeito, ele focalizou a atenção no seu casamento e resolveu que este tinha acabado.

E não é que a Jacqueline Susann, autora de O *vale das bonecas*, era o Oráculo de Delfos do estilista Pucci? Não são mais somente as belezas hollywoodianas neuróticas que tomam hipnóticos e narcóticos. Agora, os Estados Unidos *são* O Vale das Bonecas.

Nesse livro de 1966, Neely, Jennifer e Anne tinham que ir a hotéis de terceira categoria no West Side, em Nova York, a consultórios com janelas sujas, e enganar médicos para que lhes dessem pequenas "bonecas" vermelhas, amarelas ou azuis. Hoje, são os médicos e os fabricantes de remédios que enganam pacientes para que eles consumam pílulas do bem-estar.

Quando eu admiti ao meu ginecologista, há algum tempo, que eu não tinha nenhum relacionamento sério, ele perguntou, com uma voz contagiante: "A senhora quer um antidepressivo?"

Jovens trabalhadoras dizem às amigas, de maneira leviana, "tome um Paxil".

Não são só as mulheres, claro. Um jovem conhecido meu foi fazer um checkup, e disse ao médico que andava nervoso porque ia se casar e deixar o país para começar um novo trabalho muito importante. O médico propôs um antidepressivo chamado Serzone. O meu amigo recusou, ressaltando que é normal ficar nervoso antes do casamento e de começar um trabalho novo.

Os médicos, agora, querem tratar você por estar vivendo a sua vida. As mulheres sempre consumiram mais pílulas moderadoras de humor do que os homens. Estudos revelaram que, na maioria das culturas, as mulheres têm o dobro do número de depressões em relação aos homens. E, agora elas acham que têm o direito de falar abertamente sobre o seu sofrimento.

Um importante psiquiatra disse-me que as mulheres tomam mais "bonecas" porque são "hormonalmente mais complicadas e biologicamente mais vulneráveis. A depressão é o lado negativo do apego, e as mulheres são programadas para se apegarem mais fortemente e serem punidas com mais freqüência quando perdem o objeto de seu afeto".

Existe até um antidepressivo para mulheres que são compradoras compulsivas, chamado Celexa.

Ninguém parece preocupado com todos aqueles efeitos colaterais esquisitos que estão listados nas bulas, como perder a pose e surtar durante um primeiro encontro num restaurante grã-fino.

Em um artigo humorístico publicado no *New Yorker*, Steve Martin fez uma crônica hilariante sobre possíveis efeitos colaterais: "CUIDADO: este remédio pode encurtar os seus intestinos em sete metros e meio. Houve casos de defeitos de nascença retroativos no paciente. As mulheres costumam ter perda de libido, incluindo alteração vocal para duas oitavas mais graves, aumento de pêlos no calcanhar e, talvez, o afundamento de um testículo."

O *Washington Post* relatou que o laboratório Eli Lilly reembalou o Prozac sob o nome angelical de Sarafem, em uma cápsula rosa e lavanda, e lançou uma campanha multimilionária, com uma mulher que empurra de maneira bruta e irritada um carrinho de supermercado, sofrendo de uma nova doença que atende pelo nome ameaçador de TPMD — tensão pré-menstrual disfórica, uma incrível TPM que os psiquiatras dizem não existir.

As vendas do produto explodiram. O dr. Peter Kramer o chama de "Prozac disfarçado", em seu livro *Ouvindo o Prozac*, e afirma: "O melodioso nome de Sarafem soa como esperanto na fantasia de um marido esgotado — uma esposa serena."

Ele acha irônico que o Prozac, remédio supostamente concebido para que mulheres que trabalham fora agüentassem o tranco, tenha se transformado em Sarafem — calmante para mães e donas de casa ansiosas, como o Miltown e o Valium, na época das esposas stepfordianas.

Quer dizer que as mulheres começaram a consumir "bonecas" moderadoras de humor porque se sentiam entediadas e insatisfeitas em casa, com as crianças. E hoje, que as mulheres podem ter uma família e uma carreira, elas precisam de "bonecas" moderadoras de humor capazes de gerar autoconfiança e energia para administrar todo esse estresse. Progresso. Não é uma maravilha?

Quando as suas libidos diminuírem com a idade, as mulheres poderão optar por dar uma revigorada usando adesivos de testosterona — saudados por certos médicos como o Viagra feminino.

Um estudo promovido pela empresa, que está vendendo o adesivo de testosterona Intrinsa afirma, de forma categórica, que as usuárias do adesivo gozariam quatro vezes mais do que o habitual, em dois meses. Porém, elas podem desenvolver pêlos faciais excessivos, o que pode atrapalhar um pouco.

Para as mulheres, a resposta não está em expandir os vasos sangüíneos; é a diminuição da testosterona feminina que causa libidos lânguidas.

Nos anos 1980, a expressão "morte da cama" foi usada para designar o fenômeno freqüentemente observável de que o sexo desaparece em relacionamentos lésbicos duráveis, porque se precisa de um homem e do seu nível de testosterona para prover o excitamento e a tensão que levam ao sexo. Houve quem sugerisse que o tipo de fusão entre almas semelhantes, que une as lésbicas e promove a afeição, diminui o desejo. As Lésbicas de Batom dos anos 1990 contestavam essa teoria física do lesbianismo, insistindo que elas eram tão interessadas por sexo quanto outra pessoa qualquer.

Os médicos tentam desenvolver um Viagra feminino há anos, e preparam o seu lançamento. Enquanto isso e sobretudo a partir de 2005, o Viagra para homens tem suscitado preocupações relativas à saúde.

Eu estava assistindo ao noticiário com a minha mãe, que havia perdido a visão anos antes, quando eles transmitiram uma grande reportagem sobre o Viagra e outras pílulas contra a impotência, lançando a suspeita de que estavam causando cegueira em um número pequeno de usuários.

"Ah, não", disse minha mãe, que achava que não poder ver era a pior coisa que poderia acontecer a alguém. "Os homens deveriam parar de usar essa coisa."

Mas como, perguntei, eles conseguiriam manter o negócio em pé?

Ela pensou um pouco antes de responder: "Alfinetes de segurança."

O medo da cegueira não tem tido maiores impactos no sentido de impedir que os homens anseiem por ter "um momento relaxante, no momento certo", como anuncia a propaganda do Cialis.

Eu não esperava mesmo que um remédio avisasse que o efeito colateral poderia ser uma ereção de quatro horas, como é o caso do Cialis, o que o levaria, facilmente, a perder popularidade.

Afinal de contas, quando se descobriu que o Propecia, remédio para o crescimento de cabelo, causava impotência, não foi essa a razão para que houvesse uma queda nas vendas. Você só precisava fazer um coquetel de Propecia e Viagra. O que diminuiu as vendas foi o fato de que o Propecia não fazia o cabelo crescer satisfatoriamente.

Os homens são muito mais interessados em ereção e pílulas para o cabelo do que em pílulas contraceptivas. Quatro décadas depois da pílula ter se tornado acessível às mulheres, pesquisadores da Universidade do Kansas dizem que o seu protótipo para uma pílula masculina ainda levará, no mínimo, cinco anos para chegar à etapa dos testes de laboratório.

Apenas 27% das mulheres que praticam a contracepção contam com homens que usem camisinhas ou fazem vasectomias, de acordo com o Instituto Alan Guttmacher — organização sem fins lucrativos, dedicada a questões relativas à saúde reprodutiva. Ainda não está claro se as mulheres confiariam nos homens e acreditariam que eles tomariam a pílula todos os dias, mesmo que ela fosse aperfeiçoada.

A revolução sexual que começou com a pílula nos anos 1960 renasceu com um outro tipo de pílula nos anos 1990. A geração do sexo, drogas e rock'n'roll virou a geração do Viagra, antidepressivos e bombeamento dos lábios (o rock'n'roll, que atiçava o nosso idealismo, serve hoje de fundo musical para os comerciais que atiçam o nosso materialismo).

As mulheres, que já pensavam que os homens eram motivados demais pela anatomia, foram mais ambivalentes do que eles quando da aparição do Viagra. Para cada mulher que festejava o Viagra, havia outra que tinha pesadelos com o marido assanhado de 62 anos sofrendo uma transformação satírica e correndo atrás de residentes de 21 anos, deixando a mesa coberta de frascos vazios de Viagra. Poucas esposas queriam ter que se preocupar em contar as pílulas de seus maridos.

As mulheres ainda estão sonhando com "bonecas" que aumentariam a autocrítica, e não a auto-indulgência.

Uma sondagem não-científica, feita entre minhas amigas, concluiu que elas prefeririam ter uma pílula que mudasse a personalidade de um homem uma hora depois do sexo. Uma pílula que garantisse que ele sempre ligasse no dia seguinte e que nunca desaparecesse.

Uma pílula do dia seguinte para homens.

Nove

Como Hillary espezinhou boazudas e estropiou o feminismo

Se você quiser conhecer a capital dos Estados Unidos, olhe para o seu mais proeminente símbolo, o Monumento a Washington. Esse obelisco freudiano, que se destaca sobre a linha dos prédios da cidade, lembra-nos que a história tem sido influenciada pelo sexo.

"O ex-presidente Lyndon Johnson tinha, provavelmente, razão, quando disse que as duas coisas que tornavam os políticos mais estúpidos eram o sexo e a inveja", contou-me um historiador.

Pense em como o cenário contemporâneo seria outro, se alguns dos nossos mais famosos escândalos sexuais tivessem acabado de maneira diferente.

Sem Monica Lewinsky, nós poderíamos ter tido um presidente Gore, mas não uma senadora Clinton.

Se Bill Clinton não tivesse ficado tão absorto pelo escândalo da Monica e pelo processo de *impeachment* — e depois pela campanha para o senado de Hillary, porque ele lhe devia muito tempo e dedicação — poderia ter dado cabo de Osama bin Laden, quando ainda era possível, anos antes do 11 de Setembro.

Se Clinton não tivesse tido que compensar Hillary pelo casamento cheio de traições, ele não teria a obrigação de lhe entregar uma grande parte da política interna, nem de lhe dar o seu conselho estratégico sobre como conseguir que o seu projeto para o sistema de Previdência Social fosse aprovado (não o faça de maneira deselegante, nem secreta demais).

Um sujeito no meu escritório está convencido de que os problemas de Bill Clinton com Paula Jones — que o processou por assédio sexual quando ele era governador do Arkansas —, com Monica e o *impeachment*, poderiam ter sido evitados se ele tivesse, simplesmente, ligado para o serviço de quarto do hotel Excelsior e pedido uma garrafa de champanhe para Paula, antes de, subitamente, baixar as calças e pedir que ela fizesse sexo oral nele. "Ela precisava ser mais bem tratada", disse o meu amigo, "precisava de umas gentilezas antes".

Assim como na teoria histórica sobre o nariz da Cleópatra — segundo a qual se o nariz da Cleópatra fosse um milímetro mais comprido, César e Marco Antonio não teriam entrado em guerra por causa dela —, o sexo tem sido, freqüentemente, uma pedra no caminho da história norte-americana.

Quando comecei a cobrir política no *New York Times*, em 1984, tracei uma linha de trabalho em torno da sexualidade, para que eu pudesse analisar o quanto a política sexual influenciava as eleições.

Foi o primeiro de muitos badalados Anos da Mulher. Mas aquele acabou sendo o Ano do Homem Viril.

Quando penso nessa época, cada pequena vitória do feminismo que cobri ao longo dos últimos vinte anos — Geraldine Ferraro sendo a primeira mulher a concorrer à presidência; as audiências incendiárias de Anita Hill e Clarence Thomas; a ascensão da "Pague um Leve Dois", Hillary Clinton à posição de primeira-dama — acabou detonando uma terrível contra-ofensiva, que atrasou o curso do feminismo até o seu completo fim. Todos aqueles grandes momentos "você já trilhou uma longa estrada, garota" viraram um mesquinho "sai do carro, minha tia".

O ponto alto emocional para o feminismo foi a convenção democrata de 1984, quando as mulheres estouraram champanhe, choraram e se abraçaram, diante da indicação inédita de uma mulher, Geraldine Ferraro, para concorrer à vice-presidência dos Estados Unidos (cargo o qual acabou não conquistando).

Duas décadas depois, porém, ainda há tremores quando se fala em nomear outra mulher — a não ser em Hollywood, onde se produz *Commander in Chief*, com Geena Davis. O criador da série disse ter inspirado a sua senhora presidente na alta executiva da Martha Stewart Inc., a elegante Susan Lyne, porque não conseguia pensar em uma mulher da política que pudesse ser modelo de "integridade inatacável, gentileza e grande calma, quando sob pressão".

A diretora do Centro para Mulheres e Política no Instituto Eagleton contou-me, certa vez, que "quando se trata de mulheres, as pessoas não estão dispostas a fazer uma mudança mais do que minúscula de cada vez".

Com a Hillary preparando o terreno para a sua campanha presidencial, é instrutivo olhar para trás, para aquela primeira corrida histórica, com uma outra política pragmática loura. A recém-empossada senadora de Nova York vai ter que encarar problemas iguais aos da congressista recém-empossada de Nova York: como parecer forte o suficiente, mas não forte demais. ("Nada deixa os homens mais ansiosos do que uma mulher que seja masculina", foi o aviso de Gloria Steinem a Ferraro.) E como atrair o Sul e o Sudoeste. Hillary conquistou Bill, mas será que ela consegue outros milhões de sulistas?

Em 2005, um ferrenho democrata sulista observou, moroso, o que ele considerava ser uma reencarnação destruída de Hillary, ressaltando que os seus eleitores não conseguiam suportá-la.

"Se eu passasse cinco minutos em público com Hillary Clinton, perderia a minha cadeira na Câmara."

Grupos feministas passaram um ano preparando o terreno para uma Ferraro, partindo do princípio de que aquela primeira mulher poderia ser a vanguarda de coisas importantes. Mas a congressista que começou tão cheia de gás, virou, como disse um repórter, uma "Cinderela com a boca suja de cinzas".

As questões e as imagens da campanha da "noiva dos Estados Unidos", como uma revista a denominou, tocaram profundamente a consciência coletiva dos norte-americanos.

Harry e Sally — feitos um para o outro levantou a questão: será que um homem e uma mulher podem ser amigos? Já a candidatura de Geraldine Ferraro, como vice do presidenciável Walter Frederick Mondale, deu vida a uma nova visão do filme — *Fritz e Gerry* —, levantando a questão: será que um homem e uma mulher podem ser candidatos?

Na convenção de São Francisco, as feministas estavam tão entusiasmadas que chegaram a ficar mandonas. Pensaram em um slogan para a nova campanha à presidência, ecoando a pergunta que Walter Mondale fez a propósito do seu rival Gary Hart: "O que é que ele pode fazer?"

"A poderosa é ela", cantaram alegremente as mulheres, pregando que Ferraro daria brilho à *persona* meio apagadinha de Mondale.

Walter Mondale e Geraldine Ferraro marcaram um primeiro encontro meio às cegas. O movimento feminista ficava atento, e cada gesto era minuciosamente analisado: quem deveria ficar em pé, e onde? Quem deveria falar primeiro? Deveriam se tocar? Como se comportar um em relação ao outro?

O início foi tão desajeitado quanto um baile de formatura. Eles tentaram se apresentar como uma equipe de apresentadores de tevê audaz e vencedora, mas, cada vez que davam o tradicional *abrazo* — um braço em torno da cintura do outro, e uma das mãos acenando —, eles pareciam um casal suburbano simpático e de meia-idade se abraçando afetuosamente.

Como poderíamos confiar neles quanto às questões nucleares, se eles pareciam pais preocupados com os resultados do time de futebol do filho?

As feministas ficaram irritadas quando um comentarista político de sua época brincou, dizendo que Joan Mondale ficaria zangada quando o seu marido chegasse em casa tarde, dizendo que havia tido uma reunião privada com a vice-presidente.

Desde o princípio, estabeleceu-se uma política para os beijos.

"Mondale não pode, em hipótese alguma, beijá-la", disse, temerosa, sua estrategista democrata.

Outro consultor concordou: "Ele não pode chamá-la de 'querida', nem de 'meu bem'." Brincou, dizendo que expressões do tipo candidatura que "precisa levantar fundos" e "atraente" agora seriam proibidas.

Quais eram as chances de que uma nova-iorquina desconhecida e baixinha, que falava gírias, fosse levada a sério? Não muito grandes, sobretudo depois da sua campanha ser maculada pelas finanças obscuras e pelos amigos sombrios do seu marido corretor imobiliário.

O céu azul das forças cor-de-rosa ficou rapidamente cinza, quando os correligionários de Mondale, os "branquelos espertalhões", como foram chamados pelas feministas furiosas, ficaram preocupados com a reação dos eleitores brancos homens e acabaram afastando as mulheres da campanha.

O candidato Ronald Reagan era, segundo a autora dos discursos dele uma espécie de grande caubói inflável em desfile do Dia de Ação de Graças. E os republicanos rapidamente construíram uma imagem de Mondale, apresentando-o como um homem dependente das mulheres e cativo de interesses esdrúxulos, sobretudo o dos grupos de mulheres mandonas. O candidato democrata se sujeitou a posar usando um avental no *Livro de culinária da família Mondale*, ao passo que Reagan levantava pesos na capa da revista *Parade* e o candidato à vice-presidência, Bush, entrava na cabine de comando de um bombardeiro da Segunda Guerra Mundial e falava dos seus feitos militares.

Os eleitores homens e jovens de que os democratas precisavam foram atraídos pelo velho garanhão Reagan, e muitas mulheres também queriam uma figura paterna.

A campanha de Ferraro foi a primeira que eu cobri. Foi uma oportunidade criada pelo clima que se cultivara, de comum acordo entre os redatores, de que mulheres deveriam cobrir a candidata mulher e negros deveriam cobrir a campanha presidencial de Jesse Jackson, em 1984. Era como olhar no espelho para fazer a crônica de uma corrida presidencial, no interior de um ônibus de campanha com a própria candidata e várias de suas partidárias.

Por mais estranho que pareça, o *Times* decretou que a candidata deveria ser chamada erroneamente de "sra. Ferraro", mesmo que esse nome profissional fosse o seu nome de solteira, e que o sobrenome do seu marido fosse outro.

Na competição com George Bush, Ferraro se confundiu na hora de falar sobre beisebol, lembrando a destrambelhada e ruiva Lucille Ball, de *I love lucy* berrando no telefone vermelho, e tentando, desesperadamente, cancelar o lançamento de mísseis que ela havia, por engano, iniciado, ao usar a palavra errada.

Usando pérolas e vestidos de seda, rejeitando algumas das sugestões capciosas dos assistentes de Mondale para que usasse ternos escuros e masculinos, ela se apresentava em público sempre de maneira afável, mesmo que fosse anunciada no palanque como "baixinha de olhos azuis".

Pela primeira vez, uma candidata à Casa Branca entregava a sua bolsa para um auxiliar quando começava uma coletiva de imprensa, e falava sobre o aborto com a frase "se eu estivesse grávida" e sobre a política externa com a linha introdutória "Na condição de mãe de um jovem que tem de se alistar no Exército".

Ferraro foi paciente quando Jim Buck Ross, secretário da Agricultura, de setenta anos, chamou-a de "minha jovem" e pediu-lhe que assasse bolinhos de amora. Mas quando um outro democrata deu-lhe um ramalhete de flores para que ela amarrasse ao pulso, durante um encontro para arrecadação de fundos, ela considerou que tudo tinha passado dos limites e recusou-se a usá-lo.

Ela tinha dificuldades com aquele totem indispensável a toda campanha masculina: beijar bebês. "Sou mãe e, como tal, a minha reação instintiva é: como você pode entregar o seu filho a um total desconhecido para que o beije, especialmente com tanta gripe por aí?", contou-me. "E, sobretudo, quando a mulher está usando batom?"

Quando Ferraro fez pouco caso da recusa do marido em declarar o seu imposto de renda — "Vocês mulheres casadas com italianos sabem como é" —, ela ficou em maus lençóis por ter sido subserviente. Quando ela impedia que políticos homens assumissem posturas protetoras, tomando a palavra quando ela era atacada verbalmente, parecia exageradamente assertiva.

O então candidato à vice-presidência, Bush, também teve que pisar em ovos ao concorrer com uma mulher, oscilando entre ser cortês e machista demais. Bush ficou em má situação depois do debate que tiveram, quando ele se vangloriou de ter "dado um chute na bunda dela" e, depois, tentou explicar que se tratava de uma "velha expressão texana do futebol".

As feministas disseram que Ferraro havia se tornado o pára-raios do que Steinem chamou de "hostilidade generalizada contra as mulheres no poder, que não pode ser expressa abertamente". Ferraro rebateu: "Se um cara tem uma chefe pela primeira vez na vida e é uma experiência nova talvez ele não possa descarregar a sua agressividade contra ela; então vai descontar em mim."

Na sua biografia, *Memórias de família*, Ferraro reclama com amargura da discriminação sexual da Igreja Católica, dos norte-americanos de origem italiana do *New York Post*, dos manifestantes antiaborto, de Ronald Reagan e dos republicanos, e da equipe masculina de Mondale.

Na mesma linha, ela desenvolveu um complexo de perseguição, começou a roer as unhas e engordou sete quilos comendo apenas porcaria enlatada. Quando sentiu que a equipe de Mondale falava com ela de maneira condescendente, ela sugeriu que esses assistentes "fingissem, toda vez que tivessem que falar comigo ou mesmo olhar para mim, que eu sou um cavalheiro grisalho, um senador".

Ferraro, porém, não admitiu ter aceitado a oferta da candidatura à vice-presidência de Mondale mediante falso testemunho. Durante a entrevista de pré-seleção, os excessivamente crédulos correligionários de Mondale perguntaram-lhe se havia algo no seu passado que pudesse impedir ou atrapalhar a campanha, e ela disse que não.

Mas como ex-procuradora, funcionária do governo e mulher traquejada, que constava como agente na empresa imobiliária do marido, ela sabia, ou deveria ter sabido, que os negócios obscuros e os problemas legais dele poderiam vir à tona durante a campanha, o que acabou acontecendo. (John Zaccaro terminou por se confessar culpado da acusação de conspirar de maneira fraudulenta, a fim de obter financiamento para uma transação imobiliária.)

Em vez de admitir o que sabia, ela alegou total ignorância a respeito dos negócios familiares durante a campanha, fazendo piadas dignas do casal cômico Lucille Ball e Desi Arnaz sobre os homens latinos.

Todos pensavam que as eleições de 1984 mudariam, para sempre, a percepção do público sobre homens e mulheres na política, mas não foi o caso. Ferraro nunca chorou, mas ela parece pequena, em retrospectiva. (Hoje ela é vice-presidente de uma grande empresa de consultoria, e recupera-se de um mieloma múltiplo, tipo raro de câncer no sangue.)

Quando o voto Reagan-Bush varreu 49 estados norte-americanos — perdendo somente no estado natal de Mondale, Minnesota —, demonstrou claramente que os norte-americanos gostam de candidatos prontos-para-briga, prontos-para-o-trabalho, prontos-para-tudo.

E os eleitores, homens e mulheres, podem ficar irritados com políticos que se deixam rodear pelo tipo de gente que George Orwell certa vez definiu como "aquela tribo temível de mulheres cultivadas e de usuários de sandálias e bebedores de suco de frutas barbudos, que se amealham ao redor do cheiro do 'progresso', como moscas-varejeiras sobre um gato morto".

A candidatura de Ferraro provou que as mulheres não votam em mulheres só porque são mulheres.

Um dos mais importantes estrategistas republicanos disse-me, objetivamente: "Tem sido um segredo guardado há tempos, entre os consultores políticos, o fato de que as mulheres odeiam as candidatas. As mulheres são educadas para competir entre elas. É a velha ladainha: você junta 11 caras, tem um time de futebol. Você junta 11 mulheres, tem uma baderna."

* * *

Foi o pior choque cultural que já abalou Washington. Tinha todos os elementos combustíveis completamente intricados em uma única história — raça, sexo, mentiras, poder, pornografia, hipocrisia.

As audiências ferozes "ele disse, ela disse" de 1991, das acusações de Anita Hill contra Clarence Thomas, deviam ter servido de seminário sobre assédio sexual para o clube masculino do Senado.

As palavras incendiárias da recatada professora e do juiz negacionista afundavam, como uma espécie de broca de dentista psíquica, dentro das partes mais sensíveis e menos exploradas da consciência nacional.

Quase não dormi aquela semana. Eu sentava na cama, de repente, tentando imaginar quem estava falando a verdade e quem estava mentindo, como se estivesse assistindo a um filme de Hitchcock.

Nunca antes, e, provavelmente, nunca mais desde então, houve tanta conversa-fiada jogada por sobre as mesas verdes sólidas da Sala de Audiências Jurídicas do Senado.

Uma amiga minha que era repórter do *Wall Street Journal* também estará lá. Nós sentimos o mesmo arrepio, ao nos entreolharmos através da longa mesa da sala de audiências abarrotada. Ficamos boquiabertas diante do testemunho feito sob juramento, naquela câmara imponente, sobre pêlos púbicos em latas de Coca-Cola, bestialidade e um astro negro da pornografia chamado Long Dong Silver.

Antes de começar a audiência, o conselheiro secreto de Hill pediu às feministas que impedissem Hill de pronunciar a palavra "pênis" durante o seu testemunho. Ele pensou que o domo do Capitólio ruiria de vergonha.

As feministas o ignoraram. Elas queriam que houvesse polêmica. Repetidamente, elas vociferaram aquela frase grave e condescendente: "Os meninos do Senado não 'sacaram nada'."

"Os tempos estão mudando e os meninos não sacam o que está rolando aqui", disse Pat Schroeder, congressista democrata. "Eles realmente não entendem o que significa assédio sexual, e não é importante pra eles."

Não é importante para eles? A capital dos Estados Unidos foi construída sobre uma orgulhosa tradição de mau comportamento sexual.

Na condição de funcionários do Senado durante os anos 1940 e 1950, os meus irmãos conheceram o lado decadente do Capitólio. Trabalhavam como guardas que faziam a ronda dos gabinetes depois do expediente, e se deparavam com senadores engajados em "abraços batraquianos", como disse Aldous Huxley, com as secretárias. Havia até um famoso senador democrata que oferecia uma gorjeta de dez centavos por dia aos funcionários que atendessem aos telefonemas de sua esposa, a qual costumava gritar: "Eu sei que ele está com aquela mulher! Eu estou indo pra aí!"

Quando as pessoas me davam os parabéns pela cobertura que fiz daquela terrível semana de outubro, elas ressaltavam que eu havia conseguido captar as dimensões dramáticas da história por ser mulher. Mas foi um homem, meu chefe, que me pressionou para que eu continuasse a cobertura.

"O fato de todos os membros do comitê judiciário serem homens brancos", protestei, "não significa que eles sejam sexistas".

"Por que você não dá alguns telefonemas", disse ele, com a sua rouquidão característica.

Os telefonemas conectaram uma corrente elétrica de raiva entre mulheres, contra as tentativas dos republicanos de atacar o caráter pessoal da vítima.

"As pessoas não entendem a síndrome da vítima. Muitas pessoas que sofreram estupro, incesto, violência e humilhação sexual tornam-se relutantes e ambivalentes quanto a irem até o fim, por causa de sentimentos contraditórios", bradou uma legisladora.

Mas, como outros tantos sonhos dourados do feminismo, esse melodrama suculento também terminou em *pizza*. Anita Hill voltou para a universidade e sumiu. Clarence Thomas foi nomeado para a Suprema Corte e subiu. E os políticos retomaram as suas atividades, transando com as secretárias.

Assim como houve algo de oportunista no seio da campanha de Ferraro — a sua incapacidade de ser honesta com os correligionários de Mondale —, houve, igualmente, algo de oportunista no seio do caso Hill.

A presidente da Aliança para a justiça, Nan Aron, e as feministas estavam sinceramente preocupadas com o caráter de Thomas — como ele mentia e tratava as pessoas. As defensoras dos direitos das mulheres haviam feito oposição a ele. A princípio, ideologicamente, mas não puderam vencê-lo nesse terreno. Então, convenceram Hill a fazer uma denúncia contra ele por fatos acontecidos há dez anos, na última hora — e aí vazaram a informação.

Anita Hill foi uma mera peça nesse jogo. As feministas tentaram transformá-la na Rosa Parks — símbolo da luta anti-racismo — do assédio sexual, porque queriam, a todo custo, evitar que o juiz liberal Thurgood Marshall — primeiro negro na Suprema Corte norte-americana — fosse substituído por um juiz negro conservador.

As feministas exigiram audiências públicas, mas não podiam obrigar os homens a verdadeiramente evoluir. (A escritora Dorothy Parker disse a esse respeito, de maneira memorável, que "você pode dar cultura a uma puta, mas não pode fazê-la pensar".)

Sete anos depois, as líderes do movimento das mulheres estariam fazendo passeatas, tentando defender o presidente feminista Bill Clinton contra as denúncias, cada vez mais numerosas, de assédio sexual, ao passo que Hillary Clinton, ícone do feminismo, e outros partidários da Casa Branca planejavam o seu ataque às "boazudas" e "predadoras" que delatavam Bill, incluindo a esbelta Monica Lewinsky, pintada como erotomaníaca, maluca e safadinha, da mesma maneira como os republicanos haviam desqualificado Anita Hill.

A repórter Jill Abraham observou, mais tarde: "Fiz a cobertura tanto da matéria sobre Anita Hill quanto a da Monica Lewinsky. O que me pareceu assustador em ambos os casos foi ver homens poderosos usando recursos do governo para atacar a credibilidade de duas mulheres que eram cidadãs comuns e que não tinham, em ambos os casos, qualquer intenção de ficar no centro de uma arena política."

Apenas uma década depois de os homens de Washington terem se declarado conscientizados, todos seriam atropelados pela invasão do governo construidor-de-impérios de George W. Bush. E o presidente Bush declararia que o juiz Thomas é um dos seus dois juízes da Suprema Corte preferidos.

Os homens do comitê de justiça não viram Anita Hill como uma vítima porque, mesmo que a sua história sobre Clarence Thomas falando obscenidades fosse verdade, eles consideraram que ela poderia ter lidado com a situação com mais tino e humor, e não como uma professorinha primária pudica. O fato é que ele era a proverbial raposa no galinheiro, assediando funcionárias, enquanto que sua obrigação era assegurar-se de que os norte-americanos não assediariam os seus empregados. Todo o mundo sabe como os homens ficam desorientados depois de um divórcio.

Os senadores estavam constrangidos com a maneira com que Hill "saiu do escuro que nem um míssil", segundo a expressão de um senador republicano.

Esse é um antigo medo dos homens: de que as mulheres saiam das sombras para denunciar o seu mau comportamento (medo que é válido, pois muitos dentre os que denunciam falcatruas são mulheres).

Os republicanos disseram que Hill era maluca, enquanto escondiam toda e qualquer evidência de que Clarence Thomas teria conhecimento da linguagem dos filmes pornôs. Desde os tempos universitários, ele gostava de assistir a filmes pornográficos muito estranhos, incluindo a série *Mama Jama*, com uma negra de 150 kg, grande demais para se mexer, que é penetrada por vários homens, e fala sobre eles depois. Ele guardou a sua coleção de *Playboys* cuidadosamente catalogada.

Os democratas fingiram-se de mortos e os republicanos jogaram para ganhar, violentamente — dinâmica que continuaria a condicionar muitas batalhas políticas.

Oficialmente, os políticos afirmaram ter aprendido lições importantes sobre o assédio. Extra-oficialmente, um dos principais defensores democratas de Hill disse a um colega republicano do comitê que ele achava que o casal tivera um caso tórrido que acabou mal — mesmo não havendo qualquer evidência disso.

Thomas escapou ao seu *linchamento high-tech* porque ele conseguiu, mais do que Hill, passar uma imagem de vítima. Depois de confirmado para o cargo, as feministas ameaçaram vingança. Algumas mulheres liberais de Hollywood disseram que deixariam de esquiar na terra natal do carrasco de Hill. E Betty Friedman anunciou que o primeiro presidente Bush era "o inimigo público número um".

Em retrospectiva, muitas pessoas consideram Hill puritana e sem graça, deixando entrever que foi, provavelmente, por isso mesmo que Thomas se sentiu atraído por ela. (Ela ficava tão confusa com as atenções esquisitas que ele lhe dispensava, que perguntou a uma amiga se o problema podia vir do seu perfume.)

"As pessoas esquecem que, essencialmente, Thomas abusava dela para se divertir — e era uma questão de poder, não de sexo", acredita

Jane Mayer, do *New Yorker*. Ela escreveu um belo livro sobre o caso intitulado *Justiça estranha*. "Nos anos seguintes às acusações de Anita Hill, toda a cultura norte-americana tornou-se crescentemente pornográfica. Por isso, as suas denúncias estão submersas sob um mar de futuras Madonnas que expõem a roupa de baixo, sem falar nos vídeos pornôs com ídolos da cultura popular e garotas de capas de revista, como Pamela Anderson e Paris Hilton — que hoje têm carreiras proeminentes na televisão —, apesar desse tipo de filme ter prejudicado Rob Lowe por muitos anos. O uso do sexo como instrumento de marketing é generalizado e por isso as denúncias de Anita Hill parecem bobas. E a pornografização da cultura popular é outro sinal de que o feminismo perdeu a batalha."

A visão de um comitê judiciário totalmente composto de homens brancos, reduzido ao silêncio absoluto e vergado como uma árvore em plena tempestade, enquanto Thomas esbravejava diante dele, inspirou mais mulheres a entrarem para a política.

Em 1992, um número histórico de mulheres foi empurrado para dentro de um mundo enclausurado há muito tempo dominado por homens brancos de meia-idade. Elas ficaram conhecidas como "a turma de Anita Hill". Vislumbres de dourado, rosa e vermelho começaram a iluminar o cenário monocromático do Capitólio, à medida que o número de mulheres saltava 200%, representando quatro cadeiras no Senado, e para 68% na Câmara, com 19 cadeiras.

Elas começaram a se encontrar freqüentemente com a influente nova primeira-dama, para garantir que o orçamento refletiria as suas preocupações referentes às questões da saúde da mulher.

"Deve ter sido a primeira vez que os caras do comitê de orçamento ouviam as palavras 'cérvice', 'ovários' e 'seios' proferidas em alto e bom som", disse uma congressista de Nova York.

"Ao menos neste contexto", acrescentou Hillary Clinton.

Pela primeira vez, as mulheres exigiam o uso da sala de esportes e eram vistas, regularmente, nos elevadores exclusivos para membros do Legislativo. E senadores debochados e velhos tiveram que aprender a não passar a mão nelas, como se fossem funcionárias de cargos menores ou ascensoristas.

Depois do furor causado pelo caso Hill-Thomas, homens legisladores, assim como homens em escritórios de todo o país, passaram a prestar mais atenção em onde colocavam as mãos.

"Anita Hill redefiniu o campo de batalha entre homens e mulheres, criando uma nova forma de encarar esse antigo problema", afirmou uma repórter do *New Yorker*. "Os homens poderosos — e as mulheres —, dos setores público e privado, deveriam saber que gestos sexuais indesejados poderiam levá-los a perseguições penais."

De maneira geral, esse caso deixou os homens tão desnorteados que, na década seguinte, eles confundiam assédio com conversa amigável. Muitos pararam de paquerar e de elogiar a roupa das mulheres, o que não foi lá muito bom para elas, porque a maioria gosta de paquerar e receber elogios pela maneira de se vestir.

"Agora, eles voltaram a falar de bunda de mulher no escritório", observou uma amiga minha.

Um Thomas amargo parou de ler jornais, o que não é uma boa coisa para um juiz da Suprema Corte (ou para um presidente, no caso do George W. Bush).

Em 1998, quando Bill, que apoiou Hill, foi arrastado pelo Congresso para uma outra saga "ele disse, ela disse" atormentada e histórica, as feministas estavam do lado dele, e não dela.

As feministas não estavam preocupadas com a verdade sórdida do caso, a qual parecia indicar, no mínimo, um abuso asqueroso de poder e uma falta de interesse pelos sentimentos da mulher e da filha, e, principalmente, uma traição face aos eleitores que o puseram no governo.

"Vocês não sacam nada" virou "todo o mundo faz a mesma coisa". Não se trata de assédio sexual, afinal de contas, quando o assediador é um campeão em questões femininas. Ou se as assediadas não são, elas mesmas, feministas.

Parece que Thomas só escolheu o tipo errado de garota para bater papos cabeludos.

Enquanto isso, os conservadores que apoiaram Thomas estavam a caminho de uma guerra contra qualquer comportamento sexual nas altas esferas — mesmo que, dessa vez, o sexo em questão fosse entre adultos aparentemente conscientes.

As feministas não reclamaram de maneira convicta quando o estrategista de Clinton, James Carville, alegou que Paula Jones era uma vagabunda ignorante; ou quando o advogado de Clinton comparou-a com um cachorro morto; nem quando o assessor de Clinton e confidente de Hillary iniciou uma contra-campanha no interior da Casa Branca para desacreditar Kathleen Willey — ex-voluntária da Casa Branca, que também acusou Clinton de assédio sexual — e a asquerosa Monica Lewinsky, chamando-as de predadoras desequilibradas.

"Já estou até vendo o meu obituário", disse-me, certa vez, James Carville. "James Carville, Defensor do Sexo do Clinton, Morto."

As feministas viram em Anita uma vítima; em Monica, uma predadora. Anita apenas seguia Thomas de emprego em emprego; Monica perseguia Clinton, de cordão de isolamento em cordão de isolamento.

O feminismo deveria ter eliminado todos esses modelos duplos do tipo "ele é um mulherengo e tanto, ela é uma mulherzinha à-toa". Mas, depois de tantas décadas tentando mudar as mentalidades, para que os homens não pudessem alegar que uma mulher que era estuprada ou assediada sexualmente merecia o acontecido porque ela paquerava, usava saia curta ou gostava de sexo, as feministas deixaram os defensores de Clinton avaliarem que Monica era uma vagabunda, porque ela paquerava, usava saia curta e gostava de sexo. A patrulha antivagabundas de Clinton assumiu o controle e tentou convencer o público de que uma estagiária de 21 anos era capaz de dobrar a vontade do homem mais poderoso da Terra e de infiltrar-se, de forma acintosa, entre os agentes do Serviço Secreto, para forçá-lo a realizar os seus desejos libidinosos.

Quando uma sondagem da rede Fox News fez a pergunta crucial, sobre a Monica ser, ou não, uma "jovem assanhada à procura de emoções", a maioria dos norte-americanos disse que sim.

No caso Hill-Thomas, os partidos, assim como os *lobbys*, os formadores de opinião e os grupos de interesse estavam, todos, menos preocupados com a verdade do que com o interesse pessoal. Bill Clinton e seus aliados, porém, fizeram da obstrução da verdade um tipo de arte, e a verdade tornou-se inacessível — tudo dependendo do significado que se dê à palavra *ser*.

Clarence Thomas só estava adiante do seu tempo.

* * *

Quando o *Washington Post* fechou, em 1981, foi difícil encontrar outro emprego. Fiquei meio desesperada.

Finalmente, me propuseram um emprego em uma revista. Um dos editores fez a proposta durante um jantar, no hotel em que eu estava hospedada, em Washington. Quando o jantar acabou e eu estava me preparando para me levantar, esse editor simpático e bem casado fitou-me e disse: "Fica."

A sala girou ao meu redor. Eu gaguejei algo sobre encontrar meu namorado para comemorar meu novo emprego.

"Ligue para ele", instruiu-me, empurrando uma moeda na minha direção.

Sentindo-me tonta, expliquei que eu não tinha como ligar para ele, agradeci e saí correndo do hotel. Quando cheguei do lado de fora, na rua, gritei. Estava furiosa. E não sabia se ainda tinha o emprego. Ou quais as obrigações do emprego. Eu o procurara porque estava necessitada, e ele respondeu com um tipo muito preciso de necessidade, completamente diferente e pessoal. Eu tinha vontade de não aceitar o tal emprego, mas sabia que não conseguiria outro tão bom. Depois de agonizar todo o fim de semana, apareci na segunda-feira. O editor foi profissional e encorajador. Mais tarde, ele pediu desculpas e mantivemos relações amigáveis enquanto trabalhei lá.

As relações entre homens e mulheres no trabalho serão sempre tensas, pouco importando quantas leis forem aprovadas. Os relacionamentos conflituosos entre os sexos estão enraizados nessa dinâmica: as mulheres vão sempre temer que os homens as impeçam de obter vantagens por elas serem mulheres; já os homens temerão que as mulheres obtenham vantagens por elas serem mulheres.

Quando Anita Hill e Kathleen Willey vieram a público contar as suas histórias de assédio sexual, os críticos alardearam que elas estavam claramente mentindo, uma vez que não entraram com um processo na Justiça e porque nunca teriam mantido relações amistosas com homens que tivessem agido de maneira tão cruel. Como elas poderiam ter continuado a trabalhar, falar ao telefone, escrever mensagens gentis ou pedir favores a Clarence Thomas ou a Bill Clinton?

Moleza. É só perguntar para qualquer mulher que trabalhe fora.

Em 1991, a feminista Ann Lewis lutou contra os conservadores que disseram que Hill não tinha credibilidade porque ela havia seguido Thomas em vários empregos e continuara falando com ele.

Ela contou a um comentarista sobre a mentalidade das mulheres trabalhadoras: "Você tem esse chefe com muito poder e prestígio e pensa que tem que ficar do lado direito dele pelo resto da sua vida, caso contrário ele poderia te impedir de arranjar outro emprego."

Em 1998, porém, na sua subseqüente encarnação na pele de diretora de Comunicações e chefe de Logística do presidente Clinton, ela atacou a credibilidade da Willey ao dizer que em 1996, três anos depois do incidente da mão-boba no Salão Oval, a antiga voluntária da Casa Branca afirmou admirar Clinton e querer levantar fundos para a sua campanha.

"É uma contradição tão grande", lançou Lewis.

Não é, não. Os patrões comumente suscitam sentimentos de admiração e nojo, atração e repulsão, dependendo do momento.

As mulheres não podem ostentar os seus princípios quando os seus superiores passam dos limites. Elas costumam se comportar de maneira mais discreta e interesseira. Essas nuances de emoções e cálculo não conseguem ser capturadas pela visão preto-e-branco da lei sobre o assédio sexual — que pode fazer as mulheres parecerem hipócritas e manipuladoras.

As mulheres estão acostumadas a aturar comportamentos imaturos e baixos da parte dos homens em suas vidas pessoais, assim como profissionais. Elas aprenderam, através dos longos anos em que estiveram subordinadas aos homens no ambiente de trabalho, a usar seu tino e seu faro para se desviar das erupções da libido masculina.

Lembro-me de como, no início do caso Hill-Thomas, algumas mulheres negras falaram de forma ofensiva sobre Anita Hill, indignadas com o fato de que ela não o tenha colocado no seu devido lugar ou não tenha debochado do seu fetiche por filmes pornográficos.

E tem também a teoria do ator e comediante Chris Rock sobre assédio sexual: "Se Clarence Thomas fosse parecido com Denzel Washington, nada disso teria acontecido. Ela só teria dito: 'Ah, pára com isso, Clarence. Seu danadinho! Logo você?' O que é, então, assédio sexual? É quando um sujeito feio quer um pouco de ação."

Se as mulheres reagissem cada vez que um patrão desse uma cantada indesejada ou fizesse um comentário inconveniente, elas seriam duplamente prejudicadas: primeiro, ao serem tratadas como se não valessem nada, e depois, ao perderem a oportunidade de obter um bom emprego, uma boa recomendação e um bom contato.

O segredinho sujo da política sexual é que as mulheres podem ser oportunistas: ao aprenderem a descartar as importunações cometidas pelos homens, elas também aprenderam a tirar vantagem delas cinicamente. Foi o que fez a antiga produtora da Fox: engenhosamente arrancou milhões do apresentador de tevê Bill O'Reilly depois de filmar as suas fantasias sexuais com banheiros e chuveiros ao ar livre no Caribe.

As mulheres sabem que, às vezes, receberão uma atenção especial porque são mulheres, ou porque são encantadoras, ou porque são inteligentes ou atraentes. Elas estão dispostas a aceitar os benefícios quando o patrão simpatiza com elas.

Foi por essa razão que Paula Jones foi até o quarto de hotel de Bill Clinton e Hill foi atrás de Thomas em outro departamento do governo. Ambas estavam preparadas para extrair as vantagens das desvantagens e a fazer as libidos dos seus patrões trabalharem a favor delas. É uma forma de progredir em um mundo dominado por homens poderosos.

Mas, não raro, a mulher vê essa atração como encenação, enquanto o homem a interpreta, erroneamente, como afeto. Há uma escola de pensamento que defende que o assédio sexual é tão simplesmente falta de boas maneiras. Mas as mulheres (e, por vezes, os homens) têm que ser protegidos contra comportamentos que são ofensivos ou vingativos.

Não há nada de errado em paquerar no escritório, claro. Pode ser a via para a felicidade conjugal, ou para um momento de alegria em um dia ruim.

Uma história que adverte contra a paquera pode ser a de Jamie Tarses, atraente, 33 anos, que caiu do galho da presidência da ABC Entertainment, em 1997.

Ela rescindiu o contrato com a NBC depois que Michael Ovitz, que então trabalhava na Walt Disney, revelou que ela havia sido vítima de assédio sexual por parte do presidente da NBC na Costa Oeste. Mas é errado que uma mulher use a denúncia de maneira oportunista.

Uma vez, na ABC, Tarses dissolveu-se no estereótipo da menina indefesa que se encolhia como um gato durante as reuniões, tratava os colegas e chefes como se fossem namorados, queria que os homens tomassem as decisões importantes e fizessem as ligações telefônicas difíceis por ela.

Outra contradição insidiosa é que os homens acusados de assédio costumam ser esposos dedicados e colegas generosos. Ao longo dos anos, fiquei chocada todas as vezes que, repetidamente, amigos e profissionais respeitados — geralmente atraentes — assustavam jovenzinhas no escritório, subordinadas e sem qualquer poder, à custa de pressão sexual imprópria. (Às vezes, a jovenzinha não estava tão assustada assim, e usava os e-mails impróprios do chefe como alavanca junto a outro superior, para progredir na carreira).

Porém, até o interesse pessoal tem limites. Uma mulher que aceita ser provocada pode não estar preparada para ser degradada. Ela pode tolerar o olhar fixo do chefe, mas não as mãos-bobas dele. Ela pode aturar uma piada picante, mas não um falatório cotidiano sobre filmes pornôs. Para as mulheres, há um custo cada vez mais alto a ser pago em termos de dignidade pessoal, ao participar do jogo da diferença sexual no escritório.

Portanto, chefes e patrões, cuidado. Está tudo muito confuso. Alguns preços são altos demais a pagar. Quando se passa dos limites, algumas mulheres podem não somente reagir caindo em prantos. Elas podem, também, reagir abrindo o berreiro na televisão ou na internet.

* * *

As feministas ficaram furiosas depois da queda repentina das intenções de voto do democrata Gary Hart, em 1987, no momento em que a sua fotografia com a modelo Donna Rice, de Miami, em um barco chamado *Monkey Business* — literalmente, "negócio de macaco"—, foi publicada na primeira página no *National Enquirer*.

"Lá estava o sujeito que nós considerávamos como um dos novos líderes, até descobrirmos que o seu comportamento na vida pessoal é um dos mais antiquados e estereotipados — usando mulheres como objetos. A contradição e o cinismo foram enfurecedores", contou-me uma feminista.

As mulheres ficaram indignadas com o fato de que Hart, estudante da Bethany Nazarene College, havia subido na vida, casando com a exuberante Oletha (Lee) Ludwig: filha bonita e atlética do antigo presidente do conselho da faculdade. Ela pertencia a uma camada social muito superior à dele, até que foi surpreendida "fazendo o que todas as mulheres temem que os homens façam: casar com alguém socialmente inferior".

A colunista do *Washington Post*, Mary McGrory, referiu-se a Hart como "filósofo mulherengo".

Ann Lewis, à época diretora nacional do Americans for Democratic Action, previu que a ruína de Hart teria um efeito duradouro sobre a maneira como os eleitores, particularmente as eleitoras, encaravam os candidatos: "Com o naufrágio da sua campanha, ficou claro que o velho modelo está, irrevogavelmente, morto. E para aqueles que aspiram à liderança, isso é fatal."

Uma década depois, quando Lewis estava na Casa Branca defendendo o comportamento lamentável do presidente Clinton, ela fez o que pôde para garantir que o velho modelo se mantinha vivo e passando bem.

Quando Hart retornou, desafiador, à corrida de 1988, para um bis patético, eu fui uma das poucas repórteres cobrindo "a Volta dos

Mortos-Vivos", segundo um colega. Sua campanha consistiu, basicamente, em perambular por centros comerciais apertando a mão de consumidores curiosos. De vez em quando, jovens empurravam as suas namoradas louras sorridentes para perto do candidato, para fotografar "o cara do barco do macaco". Hart sugeriu, mordaz, que ele se tornaria uma "não-pessoa".

Muitos consideraram que ele tivera um julgamento equivocado em vez de uma personalidade equivocada. Ele fez cara feia quando lhe perguntei por que, mesmo depois que seus assessores lhe informaram que a sua casa no Capitol Hill poderia estar sendo vigiada por novas organizações, ele passou o fim de semana com a garota festeira, Rice, levando-a para a cama da esposa.

"Eu não ia mudar a minha vida por causa de repórteres", falou, na defensiva. "Tenho os mesmos direitos de qualquer outro cidadão norte-americano, e posso convidar quem eu quiser para dentro da minha casa. Era uma questão de princípios para mim. Finquei o pé."

Muito bem-feito.

"Eu não tinha planejado estar em Washington naquele fim de semana. Foi uma coisa de última hora", concluiu, lamentando.

O pior momento dessa situação desagradável aconteceu mais tarde, certa noite, no aeroporto de Boston. Sem a proteção dos seus agentes do Serviço Secreto e de outros assessores, Hart viu-se na posição inevitável de ser só mais um sujeito exausto, de meia-idade, procurando a bagagem. Ele procurou em vão pelas esteiras, seguido pela esposa irritada e um trio de repórteres, que agiam como crianças mimadas.

"Ga-a-a-ry, você não está mostrando seu poder", Lee Hart gritou para o seu marido petrificado. "Ga-a-a-ry, cadê o seu poder?"

O meu falecido amigo Michael Kelly, que estava cobrindo o fiasco de campanha comigo, achou essa cena de um casamento político tão hilariante que, depois que os Hart foram embora, ele literalmente rolou no chão do aeroporto de tanto rir.

Não é fácil fazer uma campanha ao lado de uma mulher humilhada.

Gary Hart, como Clarence Thomas, estava simplesmente à frente do seu tempo. No final das contas, um mulherengo seria eleito presidente — duas vezes.

* * *

É possível que o aspecto mais sórdido e mais absurdo da confusão entre os sexos tenha ocorrido em 1993, quando a Marinha editou um documento para seus oficiais e os fuzileiros navais usando as cores do sinal de trânsito para agrupar formas aceitáveis e inaceitáveis de comportamento entre os sexos.

Parecia uma instituição preto-e-branco tentando lidar com a interação sexual por meio de uma tabela de cores.

A área verde (AVANCE) incluía "colocar a mão sobre o ombro de alguém" e "interação social cotidiana que incluiu dizer 'olá, como vai?' ou 'como foi o seu fim de semana?'". A zona amarela (ATENÇÃO) incluía "assoviar", "poemas indesejados", "violar espaço pessoal", e "perguntas sobre a vida privada". E a zona vermelha (PARE) incluía "favores sexuais em troca de benefícios no emprego e ameaças caso esses não fossem cumpridos" e "agressão sexual e estupro".

Um oficial do Exército disse-me, sarcasticamente: "Puxa, eu não sabia que dizer 'bom-dia' era zona verde, e estou muito contente de saber que o estupro está na zona vermelha."

Os alertas sexuais coloridos ainda estão em vigor, o que aumenta a confusão cromática na atual era dos alertas antiterroristas.

O politicamente correto pegou as feministas na contramão. Para seu espanto, o primeiro peixe grande que elas pegaram na sua rede foi o senador Bob Packwood.

Nos anos 1980, quando eu trabalhava em Washington, tive a mesma conversa com Packwood, três dias seguidos.

Eu nunca o havia encontrado antes. Mas, a cada manhã, o poderoso senador me ligava e dizia que ele vira a minha fotografia numa matéria sobre as "Mulheres que amamos", posando na frente do avião Air Force Two, ao cair da tarde.

"Vem me ver no meu escritório às seis", sibilava, "para tomarmos uma taça de vinho. Tenho vontade de discutir o seu trabalho há muito tempo".

Todas as vezes eu evitava a situação, dizendo-lhe que trabalhava em um jornal diário e que tinha que fechar a matéria até as seis. Mas no dia seguinte ele ligava com a mesma proposta — sem sequer se dar ao trabalho de sugerir uma hora mais tardia, para que eu tivesse que inventar outra desculpa.

Finalmente, as ligações pararam.

Sei que o senador Packwood ofendeu muitas mulheres ao longo de sua carreira de mulherengo. Mas, como ele não tinha qualquer poder sobre mim, eu o achava patético.

Ele era conhecido na cidade como "A Língua". A sua técnica camicase esquisita de beijar era um número quase impossível de equilíbrio, e foi descrita no relatório do Comitê Seletivo sobre a Ética do Senado, de 1995: "No seu gabinete, o senador Packwood agarrava uma assistente, pisava nos seus pés, puxava os seus cabelos, pendia, forçosamente, sua cabeça para trás, e beijava a sua boca, empurrando a sua língua para dentro da boca da mulher. O senador Packwood também enfiava a mão sob a sua saia e agarrava as suas roupas íntimas."

Levou algum tempo para que a história das suas *sexcapadelas* viesse a público. Os grupos de mulheres o adoravam, porque ele era um dos principais defensores do direito ao aborto e outras causas femininas e dava os mais altos cargos do seu gabinete a mulheres. Por isso, elas queriam acreditar no senador quando ele sustentava que as suas acusadoras estavam mentindo. (É aquela velha história da erotomania — um desejo incontrolável de agarrar um homem sem qualquer atrativo).

Inicialmente, as feministas tentaram apoiar a sua candidatura à reeleição em 1992, apesar de ele ter tido a cara-de-pau de saltar em cima de uma defensora do aborto, que visitou o seu gabinete.

A mulher em questão, Mary Heffernan, líder feminista, disse que não tornara o incidente público por mais de uma década, porque "eu estava apoiando uma causa que era extremamente importante para mim, e ele tinha muito poder".

Pela primeira vez um político de Washington foi posto para fora pelo seu mau comportamento com as mulheres. Isso sempre fora um atrativo na capital norte-americana e não corrompia a imagem de ninguém.

Não fora apenas a sua mão-boba o que fez os seus colegas tomarem uma atitude. Foi a sua mão-boba desajeitada. Os Meninos Maus da capital sempre se comportaram de forma inadequada.

Bob Packwood reduziu essa farsa de sedução a um desenho animado. Ele fez como o Mr. Magoo, apalpando indiscriminadamente, sem saber se pegava em uma garota ou em uma árvore. Uma vez, depois de um grande jantar em Washington, ele fez "A Língua" em uma jornalista que havia acabado de conhecer, enquanto ela tentava chamar um táxi. Em outra ocasião, na agência do *Times* de Washington, ele tentou beijar uma repórter que estava cobrindo a sua queda política.

Quando os senadores Kennedy e Dodd cumpriram o seu dever e votaram a favor de audiências públicas sobre o comportamento de Packwood — o que nunca aconteceu, pois ele renunciou —, no que será que eles estavam pensando? Uma nobre instituição maculada por um número recorde de cantadas ruins?

Uma década mais tarde, uma atraente estagiária do Senado chamada Jessica Cutler vangloriou-se em um blog, no seu computador do Capitólio, afirmando que ela e suas amigas tinham o hábito de ganhar dinheiro em troca de sexo com figurões da política.

"A Língua" e Jessica poderiam ter varado as noites trocando carícias em total impunidade. Parece que o Bob Packwood só estava adiante do tempo de Jessica.

* * *

Todo o episódio com Bill e Monica foi tão estranho e ridículo, como se a capital da nação estivesse enfeitiçada, aprisionada dentro de uma febre sexual com hora marcada para acabar, como em *Sonho de uma noite de verão*.

Por meses a fio, Washington viveu imersa em sexo.

O cara, simplesmente, não conseguia parar de pensar naquele fio dental. Ele não conseguia acreditar que a Monica tivesse levantado a roupa para mostrá-lo. Aquilo inflamou a sua imaginação. Em reuniões, em encontros, nas horas mais inconvenientes, o seu pensamento, de repente, voltava para a imagem daquelas tiras e elásticos, acelerando o seu pulso e deixando-o sem fôlego.

Mas foi o charuto que acabou com ele. Ele vivia obcecado, imaginando o que teria acontecido com o dito-cujo. De repente, a capital tornou-se uma cidade de charutos. Ele os via onde quer que fosse. Eles acendiam o seu desejo. Quando estava sozinho ou conversando com alguém, ele sentia prazer em imaginar anéis de fumaça que vagavam pela sua mente.

Houve momentos em que ele ficou preocupado em ter se tornado um ninfomaníaco. Não conseguia parar de pensar em Monica: o que ela estava vestindo, quando ela vestia, onde ela vestia ou não vestia. As suas cartinhas eram tão picantes, prometiam um prazer selvagem. Tudo o que ela escrevia, todo presente que ela oferecia, deixava-o paralisado.

Além disso, a voz dela tinha poder sobre ele. Ele sabia que estava entrando no perigoso território da obsessão. Pouco importava o quanto Monica falasse de sexo, nunca era o bastante.

Ele era um homem ocupado. Um homem poderoso. Um homem sério. Mas houve momentos em que ele só conseguia pensar nas conversas telefônicas acaloradas. Elas povoavam sua mente, como uma droga. Houve quem tentasse alertá-lo de que ele estava pondo seu legado em risco. Amigos e desconhecidos tentaram dissuadi-lo da beira do precipício da sua idéia fixa. Mas era tarde demais.

Ele já se tornara uma vítima indefesa do seu próprio desejo pelo êxtase.

Já não enxergava as coisas direito. Só pensava nas curvas, e nos detalhes, em todas as minúcias escabrosas. Nada era pequeno ou insignificante demais para que ele reconsiderasse, moendo e remoendo na sua mente inquieta.

Ele queria pensar nela comendo bombons de cereja. Ele a imaginava envolvida, como Cleópatra, em um lençol de seda, ou arquejando dentro de uma camiseta sexy. Ele a via usando aquele vestidinho azul apertado demais, o que lhe agradava. Repetidas vezes, foi assombrado por imagens de lábios que se moviam. Ele sabia que estava errado. Mas gostava de afundar no pecado. Precisava de uma válvula de escape para toda aquela pressão, para as extraordinárias responsabilidades de homem público em bastante evidência.

Quando ia à igreja aos domingos, lutava contra a própria consciência. Ele se perguntava se precisava de ajuda profissional.

Por vezes, se questionava se estaria abusando do seu poder e ferindo o seu país. Ele temia até que a própria Constituição fosse abalada pela sua obsessão.

E não era fácil agüentar todo o sofrimento humano que ele já havia causado: arruinando a vida de uma jovem, arrastando muitas pessoas na lama, ferindo reputações e levando à falência aqueles que se aproximavam dele. Será que a presidência sobreviveria à sua luxúria? Isso não tinha a menor importância.

Cada vez que ele ouvia a definição legal dessas palavras, "contato íntimo impróprio" — sexo de qualquer tipo, maneira ou forma, excitante ou gratificante —, sentia um fogo queimá-lo por dentro.

Ele tinha a sua própria definição de sexo. Ainda assim, sentia-se atraído pela interminável discussão do sentido existencial do sexo — suas formas, seus usos. Ele era advogado, mas não se tratava de mero legalismo torturado. Era exorcismo torturado. Gostava de repassar as definições sombrias insistentemente, sentindo prazer em repetir as palavras "seios", "genitália", "inserir", "mancha".

Os seus assessores e subordinados tornaram-se agentes da falta de vergonha. Parecia que todos ao seu redor estavam falando aquilo que ele queria ouvir. Todos haviam se tornado seus colaboradores na perversidade. Ele estava gastando milhões e milhões de dólares para rebaixar toda uma nação até o nível mais depravado.

Ele sabia quão forte era. Era o homem mais poderoso do país. Conseguia cada recesso do governo para satisfazer sua vontade. E a perspectiva do *impeachment* não o assustava.

Na verdade, quanto mais preso àquele fio dental, mais certo ele ficava de que este levantaria a sua moral. E, dentre todas aquelas palavras safadas que ele gostava de ouvir, nenhuma lhe dava mais prazer do que *impeachment*.

Afinal de contas, ninguém poderia afastá-lo da presidência. Ele era o Ken Starr, promotor do processo contra Bill Clinton.

Os homens são necessários?

* * *

Quando as mulheres finalmente chegaram ao poder em Washington, elas estavam com vontade de arrancar o couro cabeludo de alguns políticos.

Elas escalpelaram o Clarence Thomas.

Elas cozinharam Bob Packwood.

Mas, quando chegaram até Bill Clinton, já haviam perdido o apetite de caçar e destruir todo tipo de assédio sexual e patriotismo exagerado. Não era o que as interessava, no momento, e elas estavam confusas. Esses homens eram predadores perigosos? Ou somente mulherengos meio esquisitos?

Um padrão perturbador estava se desenvolvendo. Os homens poderosos que entravam nas maiores enrascadas por causa de mulheres pareciam ser os que obtinham menos satisfação com elas. Os caras que eram crucificados por má conduta sexual pareciam, depois de uma segunda análise, estar agindo de maneira mais estranha do que vaidosa, mais disfuncional do que machista.

"Quem colocou um pêlo púbico na minha lata de Coca-Cola?" Eis uma pergunta astuta. A insistência de Clarence Thomas em tagarelar sobre filmes pornográficos barra-pesada parecia mais estranha do que condenável. O hábito de Packwood de agarrar os cabelos e forçar a língua para dentro das gargantas das mulheres era nojento, claro, mas também patético. Eles pareciam uns perdedores, por terem causado tanto sofrimento.

Para quem lê o tolo best-seller de Ken Starr, *O relatório Itarr*, fica evidente que os republicanos estavam loucos para afastar o presidente de seu mandato, pela primeira vez baseados no sexo ilícito, mesmo que o ilícito preponderasse sobre o sexo.

Primeiro, um grupo de linchadoras feministas liberais tentou se livrar de um futuro juiz da Suprema Corte conservador, supostamente por causa de sexo, quando a verdadeira razão pela qual elas queriam pegá-lo era política. Depois, um grupo de linchadores reacionários tentou se livrar de um presidente democrata supostamente por causa de sexo, quando a verdadeira razão pela qual eles queriam pegá-lo era política.

A documentação puritana e lasciva de Starr provou que o presidente havia sido acusado injustamente. Nós havíamos pensado que Bill Clinton era um safado e irresponsável com a sua jovem estagiária, quando, na verdade, ele era um safado tímido e torturado. Quando foi pego, ele, deselegantemente, justificou a sua aventura como sendo um mecanismo que aliviava a tensão do Salão Oval. A escapadela adolescente de Bill, com Monica usando o seu vestidinho azul, não tinha nada do *glamour* dos encontros secretos de JFK no hotel Carlyle com Marilyn usando um vestido Jean-Louis branco com lamê.

Em vez de unir-se ao altivo panteão dos homens que sabem o que fazem, ele uniu-se aos senhores Clarence Thomas e Packwood, no panteão constrangedor dos que fazem tudo errado. Foi Monica quem saiu da história como uma predadora de sangue quente, berrando para as amigas que o presidente não dava nem descia. Foi Clinton quem se comportou como uma adolescente, tentando proteger a sua virgindade, insistindo em não ir até o fim, relutando em despir-se, chegando, inclusive, a se afastar de Monica às vezes, suspendendo a alça do seu sutiã, que estava caindo, de acordo com o testemunho dela, e, outra vez, terminando o ato sexual dentro da pia.

"Estou tentando não fazer isso, e estou tentando ser bom", disse-lhe um presidente recatado.

Era Monica quem explodia de testosterona. Ela falou aos investigadores sobre o seu amante sem jeito: "Ele parecia ficar muito abalado emocionalmente com o que acontecia. Eu achava aquilo estranho. Era uma espécie de preliminares das preliminares."

Mesmo que não fosse uma predadora propriamente dita, já que Clinton encorajara o seu interesse por bastante tempo, ela era, sem sombra de dúvida, agressiva (muito mais viril do que Marilyn Monroe, que descreveu a sua aventura com JFK ao terapeuta da seguinte maneira: "Marilyn Monroe é um soldado... O primeiro dever de um soldado é obedecer ao seu comandante").

Monica fingia estar carregando papéis para conseguir entrar no Salão Oval e, descaradamente, dar ao seu homem 38 presentes — incluindo um bibelô em forma de sapo, uma faquinha de abrir envelopes com o desenho de um sapo e um exemplar de *As coisas que eles dizem: um guia do humor judeu*.

À medida que o caso no Salão Oval perdia a intensidade, Monica tornava-se mais ousada. "Quis saber por que ele não perguntava nada sobre mim... e se era só uma história de sexo... ou se ele tinha interesse em tentar me conhecer como pessoa", disse ela aos investigadores.

Ela relatou, então, que o presidente riu. Ele disse que adorava os momentos que passavam juntos e, aí, "abriu o zíper da calça e, meio que se expôs".

Ela sentiu que ele estava se afastando. Quando reclamou com ele que ela não tinha tido direito a um abraço há meses, ele respondeu, sabiamente: "O sol não brilha todos os dias."

Do seu último encontro, ela disse: "Essa foi mais uma daquelas ocasiões em que eu estava tagarelando sobre alguma coisa e ele me beijou, acho que só para me fazer calar a boca."

Ele não ligava. Ele não escrevia. Ela começou a suspeitar que ele estava dando para trás. Enredada em um estereótipo, ela se tornou a irada e vingativa personagem de Glenn Close em *Atração fatal*.

"POR FAVOR, NÃO FAÇA ISSO COMIGO", ela escreveu em um bilhete para o presidente. "Eu me sinto descartável, usada e insignificante."

Ela exigiu um grande emprego na ONU ou no mundo dos negócios em Nova York, como compensação por ele ter destruído a sua vida.

"Eu não quero ter que batalhar por esse cargo. Quero que ele me seja dado." Ela enviou ao presidente uma lista de empregos que desejava. "NÃO serei a secretária ou a assistente de alguém." E juntou um cartão-postal erótico e as suas sugestões para a reforma da educação.

Se o presidente Clinton tivesse aceitado os conselhos de Monica sobre a reforma da educação, isso poderia ter representado uma ofensa digna de *impeachment*.

Ela mandou outro recado: "Não sou uma imbecil. Eu sei que o que está acontecendo no mundo é mais importante."

Lembro de ter lido uma entrevista com Judith Exner, uma das amantes de JFK na qual ela falava sobre como era solitário ter um caso com o presidente. Quando ela queria que ele lhe desse atenção, ele estava dando atenção ao Fidel a Cuba, Cuba, Cuba! Ele só ligava para isso.

Da mesma forma, quando Monica queria que Bill prestasse atenção nela, era Sudão, Sudão, Sudão! Ele só ligava para isso. Ela estava ficando impaciente. "Preciso de você não como presidente mas como homem", escreveu. "POR FAVOR, seja meu amigo."

Ficando irritado com os rompantes da moça, ele lembrou a ela que "é contra a lei ameaçar o presidente".

Bill não podia ser punido por ser um bruto selvagem, pois era apenas um mulherengo patético. O rasgador de corpetes do Ken Starr não tinha dado razões para *impeachment*, só para divórcio.

Só que Hillary não queria o divórcio, claro.

* * *

Houve um tempo em que eu ficava furiosa e escrevia uma nota zangada se alguém dissesse que eu havia brigado com uma colega. Eu achava que as brigas entre as mulheres acabariam à medida que as mulheres progredissem. Elas pareciam bastante antiquadas.

Mas eu agora me resignei ao fato de que as penas nunca vão parar de voar. De querelas entre tenistas profissionais a disputas em revistas entre celebridades, quebra-paus em Nova York entre Hillary e a promotora Jeanine Pirs a discussões entre as atrizes de *Desperate Housewives*, as brigas entre mulheres são ótimas para o setor editorial e para o *show business*. Quanto aos homens, essas brigas sempre foram consideradas como um grande divertimento saudável (Jerry Seinfeld disse, quando Elaine lhe perguntou por que os homens adoravam as brigas de mulheres: "Porque eles acham que se as mulheres estão se unhando e se engalfinhando, é possível que elas consigam se beijar").

Bom, já que estamos todas usando esmalte "vermelho-selva", como no livro de Clare Boothe Luce, *As mulheres*, vou contar a minha briga com Monica Lewinsky.

Eu estava sentada à minha mesa, certa noite, tentando relaxar durante a confusão do *impeachment* e verificando três meses de extratos bancários, para que meu cartão de crédito parasse de usar aquelas palavras cansativas, "recusado", "não aceito" e "nem com muita reza".

O telefone tocou. Era o meu amigo Michael Duffy, um dos editores do *Time*. Ele me convidou para jantar no Bombay Club, do outro lado da rua, onde eu poderia revigorar a alma com um pouco de *vindaloo* — uma mistura de pimentas.

Eu estava retornando do banheiro feminino quando a vi. Ela parecia disfarçada. Óculos redondos com armação de metal. Jaqueta azul-clara abotoada sobre saia florida preta e branca. O maxilar forte e o sorriso amplo que descia nos cantos da boca eram-me familiares.

Eu sou, afinal de contas, uma observadora treinada.

"Aquela garota parece com a Monica Lewinsky", falei para o Duffy.

"É a Monica, sua imbecil. Está vendo, ela está com o pai e a madrasta e a mãe e o noivo da mãe."

Que falta de respeito! Monica Lewinsky tinha vindo ao restaurante preferido da filha de Clinton, perto da Casa Branca — é só atravessar o parque —, restaurante onde a filha de Bill, Chelsea, havia festejado o aniversário de 17 anos com os pais.

A presença da antiga estagiária no Bombay Club sugeria que ela talvez ainda estivesse tentando atrair a atenção do presidente, como se fosse uma adolescente apaixonada esperando pelo professor Bill Clinton na saída da aula de biologia.

Pessoalmente, ela não parecia ser uma vítima vulnerável ou uma atordoada menina do *Vale das bonecas*. Ela bebericava um drinque enquanto andava pelo salão com um olhar cheio de autoconfiança. Dava para entender de que modo, usando uma *pizza* ou um sanduíche como desculpa, ela podia facilmente convencer qualquer um a deixá-la entrar em qualquer escritório, até nos ovais.

A certa altura, ela se dirigiu até o pianista para pedir uma música. No caminho de volta à sua mesa, parou para cumprimentar Duffy, que já a conhecia. Ela disse que tinha saído do seu hotel Watergate, para dar uma arejada aquela noite.

Mike nos apresentou. O sorriso de Mônica sumiu. Ela se abaixou, apoiando as mãos sobre os joelhos, para que os nossos olhos ficassem na mesma altura. Ela estava Na Minha Cara — como gostava de contar para os investigadores.

"Posso te fazer uma pergunta? Por que você escreve artigos tão horríveis sobre mim?", perguntou, pausada e glacial.

Ora, durante todos os anos em que escrevi para as minhas colunas, o que às vezes exigia que eu fosse um pouquinho crítica, sempre temera que alguém sobre quem eu tivesse escrito viesse exigir explicações em público ou, pior ainda, esvaziasse um copo na minha cara. Mas, até aquele dia, ninguém havia feito nada. De repente, eu senti um impacto profundo, e era por causa da Monica! Não respondi de imediato. O meu cérebro foi assaltado por imagens assustadoras comigo e Monica rolando no chão, como naquela cena de *Dinastia* em que a Joan Collins e a Linda Evans puxam o cabelo uma da outra na piscina.

Além do mais, fiquei distraída com a música que ela pediu, que o pianista, agora, estava tocando: *Send in the Clowns* ("Que entrem os palhaços"). *Era* espetacular, e nós éramos um *par*.

Tentei me controlar e bolar uma resposta impressionante. Eu não havia escrito nada realmente maldoso sobre ela. Eu a defendi contra os democratas, descrevendo-a como uma predadora.

Ela ainda estava meio agachada, esperando.

Eu poderia ter dito a ela que posar de maneira provocante para a *Vanity Fair*, usando plumas e uma bandeira norte-americana, não era uma decisão inteligente para uma jovem em plena negociação jurídica.

Eu poderia ter dito que sentia pena dela, que sabia que não era fácil ser apaixonada pelo presidente e que havia reservado o meu comentário mais maldoso para o Ken Starr. E, secundariamente, para o presidente, que ela rotulara de "Grande Tarado", que nunca deveria ter brincado com uma estagiária impressionável e prolixa.

No fim, porém, soltei um "sei lá", encolhendo os ombros de forma desajeitada. Ela saiu andando altiva, com ar triunfante.

Mais tarde, fiquei sabendo que Monica fora para o banheiro feminino, após o nosso encontro, e teve um ataque de choro ao telefone com o seu agente publicitário. Portanto, ela era uma mistura volátil de durona e profundamente vulnerável — algo que Bill Clinton deve ter percebido logo.

Eu realmente gostaria de ter transmitido à Monica o que minha mãe disse para mim quando eu tinha mais ou menos a idade dela e me mudei para Nova York: "Fique longe dos homens casados. Eles são ratos de rabos compridos."

* * *

Não acho que a Hillary quisesse, inicialmente, destruir o feminismo ou o que restava dele. Foi somente um efeito colateral.

Bill Clinton sempre foi rodeado por dois tipos de mulheres: as vulgares, que adoram o cara, e as sérias, que adoram o que ele representa.

As sérias sempre tiveram que intervir para tentar salvá-lo das aproveitadoras vulgares.

O Bill de Sábado à Noite se envolvia com mulheres de cabelo comprido e saia curta e, então, se ele se metesse em confusão, o Bill de Domingo de Manhã se esconderia atrás das longas saias e do alto nível das feministas — inclusive sua esposa e membros do seu gabinete.

Justamente porque Clinton casou e subiu na vida, foi mais fácil para as suas aliadas fazerem pouco caso dos seus antigos pecados, reduzindo-os a "piranha-e-grana", "vagabunda de segunda" ou, o pior pesadelo de qualquer esposa, a "sedutora gostosona do escritório".

Hillary teve que optar entre ficar do lado das suas irmãs que falam a verdade, usam fio dental e roubam maridos ou do seu marido que mente, gosta de fio dental e trai a mulher.

Como parte do seu acordo conjugal/político ou por causa da sua "co-dependência passional", ela sempre escolhe o esposo em detrimento das irmãs.

Foi um truque de mágica temerário: ela deu cabo do que ainda restava do feminismo, permanecendo, entretanto, um ícone feminista. Ela governa a *Hillaryland*, universo *cult* em que as mulheres estão decididas a ver a sua guerreira retomar a Casa Branca dando fim ao reinado dos Bush hipermasculinos.

Aquela perseguição ao machismo ainda é capaz de levá-la à Casa Branca, onde ela poderá atribuir a Ala Leste ao Bill, para que ele tenha o cuidado de combinar a cor das rosas com a decoração da porcelana chinesa, enquanto ela se preocupa com a China, que estará tentando comprar as companhias norte-americanas de petróleo.

Durante a sua carreira política, Bill Clinton desfrutou os serviços de uma máquina projetada para fazer o que quer que fosse necessário para sufocar histórias sobre as suas lamentáveis aventuras eróticas, incluindo debochar das mulheres que ousaram sugerir que tinham tido casos com ele. Na campanha de 1992, Betsey Wright afastou o que ela chamou de "caçadoras de ouro" ou "louras burras", ao contratar um detetive particular, pagando-lhe mais de cem mil dólares para o que foi delicadamente chamado de "despesas legais". Ele desenterrou o passado sujo das mulheres em questão e ameaçou arruinar as suas reputações caso elas dessem com a língua nos dentes.

Depois que Hillary defendeu o marido no programa *60 Minutos*, Bill passou a lhe dever a sua presidência. Ela devia saber ou suspeitar que Gennifer Flowers estava dizendo a verdade, e, no entanto, liderou uma campanha difamatória contra a cantora de boate, que era amante do presidente. (Bill teve que parar de dormir com a Flowers enquanto depunha no caso Paula Jones).

O papel de feminista desempenhado por Hillary permaneceu intacto durante o escândalo das amantes do marido, porque ela achava que elas eram instrumentos de uma conspiração, marionetes da direita. (Mais ou menos como a Anita Hill foi marionete do feminismo de esquerda.) Tal gesto não confere brilho à imagem que Hillary gosta de promover de si mesma, de alguém que protege as mulheres e os vulneráveis da sociedade, pois significa que ela se importa com as mulheres contanto que elas não entravem o caminho de Clinton na missão de ajudar a humanidade — caso em que são dispensáveis.

Os Clinton sempre sustentaram que deveria haver uma zona de privacidade para as suas vidas particulares, mesmo que as suas vidas particulares fossem repletas de conseqüências públicas.

A campanha de 1992 do casal tinha por *slogan* "dois pelo preço de um". Esse negócio conjugal assumira um papel crítico na determinação da política pública e no estabelecimento das dificuldades públicas.

O acordo era o seguinte: ela aturaria as infidelidades dele, se ele lhe desse poder. Ela começou a fingir que o poder que lhe fora dado era merecido. "Eles estão se comprometendo mutuamente", disse um amigo do casal.

Alguns funcionários da Casa Branca afirmaram que Bill não interveio para ajudar a esposa no projeto de previdência de saúde, que estava, claramente, fugindo ao controle e implodindo, porque não ousava desafiá-la depois das denúncias de que funcionários do governo haviam arranjado mulheres para ele. "Ela tem um anzol de cinqüenta quilos agarrado ao escroto dele", contou-me, sorridente, uma das deputadas de Hillary para o projeto da previdência.

Bill Clinton parece nunca ter entendido que já era tarde demais para bancar o playboy JFK no Salão Oval. Ele deveria ter compreendido isso assistindo aos depoimentos do caso Hill-Thomas.

Durante décadas, as regras da política foram muito simples. Um estrategista democrata as resumiu assim: "Se um político ficasse equilibrado no banquinho do bar, ele não estava bêbado. E se ele não fosse apanhado, não estava enganando a mulher." Mas, muitos anos antes de Clinton chegar à cidade, estava claro que muitos já haviam negado essas regras. Com jornalistas ansiosos por publicar mais notícias e com mulheres conquistando mais poder, as velhas atitudes libertinas foram abaladas.

Allen Drury, autor de *Tempestade sobre Washington*, debochou da nova moralidade, dizendo-me: "Você tem que contar tudo e prometer tudo e ser um garoto muito, muito bom, e prometer ser um garoto muito, muito, muito bom para sempre."

Bill Clinton sabia que as regras haviam mudado radicalmente. Ele prometeu ser um garoto muito, muito bom. Mas não foi. Esse jogo era perigoso.

O grande Jim Folsom, governador do Alabama nos anos 1950, disse aos seus assessores, ao ser alertado de que um dos seus oponentes usou uma mulher bonita para armar-lhe uma cilada: "Meninos, se eles usarem essa isca, vão pegar o velho Jim a cada vez."

Em 1991, durante as audiências Hill-Thomas, o Senado ficou dividido, o que revelou uma visão ao mesmo tempo grotesca e hilariante: um bando de velhos brancos e antiquados, tentando descobrir a verdade sobre o sexo.

Parecia com o que Dickens chamou de "a atração da repulsão". A sociedade estava concentrada no picante seminário sobre os perigos do sexo no ambiente de trabalho. Nós pensávamos que aquelas audiências terríveis iluminariam a política sexual e modernizariam o Senado.

Nada feito. Eis que a separação se fez muitos anos depois, novamente. E o que foi que nós vimos? Uma visão grotesca e hilariante de um bando de velhos brancos e antiquados tentando descobrir a verdade sobre o sexo. O mesmo clube masculino muito velho se arrastando até as câmeras de tevê para instruir a sociedade sobre os perigos do sexo no ambiente de trabalho.

O caso da Suprema Corte sobre assédio sexual, *William Jefferson Clinton versus Paula Jones*, cristalizou a tensão entre os sexos. As mulheres temiam que os homens se dessem bem e saíssem com a reputação ilesa. Os homens temiam que as mulheres voltassem ao ataque e cozinhassem os seus coelhinhos (como em *Atração fatal*).

As feministas se descabelavam por causa de Paula, sem saber se elas lhe deram tão pouco apoio porque ela não era o tipo delas ou se foi porque elas não acreditaram no seu sentimento de ultraje.

Quando encontrei Paula Jones pela primeira vez, em 1994, ela estava agitadíssima no seu quarto de hotel em Manhattan, excitada por estar em uma cidade grande e com o seu novo contrato para promover uma grife de jeans.

Perguntei-lhe por que ela estava processando o presidente.

Ela olhou para mim, com aqueles olhos azuis cada vez mais arregalados. "Ele se expôs, e isso não está certo", respondeu, com o seu doce sotaque.

Paula mostrou que uma mulher não precisa destruir sua vida ao fazer denúncias de assédio sexual. As coisas realmente deslancharam quando ela atacou o presidente, com direito a uma reforma geral gratuita — dos dentes aos pés —; a uma equipe ávida por depor o presidente; a um agente publicitário que lhe deu instruções que iam desde os méritos do batom cor semimatte sienna, em vez do fúcsia, ao Fundo de Defesa Jurídica de Paula Jones — que pagou para que o seu cãozinho, Mitzie, ficasse hospedado em um canil —; e a uma nova função: escrever cartas de tirar o fôlego para a mala-direta de um grupo jurídico da Direita Cristã que descrevia a anatomia do presidente com o objetivo de angariar fundos. ("Mas aí aconteceu algo, que, ao mesmo tempo, me deixou chocada e humilhada... Horrorizada, eu disse que eu 'não era aquele tipo de mulher'.")

A defesa de Clinton desferiu outro golpe baixo contra o feminismo, em 1997, quando o advogado do presidente comparou Paula Jones a um cachorro morto.

"O presidente dos Estados Unidos não vai se desculpar", narrou o advogado Robert Bennett no *ABC Sunday Morning Show*. "E, se ela insistir em um processo, vai ter um processo... Eu tinha um cachorro assim, que vivia correndo atrás dos carros para pegar um até que, um dia, ele conseguiu, e agora eu tenho um novo cachorro." (Bennett era conhecido como o "advogado do pau do presidente", assim como o detetive particular que ele contratou era conhecido como "o espião da pica do presidente".)

Em resposta às acusações de Paula, a equipe de Clinton enviou uma legião de homens para difamá-la, dizendo que era uma galinha que usava saia curta e dava em cima de todo o mundo. E Bennett tornou-se o último comparsa do Clinton a se sujar, na tentativa de mascarar o patrão.

As feministas, que haviam se negado a apoiar Paula, ficaram chocadas ao ouvir Bennett num programa de tevê, ameaçando fuxicar a gaveta de calcinhas da acusadora do presidente. O advogado fazia intimidações destemperadas e informou à imprensa que ele havia instalado um dos antigos amantes da moça em uma das salas reservadas do hotel Willard e que obtivera uma declaração sob juramento sobre os hábitos dela.

"Bennett está tentando reavivar o antigo argumento, 'essa é uma mulher vagabunda', só para desmoralizá-la", disse Patricia Ireland, então presidente da National Organization for Women.

Ireland reconheceu que as feministas estavam passando por momentos difíceis. "É mais duro para nós quando temos que lidar com o mau comportamento e os maus-tratos com relação às mulheres, da parte de homens que apóiam a nossa política", disse, em um tom preocupado. "Temos recebido muitos e-mails e ligações de mulheres que dizem: 'Como você pode ficar contra o Clinton? Ele contratou mais mulheres, blablablá.' Clinton mostrou o seu desejo de parecer um 'homem de verdade'. Você pode ser um grande mulherengo, o pior é que algumas mulheres podem achar isso atraente... Eu só tenho vontade de dizer para ele, 'cresça e apareça'."

Mas Bill Clinton não podia crescer no que diz respeito ao sexo. Uma ex-amiga de Clinton afirmou que ele dizia que adorara ser governador porque "as mulheres ficam se jogando em cima de mim. Durante toda a minha adolescência, eu fui o garoto gordo da turma".

Escrevendo sobre o caso, Robert Wright, autor de *O animal moral*, ressaltou o paradoxo biológico: "Do ponto de vista da natureza, um objetivo central da busca do status é convertê-lo em sexo. E no entanto... o simples fato de ser um macho alfa é considerado como evidência de inadequação para a tarefa! Isso é o que se chama derrotar o objetivo."

Hillary acabou desembolsando 375 mil dólares das próprias economias para pagar a Jones. Ui!

Jones, que hoje vive com o marido e os três filhos e está estudando para obter um diploma no setor imobiliário, continua esticando os seus 15 minutos de infâmia. Em 2005, ela visitou a Biblioteca Presidencial Clinton usando uma camiseta com a logomarca daquele que lhe ofereceu o maior cachê. (Em vão, ela tentou mostrar que tinha classe, rejeitando a proposta de um bordel.)

Já quando a história da garota de Clinton, Monica, veio a público, as feministas formaram um cordão de isolamento ao redor do presidente e Hillary foi uma das ilustres presenças no debate enraivecido que houve na Casa Branca sobre a melhor maneira de demonizar Aquela Mulher.

Bill Clinton, porém, não ficou à mercê do público. Ele ficou à mercê do seu estrategista Dick Morris — que havia se metido na enrascada do próprio escândalo sexual, em 1996, quando se soube que ele estava transando e chupando o dedão do pé de uma garota no hotel, que fica perto da Casa Branca, do outro lado da rua. (A parte mais engraçada foi quando o Morris tentou impressionar a prostituta de duzentos dólares a hora, mostrando-lhe um rascunho de um discurso político.)

Clinton, que dirigiu uma Casa Branca onde a verdade só era empregada à medida que era útil, pediu ao Morris que fizesse uma sondagem para saber se ele deveria dizer a verdade ou mentir.

Assim, o presidente acabou dando uma definição tão tortuosa para a sua escapadela, que uma juíza escreveu: "Parece que o presidente está afirmando que, enquanto a senhorita Lewinsky poderia estar fazendo sexo com ele, ele não estava fazendo sexo com ela."

A única questão a saber era se a Casa Branca deveria mostrar Monica como uma menina iludida e mansa ou uma predadora maliciosa. Até alguns dos defensores veteranos de Clinton ficaram entediados com a campanha contra Monica, depois de difamarem tantas outras mulheres que, provavelmente, disseram a verdade, além de serem vagabundas de segunda.

Era perigoso perseguir outra mulher jovem, que mandava mensagens melosas de Dia dos Namorados na seção de anúncios pessoais e presentes pelo correio, e que pagava 250 dólares para entrar em campanhas de levantamento de fundos. Uma jovem cujas amigas definiram como um "tipo meio suicida".

A equipe responsável pela imagem de Clinton temia que o público pudesse ficar ressabiado ao ver, mais uma vez, a tática de demolir as namoradinhas do Bill, de mascarar a realidade para evitar que o grande homem tivesse que assumir a responsabilidade pelo seu "lado sombrio", segundo a expressão do ex-chefe de Gabinete da Casa Branca.

Mas eles pisaram fundo.

Hillary disse ao ex-assessor político de Clinton, Sidney Blumenthal, como ele testemunhou mais tarde, que "ela estava muito contrariada com o fato de o presidente estar sendo atacado, a seu ver, por razões políticas, pelo seu envolvimento com uma pessoa com problemas". Um grande amigo de Hillary falou aos repórteres sobre Monica: "Aquela pobre criança tem sérios problemas emocionais. Ela anda imaginando coisas. E eu creio que ela não tem sido lá muito realista quanto às suas outras experiências."

Hillary sabia que poderia contar com a cumplicidade de feministas e mulheres democratas no Congresso. Elas aceitaram o acordo: os Clinton dariam políticas públicas progressistas às mulheres, contanto que elas não se incomodassem com o comportamento retrógrado do Bill com relação às mulheres.

Lewinsky era, afinal de contas, um bem de consumo substituível. O que importava, realmente, era o destino do país, e o destino dos Clinton. (Para eles, as duas coisas formam uma só.)

Uma das mais importantes legisladoras democratas compartilhou comigo a sua fúria: "Por que ele não conseguiu guardar o troço dentro das calças durante oito anos, para que pudesse realizar alguma coisa? É o tipo mais grosseiro de infidelidade, constantes alívios ou satisfações físicas usando, da maneira mais rude, alguém que era, obviamente, extremamente ingênua e, obviamente, muito apaixonada por ele, alguém que teria feito qualquer coisa por ele, e o teria feito no Salão Oval. Estou dando um duro danado para engolir essa. Não quero ser conivente."

Mas, em público, elas o apoiaram. Uma ex-senadora insinuou que o caso Lewinsky poderia ser encarado como o triunfo dos esforços pela diversidade do Partido Democrata: "Não faz tanto tempo assim, uma mulher não podia ser estagiária na Casa Branca."

E a feminista Gloria Steinem escreveu uma defesa a Clinton no *New York Times*, na seção de opinião, argumentando que as "cantadas desajeitadas" que ele passou na Cathleen Willey e na Paula Jones não foram erros, porque o presidente entendeu que "não quer dizer não".

"O comportamento sexual desejado está para o assédio sexual assim como pegar um carro emprestado está para roubar um", comparou, explicando que as feministas não podiam abandonar Clinton somente porque ele havia se comportado mal: "Se o presidente tivesse se comportado com comparável falta de sensibilidade com os ecologistas e, ao mesmo tempo, tivesse sido o seu mais crucial defensor e baluarte contra os antiecologistas do Congresso, você esperaria que eles o destituíssem? Creio que não."

Clinton poderia ter simplesmente confessado a história toda, admitido que ele estava seduzindo a Monica, que ele a jogou sobre a mesa e a penetrou até o raiar do dia. Em vez disso, ele enviou sua porta-voz, sua esposa e as mulheres que fazem parte do seu gabinete avalizarem a sua fidelidade. (Em uma época em que o exército estava mandando soldados à corte marcial por adultério.)

A primeira Secretária de Estado acobertando a Trapalhada Presidencial no caso com a Garota que Entregava a Correspondência foi um ponto negativo para os direitos das mulheres.

A ex-secretária de Estado Madeleine Albright disse: "Enquanto cidadã norte-americana e amiga do presidente, aceito o que ele disse... Não tenho nenhum problema em dar garantias a outros líderes sobre a credibilidade dos Estados Unidos e do presidente."

Até o final do seu processo, os Clinton haviam transformado as feministas que combateram Thomas tão arduamente em hipócritas. E Bill transformara Hillary em mártir, ainda mais popular junto aos norte-americanos depois que o marido a humilhara e a tirara do seu pedestal.

Os Clinton fizeram com que todos ao seu redor sucumbissem a pactos faustianos. No caso das feministas, elas poderiam ter o seu presidente Clinton feminista e, talvez, em 2008, até uma presidente Clinton.

Teriam apenas que abrir mão da integridade do feminismo.

* * *

Depois de décadas tentando convencer homens poderosos de que não deveriam abusar de mulheres menos poderosas, as feministas, de repente, tiveram que fazer uma terrível confissão: elas ansiavam por poder — vem cá, meu bem!

Primeiro, a repórter Larissa McFarquhar escreveu no *New Yorker*, a propósito do caso Bill Clinton, que "raras jovens poderiam resistir a... a uma chance de dormir com um homem que é o presidente".

Depois, dez mulheres, incluindo algumas feministas, uma estilista e uma antiga mulher dominadora, participaram de uma pesquisa para o *New York Observer* que resultou em um artigo cujo título foi "As supergatas de Nova York adoram aquele presidente safadinho".

"Acho que houve uma grande mudança no clima cultural desde os tempos das audiências da Anita Hill", disse a romancista Katie Roiphe. "As pessoas estão reagindo contra aquela política sexual, mas estão indo rumo a outra direção. Agora, esse presidente viril está realizando a fantasia proibida do tabu antiquado do macho agressivo. Creio que as mulheres estão achando isso atraente."

Erica Jong, autora de *Medo de voar* e inventora da expressão "*zipless fuck*", uma trepada boa e rápida com um desconhecido, concordou entusiasticamente. "Ah, imagine só engolir o esperma presidencial."

Elizabeth Benedict, autora de *A alegria de escrever sobre sexo*, juntou-se a elas: "Mas esse é o sonho de toda garota. Além de poder ser presidente você pode trepar com o presidente."

Finalmente, a jornalista Nina Burleigh descreveu, na revista *Mirabella*, as fantasias eróticas que ela tivera com o presidente Clinton, enquanto jogava cartas com ele no avião Air Force One, à época em que trabalhava como correspondente da Casa Branca.

"O pé do presidente, ligeira e presumivelmente de maneira acidental, roçou no meu embaixo da mesa", escreveu. "Sua mão encostou no meu pulso quando ele distribuiu as cartas. Quando me levantei e apertamos as mãos no final da partida, os seus olhos passearam pelas minhas pernas nuas marcadas pelas quedas de bicicleta e, lentamente, pousaram sobre mim enquanto eu me afastava. Ele me achou atraente. Houve um tempo em que os hormônios de uma feminista indignada corriam pelas minhas veias. Um olhar descarado assim, se vindo de um homem menos importante, teria me irritado. Mas, aquela noite, senti-me incandescente. Foi excitante saber que o presidente havia gostado das minhas pernas, apesar de todas as cicatrizes. Se ele tivesse proposto que continuássemos a partida no hotel, eu teria ficado contente de ir para ver no que daria. Naquela época, parecia bem possível. Foram necessárias algumas horas e uns drinques, numa noite no Arkansas, que, hoje, parece quente e romântica, para dissipar o estado intoxicado no qual, com o maior prazer, eu teria me deixado conduzir até o fim, se o presidente o tivesse desejado."

Defendendo o seu artigo "Luxúria em seus corações", que escreveu para o *Washington Post*, ela comentou que teria, de bom grado, feito sexo oral com o presidente "só para agradecer por ele ter mantido a legalidade do aborto".

Ao conversar com a jornalista Arianna Huffington, Nina acrescentou, muito precisamente, a propósito da teocracia musculosa e patriarcal que estava se instalando nos Estados: "Acho que as norte-americanas deveriam estar fazendo fila com suas joelheiras, a fim de mostrar a sua gratidão por se ter tirado o peso da teocracia de suas costas."

Hillary também tinha os seus fãs babões.

Quando ela concorreu para o Senado, Tom Juno escreveu sobre ela: "Acho que ela tem uma boca *sexy*. Aquela proeminência palatal me excita. Ela parece uma especialista em gerir os seus recursos bucais, em inspirar a sua engenhosidade... Quando ela está considerando as possibilidades de uma idéia, os seus lábios se estendem até as bochechas e esculpem uma linha carnal e felina, como se nada lhe desse mais prazer do que a sua própria fome... O riso é o que ela tem de mais sexy, na verdade; ele parte em um ritmo desvairado... Dá até para imaginá-la falando obscenidades."

Ai, ai. Em uma sociedade em que as mulheres parecem muito mais interessadas em serem vistas como bombas sexuais do que como cérebros, por que alguém não poderia ver a Hillary dessa forma?

* * *

A não ser na eventualidade de que os antigos primeira-dama e presidente venham a se tornar os futuros presidente e primeiro-consorte, Bill Clinton poderá passar para a história segundo as palavras de Monica: "Preciso de você agora, não como presidente, mas como homem." E a explicação de Hillary sobre o porquê de continuar ao seu lado foi: "Ele era não somente meu marido, mas meu presidente."

Dá para ficar na dúvida se Hillary teria perdoado Bill caso ele fosse apenas o seu secretário da Economia dos Estados Unidos.

De forma considerável, Bill e Hillary foram capazes de transformar a humilhação dela em um atrativo de campanha. Ela seria uma das esposas vitimizadas que as mulheres adoram, daqueles filmes melosos.

Os historiadores vão se perguntar, longamente, sobre como a primeira-dama tornou-se loucamente popular e capaz de ganhar uma cadeira no Senado, só bancando o capacho da história. Ela tornou-se uma heroína quando passou de alguém com uma aparência excessivamente controladora para alguém aparentemente incapaz de controlar o próprio marido. Foi muito mais fácil para as mulheres se identificarem com a segunda.

No seu livro O *sobrevivente*, John Harris, que cobriu a Casa Branca no governo Clinton para o *Washington Post*, relembra que, quando Hillary começou a concorrer ao Senado em 2000, Bill estava analisando as pesquisas de opinião e observou: "As mulheres querem saber por que você continuou comigo."

Houve uma pausa desconfortável entre os estrategistas, mas Hillary não parecia constrangida. "Um leve sorriso estampou-se no seu rosto. 'É', respondeu ela, 'eu também tenho me perguntado por quê'.

"O presidente respondeu: 'Porque você é solidária! As pessoas precisam saber disso — você é solidária. Você é solidária com as causas que lhe preocupam.'"

Harris concluiu sem qualquer cinismo, depois de todo o seu trabalho de investigação, que Hillary ficou com Bill porque "ela o amava, e se sentia amada por ele também" e porque o "seu senso de missão compartilhada" e o seu amor pela política davam tempero ao relacionamento.

Hillary tem um estilo discursivo convincente e o tipo de ambição desregrada que tornam os políticos desagradáveis, mas que também os leva ao sucesso. Ela abriu seu próprio caminho com profundo conhecimento de assuntos de política interna e sincera paixão pela vida política. No interior do país, ela poderia se beneficiar daquilo que a ajudou a ganhar em Nova York: as expectativas, quanto a ela, são as piores.

Não tenho a menor dúvida de que Hillary seja inteligente e adaptável, tenha "nervos de aço", como diz James Carville, e que poderia concorrer em campanhas presidenciais muito mais duras do que as outras mulheres que já acompanhei em minhas reportagens.

E também não tenho a menor dúvida de que Hillary poderia desenvolver uma campanha presidencial ainda mais dura do que a dos homens democratas que tive a oportunidade de cobrir.

Perguntaram a uma das suas mais antigas confidentes se ela, algum dia, contrataria novamente o seu estrategista Dick Morris para ajudá-la na corrida presidencial, e ela respondeu: "Hillary contrataria o Hitler se ela achasse que isso poderia levá-la à vitória."

A dama que detestava o título de dama não hesita e nem vacila.

"Ela nunca vai sair de cena", segundo Leon Wieseltier. "É mais do que mera ambição. É uma mistura de cobiça e obstinação ferrenha. Ela é uma espécie de dona de casa infernal que viu algo que quer muito, mas muito mesmo, e que não pára de falar nisso até que você acaba dizendo, 'tudo bem, vira essa droga de presidente, mas me deixe em paz'. Só que, claro, neste caso, você não pode dar o assunto por encerrado, porque o que ela almeja é importante demais."

A dissonante Hillary Rodham Clinton assumiu um novo e mais atraente nome, HILLARY!, que colabora na realização de leis, vai a sessões de oração do Senado com os republicanos que, há tempos, torturaram-na ao lado de seu marido, e dá a outra face aos repórteres que a arrasaram quando era primeira-dama. Ela tem um talento para a transformação que deixa a Madonna no chinelo.

Nos seus melhores momentos, Hillary lembra a personagem bem-intencionada Dorothea Brooke, de *Middlemarch: um estudo da vida provinciana*. Ou Sarah Brown, a garota de *Eles e elas*, personagem adorável que tenta limpar e salvar o mundo, mas que pode ser divertida se você a levar para uma noitada de bebidas doces e alcoólicas em Cuba.

(Em suas memórias, Hillary conta uma história engraçada sobre o Departamento de Estado, que lhe dissera para se esconder de Fidel, pois ele queria encontrá-la, por ocasião da posse de Nelson Mandela: "Imaginei que, de repente, eu veria o Fidel vindo na minha direção, e deveria fugir, de fininho, até um canto longínquo do salão.")

Quando jantei com Hillary certa vez, na época das eleições de 1992, em que ela usava uma tira na testa escrita "Meu nome é

Rodham" — antecipando, nós bebemos um vinho branco da adega da Casa Branca —, ela demonstrou ter um senso de humor que jamais soube incorporar à sua *persona* pública.

Nos seus piores momentos, Hillary pode levar à loucura. Ela lamenta a imagem de santa Hillary, mesmo quando se refere à sua religiosidade. Ela sempre volta à sua posição direitista. Não consegue admitir que possui um lado materialista que já a levou a escolhas inexplicáveis e delicadas: as suas negociatas com um operador cambial, de reputação duvidosa; o rombo de cem mil dólares em *commodities*; a sua cumplicidade em transformar a Casa Branca no Motel 1.600, para doadores de campanha endinheirados; o carregamento de mobiliário da Casa Branca, no valor de 86 mil dólares, que ela pilhou e colocou em um caminhão, para decorar a sua casa nova.

E como explicar que a mulher que pregava sinceramente o feminismo e o ativismo dos anos 1960 empreende agora tentativas grosseiras de evitar as regras de ética do Senado, como negociar um adiantamento de honorários no valor de oito milhões de dólares, antes de assumir sua cadeira, e precipitar-se, ao final da sua função de primeira-dama, em aceitar doações de benfeitores de ricos de Hollywood, para poder comprar a louça e os talheres chineses que usaria em sua nova casa na sua vida pós-(e pré-?) Casa Branca.

Os Bush sentem-se tributários da aristocracia. Os Clinton sentem-se tributários da *meritocracia*.

Repetidas vezes, deparamo-nos com a irritante questão: O que se deve à Hillary?

Está mais do que claro que ela acredita merecer reparações pelo tempo que passou como *advogadazinha* em Little Rock, pelo que teve que suportar em seu casamento e pelo que havia sacrificado, ao ir para o serviço público, em vez de investir em uma próspera carreira de advogada.

Ela ficava irritada com os sacrifícios materiais, de acordo com a biografia do Clinton, *O primeiro da turma*. Quando o consultor político do governador, Dick Morris, disse a ela que os eleitores ficariam zangados se ela construísse uma piscina na mansão do governo do Estado, ela explodiu de raiva.

"Por que não podemos ter uma vida de gente normal?", perguntou enfurecida.

Algumas vezes, sua idéia equivocada de que as pessoas lhe deviam algo acabou atrapalhando sua percepção em conflitos de interesse.

"Ela não entendia como, depois de ter desistido de tudo por uma vida no serviço público, a imprensa podia questionar a sua ética", escreveu James Stewart em *Blood sport*.

A melhor descrição do seu *etos* "queremos fazer o bem para podermos quebrar as regras quando precisarmos" foi feita por um importante assessor do presidente Clinton, que a explicou da seguinte maneira: "Hillary, embora seja metodista, pensa em si mesma como se fosse um bispo episcopal, que merece ter o mesmo nível de vida que os seus párocos ricos, em troca de dedicar sua vida a Deus e a boas obras."

O que ela chamava de poder "derivado" deixava-lhe aborrecida, embora tenha buscado o poder de maneira derivada. Durante a primeira campanha presidencial do marido, ela fez uma descoberta, não sem desgosto, quando recebeu cartas e envelopes sem o nome "Rodham" impresso. "Agora eu era apenas a 'esposa de', experiência estranha para mim." Ela devolveu tudo, na mesma hora.

Mas, na condição de primeira-dama, ela nunca estava disposta a tomar conhecimento das tensões causadas no seio do governo pelo esquema de dois-em-um. Todos pisam em ovos ao lidar com a esposa do presidente. Mas quando a esposa do patrão também é patroa, os assessores têm ainda mais medo de dizer "acho que isso não vai dar certo".

Esse é um aspecto de sua personalidade que "enche o saco" de algumas pessoas, como disse, certa vez, o jornalista Ben Bradlee. "Há quem diga que ela destruiu o feminismo ao perseguir as namoradinhas do marido, sem desafiá-lo", contou a repórter Jane Mayer. "Mas você também pode dizer que ela fez o feminismo avançar ao mostrar o autocontrole ferrenho, quase masculino, que desvaloriza emoções e sentimentos em prol da ambição — a sua própria."

Com efeito, se ela se tornar a senhora presidente vai reinstalar a *Hillaryland* no Senado, trazendo de volta Ann Lewis e todas as outras feministas linha-dura que, agora, orbitam ao seu redor. Então, ela seria responsável tanto por trair o feminismo quando lhe convém, quanto por estimulá-lo, quando lhe apetece. Isso demonstraria uma forma bem masculina de técnica de sobrevivência narcisista.

O plano de ação de Hillary para retornar à Casa Branca tem sido o de apostar que os republicanos vão se alinhar à direita radical, a ponto de ficarem insensíveis às minorias — como aconteceu durante o desastre do furacão Katrina — e tornarem-se excessivamente polarizadores, o que a fará parecer menos reacionária. De certa forma, os seus problemas de imagem não mudaram muito desde a campanha de 1992, quando a caricatura do *New Yorker* mostrou uma mulher pedindo a uma vendedora uma jaqueta que não fosse "hillaryana demais".

Um dia, quando eu estava cobrindo a sua atuação na campanha de Bill para destronar Bush Pai — época em que a futura primeira-dama costumava cometer o lapso de dizer o que "nós" faríamos na Casa Branca —, um repórter pôs o microfone na cara de Hillary e disse: "A senhora deve saber que algumas pessoas pensam na senhora como uma mãe e advogada de talento, e outras pensam na senhora como uma esposa *yuppie* arrogante e infernal. Como a senhora se descreveria?"

Uma expressão de irritação brilhou em seus olhos azuis. Depois, no avião da delegação da campanha, ela disse, amarga: "Estou velha demais para ser *yuppie*."

Mickey Kaus escreveu, há muito tempo, no *New York Republic*, que Hillary era uma "falsa feminista". "O nepotismo não é feminista", disse ele.

Hillary parecia mais pertencente à tradição de todas aquelas viúvas e filhas que assumem o domínio dos bens depois que seus maridos ou pais morrem. Na melhor das hipóteses, elas são pseudofeministas. O feminismo deveria ser um tipo de autonomia, e não uma surfada grátis — ou, às vezes, cara — na onda de sucesso de homens próximos poderosos.

(Claro que se a Hillary, sabe-tudo de Yale, surfou na onda do marido, George W. Bush, o sabe-nada de Yale surfou na onda do pai.)

Sem os pontos fortes do marido, Hillary nunca teria sido primeira-dama. Sem as fraquezas do marido, ela nunca teria sido senadora por Nova York. Ela deve sua eleição, em parte, a Monica. Ela não poderia subir antes de ser empurrada para baixo.

Devido ao seu ar beato, à sua convicção de que a sociedade lhe deve alguma coisa e à sua crença de que as regras não se aplicam a ela porque ela existe para fazer O Bem, as pessoas querem vê-la No Seu Lugar, antes de se sentirem prontas para gostar dela.

Talvez, agora que Hillary tem a sua própria carreira no Senado, nós possamos aposentar a pergunta sobre o que se deve a ela. Porém, algo me diz que ela não vai aprovar essa aposentadoria. Afinal de contas, Hillary tem a incrível capacidade de fazer o seu interesse pessoal ficar parecendo idealismo.

A jovem senadora tem criado uma reputação pessoal sem ter que, realmente, liderar. Ela tem se diferenciado tentando demonstrar complexidade e maturidade, reafirmando a posição de que deveria haver menos abortos, para agradar ao centro, afastando-se da ala do Partido Democrata do Teddy Kennedy, do Michael Moore e do John Kerry.

Mas Hillary não se expõe; ela tem bancado mais a abelha operária do que a abelha rainha.

Ela ficou estranhamente silenciosa no caso da pobre Terry Schiavo, que permaneceu em estado vegetativo por 15 anos e teve sua morte autorizada pela Justiça, em 2005. Tentando angariar simpatia junto aos republicanos e aos democratas, ela permitiu, com muita timidez, que dois congressistas propusessem a legislação vergonhosa e hipócrita, que permitiu que esse caso de eutanásia escapasse à jurisdição estadual e passasse à alçada federal.

Mas, na primeira coletiva de imprensa em que for anunciar a sua candidatura, ela terá que explicar o que pretende fazer com o impasse da guerra contra o Iraque, que ela votou e autorizou. E se ela for ligeiramente evasiva, deveremos perguntar-lhe se ela tem um "plano secreto", como o Nixon.

A fim de fazer uma triangulação política, Hillary Clinton terá que dividir esforços. Mas será que a triangulação vai funcionar de novo?

Será que a senadora "sou uma mulher, olha só como estou crescendo" será algum dia verdadeiramente autônoma em relação ao marido?

Ou os homens são necessários?

Edição
Izabel Aleixo
Anna Carla Ferreira

Revisão de tradução
Patrícia Reis

Revisão
Eduardo Carneiro

Diagramação
Abreu's System

Produção gráfica
Ligia Barreto Gonçalves

Este livro foi impresso no Rio de Janeiro, em outubro de 2006,
pela Nova Brasileira, para a Editora Nova Fronteira.
A fonte usada no miolo é Sabon, corpo 11,5/15.
O papel do miolo é offset 75g/m², e o da capa é cartão 250g/m².

Visite nosso *site*: www.novafronteira.com.br